20 삼형	_142
21 육해	_143
22 암동	_145
23 동산	_147
24 괘변 생극묘절	_149
25 반음, 복음	_156
26 순공	_168
27 생왕묘절	_182
28 각 항목별 제목에 앞서 총괄하는 주	_191
29 각 항목별 응기에 대한 총주	_194
30 귀혼괘 유혼괘	_199
31 월파	_200
32 비신 복신	_208
33 진신 퇴신	_223
34 수귀입묘	_240
35 독발	_249
36 양현	_260
37 성살	_265

4장. 증산책부

| 1 증산『황금책』천금부 상 | _271 |
| 2 증산『황금책』천금부 하 | _313 |

부록1

| 1 이차지장 | _363 |
| 2 하지장 | _397 |

增刪卜易

上

대유학술총서 【4】 (육효의 정석) 육효증산복역 上

- 2판 3쇄발행 2021년 9월 28일
- 역자 이두 김선호
- 제목글씨 박남걸　편집 대유연구소
- 발행인 윤상철
- 발행처 대유학당
- 출판등록 1993년 8월 2일 제 1-1561호
- 주소 서울 성동구 아차산로17길 48 sk v1 센터 1동 814호
- 전화 (02) 2249-5630
- 블로그 http://blog.naver.com/daeyoudang
- 유튜브 대유학당 TV

- 여러분이 지불하신 책값은 좋은 책을 만드는데 쓰입니다.
- ISBN 978-89-6369-132-9 03150
- 정가 25,000원

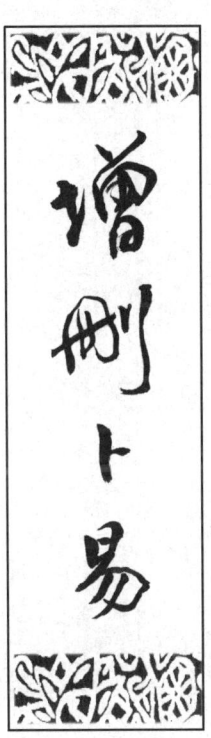
增删卜易

서序

역서易書에서 시초蓍草(옛날에 점칠 때 사용했던 풀)를 세어 괘를 구하는 방법으로 사람들에게 추길피흉의 기틀을 보여주었는데 여러 선현들이 책을 통해 정미로운 뜻을 천명하여 말하지 않은 것이 없을 정도로 자세하기가 끝이 없었다.

야학노인野鶴老人이 이 도를 수십 년 동안 배우면서 여러 책을 넓게 섭렵하고, 책에 쓰인 대로 일을 판단하여 광범위하게 점친 경험을 모아 책을 조사해서 남겨진 점험이라도 책대로 점쳐서 여러 번 맞은 것은 남기고 맞지 않는 것은 삭제하였다.

예를 들어 단순히 세효만을 가지고도 사람들이 어느 정도 점쳐 볼 수 있게 하였고, 괘신卦身 세신世身 성살星煞(신살을 말함) 본명本命같은 것은 삭제하여 사람들로 하여금 이럴까 저럴까 하는 의혹이 생기지 않게 하였다.

순공旬空 월파月破 형충刑沖 진신進神 등에 각별하고 오묘한 이치가 있음을 말하였으며, 생왕묘절生旺墓絶 동산動散 반음反吟 복음伏吟으로 진위를 가리게 하였고, 재관부자財官父子 등을 각기 나누어 점하게 하는 방법을 썼으며, 여러 책들의 잘못된 부분을 남김없이 없애고 홀로 한마음으로 깨달은 것만을 내놓아, 선현이

미처 발명하지 못한 이치를 발견하여 후인들로 하여금 쉽게 깨닫게 하는 문을 열게 하였다.

그러나 애석하게도 책으로 만들어 세상에 나오지 못하다가, 각자覺子[1]가 얻어서 차마 비급을 베개 속에 감춰두지 못하고 더할 것은 더하고 뺄 것은 빼는 등 편집하여 책을 완성했다. 그리곤 급히 나에게 서문을 써줄 것을 요구했다.

나는 말한다. "야학노인에게는 각자가 있어서 야학노인의 학문을 전하고, 각자에게는 야학노인이 있어서 각자의 학문이 전해지는구나!"

이로서 서문을 쓴다.

강희康熙 경오년庚午年(1690년) 칠월七月 가을에
영양寧陽 유칙維則 장문張文이 짓다.

---

[1] 이 책을 쓴 이문휘李文輝의 호다.

자서自序

역易의 이치는 미묘한가?
답하기를 미묘하도다!
복희씨가 하나를 그어 하늘을 여셨으니, 비로소 팔괘를 만들어 신명의 덕에 통하고 만물의 실정을 분류하였으며, 여기에 문왕과 주공 공자께서 괘사를 붙이고 효사를 붙이며 상사를 붙이시어 신 천의 지극한 이치를 천명하셨으니, 의리를 정미롭게 해서 신에 들어감은 오직 성인이 된 뒤에야 성인을 앎이라! 미묘하구나! 역이여!
귀곡자鬼谷子의 뒤를 이어 여러 이름 있는 현인들이 줄줄이 일어나서, 각자가 오행의 생극과 세응世應의 향배에 관한 이론을 만들었으니, 부·자·형제·처재·관귀효를 가지고 각기 그 일에 따라 분류해서 이전의 백성들에게 사용케 하여 성인의 가르침을 널리 열었다.
점을 잘 치는 사람도 점을 칠 수 있었고 잘 못 치는 사람도 역시 점을 칠 수 있었으니, 먼저 가신 성인들의 시초蓍草로 괘를 구하는 법보다 더욱 간편하고도 편리하여 추길피흉趨吉避凶 함이 더욱 분명하게 드러났다.

내가 젊을 때 마음을 다하여 복서卜筮를 연구했지만 맞기도 하고 맞지 않기도 하였는데 우연히 같은 고향의 이아평을 만나 야학노인의 점험을 모은 초본을 전수받았다.

내가 고요한 중에 그 책을 연구해보니 활연히 마음에 얻은 바가 있어 비로소 종전에 맞은 것과 맞지 않는 것의 이유가 모두 옛 책에 득실이 있었음을 알아 문을 걸어 잠그고 연구하기를 2년 동안 하니 야학과 나의 점험이 같아 고금의 복서卜筮에 관한 여러 책들을 살펴서 맞는 것은 놔두고 맞지 않는 것은 없앴으며 그 안에 불합리한 것도 없애고 내가 달리 공교롭게 얻은 점험은 더하여 종류대로 나누어 편집해 이치에 맞게 만든 것이 이 책이다.

또 초학자는 스승을 초빙하지 않고도 즉시 점친 것을 알도록 아주 분명하게 강해하였으며 역을 아는 사람은 더욱 정통하게 하였고 역에 정통한 사람은 더욱 그 오묘함을 얻게 하였다.

이 책을 6개월만 공부하여도 야학이 40년 동안 쌓은 학문을 얻게 하였으니, 그렇게 하면 맞지 않는 괘가 없을 것이며 마음의 눈으로 세상을 깨우친 사람이라면 나에게 묻지 않아도 눈을 뜨게 될 것이다.

강희康熙 29년 경오庚午(1690년) 맹하孟夏 삭일朔日
호남湖南 이문휘李文輝 각자覺子가
산초정사山樵精舍에서 쓰다.

역자 서문

　십 년 전만 해도 서점에서 제대로 된 육효책을 찾아보기 쉽지 않았다. 물론 여러 선배들이 이런저런 이름으로 육효책을 쓰기는 했으나 짜깁기 수준이었고 그나마 제대로 볼 수 있는 육효책이라 곤 명문당에서 나온 왕홍서가 지은 『복서정종卜筮正宗』 한 권 뿐이었다.
　그래서 옛날부터 사설 학원이나 육효를 개인지도 하는 사람들도 대부분 이 『복서정종』 속의 「황금책 천금부」와 말미에 붙어 있는 「십팔문답十八問答」을 가지고 육효를 가르쳤었다. 그러나 한자를 아는 어른들은 예부터 『복서정종』뿐만 아니라 『증산복역』(『야학노인점복전서』의 다른 이름)을 원서로 보고 공부를 하셨는데 문제는 이 책이 제대로 번역되지 않아 한글세대들은 그냥 이런 책이 있는지조차 모른다는 데 있다.
　『증산복역』과 『복서정종』은 다 같이 청나라 때 쓴 책이나 『증산복역』이 먼저 써졌고 『복서정종』은 나중에 써졌다. 그래서 순서로 보더라도 육효 공부는 『증산복역』을 먼저 공부하고 『복서정종』을 뒤에 공부하는 게 옳지만 우리나라에서는 웬일인지 『복서정종』만 소개되었는데 많은 이유가 있겠지만 『복서정종』에서 육효의 이론이 간략하고 깔끔하게 정리되고 점례도 적당하게 있어서 일 것이다.

그러나 『복서정종』에 이런 장점이 있음에도 불구하고 육효 공부에 가장 중요한 부분인 「황금책 천금부」의 내용에 실례가 하나도 없고, 오직 말미에 「십팔문답十八問答」에만 130개 정도의 점례가 있어 「십팔문답」을 공부하기 전에 「황금책 천금부」에 있는 여러 가지 육효 이론을 익히려고 해도 실례가 없어서 공부하는 사람들로 하여금 답답증을 유발케 한다.

그러나 『증산복역』은 처음부터 끝까지 마치 요즘에 나오는 중고생들의 참고서를 보듯이 하나의 이론이 있으면 여러 개의 예제들을 덧붙여 같은 「황금책 천금부」- 증산복역 안에도 있다-라고 해도 아주 상세한 주석이 달려 있을 뿐만 아니라 무수한 점례로 이론을 실증적으로 뒷받침하고 있기 때문에 육효 공부를 하는 데 있어 단연 최고의 참고서라 할 수 있다.

『복서정종』의 「십팔문답」에 실린 130개의 점례 중 70개가 이 책에 실려 있다.

역자도 처음에 육효를 공부할 때 『복서정종』이나 이석영 선생이 남겨두신 소책자로 공부를 했으나 답답했는데 우연히 서점에서 추송학 선생이 번역하신 『증산복역』을 보고 원서를 구해서 공부도 할 겸 육효를 공부하는 동학들에게 도움도 줄 겸 무인년(1998년) 6개월 동안 완역한 원고를 인터넷 하이텔 역학동호회에 올렸고, 2000년 즈음에는 고려기문학회에서 단행본으로 학회차

원에서 제본해 팔기도 했는데 이제야 정식 출판을 통해서 빛을 보게 되었다.

　필자가 10년 세월을 미적거리는 동안 권오달 선생이 번역하신 『야학노인점복전서』도 나오고, 또 다른 분이 번역하신 책도 나온지라 다시 똑같은 책을 출판한다는 게 마음에 부담이 되기는 하지만 그래도 십 년 동안 주물러온 원고에 묻은 때며 시간이 아까워 부득불 부족하나마 책을 낸다.

　십 년 세월 동안 자미두수를 배우는 수강생들에게 몇 번 교정본을 배포하곤 했는데 출판을 앞두고 최종교정을 보았더니 부족한데가 한두 군데가 아니어서 다시 고칠 것은 고치고 추가할 것은 추가했지만 그래도 모지람이 많은 것 같다.

　육효에 관한 고전으로는 『역모易冒, 해저안海底眼, 복서전서卜筮全書』 등 고래로 많은 책이 있었으나 오류가 많고 후인을 오도함이 많아서 야학노인이 이런 책들을 뺄 것은 빼고 더할 것은 더해 이 책을 썼는데 인쇄술이 미비한 관계로 널리 퍼지지 못하다가 이아평이 가지고 있던 초본을 각자 이문휘가 자기의 점험에 주석까지 곁들여 펴내게 된 것이다.

　이 책은 명리로 말하자면 적천수와 같은 책으로 여러 부분 유사한 점이 많다.

　역자가 번역하면서 흡사 적천수를 읽는 듯한 기분이 많이 들었는데, 그도 그럴 것이 적천수에서 수많은 신살을 배척하듯이 이 책에서도 거의 신살을 배척하다시피 하였다. 고래로 내려온 많은 이론들을 실증을 통하여 뺄 것을 빼고 더할 것은 더하여 육효이론의 난맥을 정리하였고, 재점이라는 혁신적인 방법을 통하여 한 괘로 모든 것을 판단할 때의 모순을 해결하는 등 그 관점과 혜안이 적천수와 버금갈 정도로 빼어나다.

   아무쪼록 이 책을 통하여 많은 이들이 육효에 관한 눈을 뜨는 계기가 되었으면 한다.

丁亥年 仲冬
여수에서 역자譯者 김선호金善浩 지識

일러두기

1 이 번역본의 원서는 대만의 무릉출판사에서 간행한 『야학노인점복전서野鶴老人占卜全書』라는 제목의 책이다. 이 책은 흔히 『증산복역增刪卜易』라고도 도 한다.

2 이 책의 구성은 야학노인의 저서에, 각자 이문휘가 자기의 자료를 편집하고 중간 중간에 이 책을 원래 가지고 있던 이아평의 견해도 삽입하여 만든 것이다. 그 핵심적인 이론은 야학노인이므로 활자는 그대로 하였고, 이문휘나 이아평이 주를 단 것은 [각자가 말하기를] [이아평이 말하기를] 로 표시하였다. 역자가 주를 단 것은 본문 하단에 따로 주로 만들어 알아보기 쉽게 하였다.

3 본문 하단의 역자주는 내용을 쉽게 풀기위한 역자의 의도도 있고, 또 복서정종의 견해 - 『황금책』의 역자주 같은 부분 - 를 풀어서 싣기도 하였으며, 현대나 고대의 제가의 점험실례도 실어 이해를 도왔다.

4 육효를 공부하는 사람이 흔히 아는 복서정종의 「십팔문답」이나 「하지장」「이차지장」도 내용 중간에 역주의 형태와 부록의 형태로 다 실어서, 따로 다른 책을 보지 않고 이 책 한 권만 봐도 다 공부할 수 있게 하였다.

5 이 책에는 약 500여 개의 점험이 실려 있다.
『야학노인점복전서』 원서에 445개의 점험과 복서정종의 『십팔문답』 130여

개의 점험(※이 십팔문답의 점험 중에 70여 개의 점험이 이 야학노인점복전서에 실린 점험이다.) 중 이 책과 중복된 점험을 뺀 순수한 십팔문답의 점험 57개가 실려 있다. 그러나 「하지장」이나 「이차지장」 내의 점험은 이 숫자에 포함되지 않았다.

6 부록이나 역주로 인용된 복서정종의 「하지장」과 원출처가 불분명한 「이차지장」 복서정종내에 「십팔문답」 등의 해석은 故 이석영 선생의 자료를 참고한 부분이 많다.

육효증산복역 상

- 야학노인 서   _5
- 자서   _7
- 역자 서   _9
- 일러두기   _13

1장. 간역전비

1. 문왕팔괘 순서   _3
2. 팔괘의 모양   _4
3. 괘를 얻는 법   _5
4. 팔궁 64괘 이름   _10
5. 팔괘전도   _12

2장. 학복제강

1. 용신의 오행생극왕쇠를 보는 방식   _33

3장. 역학범례

1. 혼천갑자渾天甲子   _45
2. 육친   _47
3. 세응   _51
4. 동변   _54
5. 용신   _57
6. 용산·원산·기산·구신 _60
7. 원산·기신의 쇠왕   _63
8. 오행상생   _69
9. 오행상극   _71
10. 극처봉생   _74
11. 동정생극   _80
12. 동효·변효의 생극충합 _82
13. 사시왕상   _84
14. 월장   _87
15. 일진   _98
16. 육신   _103
17. 육합   _107
18. 삼합   _117
19. 육충   _129

20 삼형	_142
21 육해	_143
22 암동	_145
23 동산	_147
24 괘변 생극묘절	_149
25 반음, 복음	_156
26 순공	_168
27 생왕묘절	_182
28 각 항목별 제목에 앞서 총괄하는 주	_191
29 각 항목별 응기에 대한 총주	_194
30 귀혼괘 유혼괘	_199
31 월파	_200
32 비신 복신	_208
33 진신 퇴신	_223
34 수귀입묘	_240
35 독발	_249
36 양현	_260
37 성살	_265

4장. 증산책부

1 증산 『황금책』 천금부 상 _271
2 증산 『황금책』 천금부 하 _313

부록1

1 이차지장 _363
2 하지장 _397

1장. 간역전비 簡易傳秘

1 문왕팔괘文王八卦순서[1]

卦	乾	震	坎	艮	坤	巽	離	兌
六親	父	長男	中男	小男	母	長女	中女	小女
卦象	☰	☳	☵	☶	☷	☴	☲	☱
자연	天	雷	水	山	地	風	火	澤

[1] 위 표에서 맨 아래 자연 부분은 원문에 없으나 필자가 임의로 넣은 것이다. 건괘는 천(하늘)이 되고, 진은 뢰(우뢰), 감은 수(물), 간은 산, 곤은 지(땅), 손은 풍(바람), 리는 화(불), 태는 택(연못)을 상징한다. 이것을 굳이 넣은 이유는 나중에 육효를 구성해서 하나의 괘가 만들어졌을 때 그 괘 이름을 부를 때 이 부분이 필요하기 때문이다.

2 팔괘의 모양[2]

☰ : 乾은 세 개가 다 이어졌다. 乾三連
☷ : 坤은 세 개가 다 끊어졌다. 坤三絶
☳ : 震은 아래만 이어졌다. 震下連
☶ : 艮은 위만 이어졌다. 艮上連
☲ : 離는 가운데가 비었다. 離虛中
☵ : 坎은 가운데가 이어졌다. 坎中連
☱ : 兌는 위만 끊어졌다. 兌上絶
☴ : 巽은 아래만 끊어졌다. 巽下絶

---

[2] 이는 괘의 모양을 외우기 위한 방편을 말한 것이다.

3 괘를 얻는 법[3]

옛날 돈 세 개를 가지고 향로에 향을 피우고 정성스레 기도하여 이렇게 말한다.

"하늘이 어찌 말하겠습니까? 그러나 물으면 곧 대답해주시니 신의 영험함이 느껴서 드디어 통하게 하시기 때문입니다. 지금 어디 사는 ○○이 ○○일에 길흉을 알지 못하고 그 의심을 풀지 못했으니, 오직 신비스럽고 오직 신령하심이여! 가부간 응답을 바라오니 분명하게 알려주소서!"

하고 기도를 마친 후에 동전을 던져서 동전의 등[4]이 하나가 보이면 양효陽爻로 ━로 긋고, 동전 등이 둘이 보이면 음효陰爻로 ━ ━를 긋는다.
세 개다 동전 등이 보이면 양동효陽動爻가 되니 □을 쓰고 세 개 다 글자만 보이면 ✕를 그으며 음동효陰動爻가 된다. 이렇게 아래에서부터 위로 세 번 던진 것을 차례로 그으면 내괘가 이뤄

---

[3] 원서에는 "시초를 동전으로 대신한다"라고 제목이 되어 있으며, 괘를 얻는 방법에 관한 장이다. 시초란 예전 사람이 점을 치던 풀인데 시초를 구하기도 힘들고 또 점치는 방법도 번거롭기 때문에 동전으로 대신 점을 치는 것이다.

[4] 100원짜리 동전으로 점을 친다면, 이순신 장군이 등이고 100이 글자다.

진다.

다시 기도하여 말하기를 "이 ○○한 궁의 三象으로는 길흉을 판단하기 어려우니, 다시 외상外象의 효를 구하여 한 괘를 만들어 의심을 풀고자 합니다." 하고 기도를 마친 후에 다시 전과 같이 동전을 던져 합하여 한 괘를 만들어 길흉을 판단하는데 지성으로 기도하면 감응하지 않음이 없을 것이다.[5]

[5] 굳이 옛날 돈이 아니어도 된다. 백 원이나 오백 원짜리로 하면 된다. 백 원짜리로 점을 친다면 백 원짜리 세 개를 한 손에 놓고 다른 한 손을 포개어서 두 손을 위아래로 흔들었다가 던져서 동전 세 개가 떨어져 있는 모양으로 음효와 양효, 동효를 가려서 괘를 그린다.
   이렇게 먼저 3차례 하면 내괘, 다음에 세 차례 하면 외괘가 만들어지니 이 내외괘가 합해져서 괘를 이룬다. 세 개의 효로 구성된 괘를 소성괘小成卦, 소성괘 둘을 조합되면 대성괘大成卦 즉 육효로 구성된 하나의 온전한 괘가 이뤄지며, 주역에서 이러한 대성괘의 총수는 64개가 된다.

여섯 번째	(동전)	양동효	▭	╱
다섯 번째	(동전)	음효	▬ ▬	‖
네 번째	(동전)	양효	▬▬▬	│
세 번째	(동전)	양효	▬▬▬	│
두 번째	(동전)	음동효	✕	╳
첫 번째	(동전)	음효	▬ ▬	‖

   화산려괘가 변해 뇌풍항괘가 된다. 내괘 1, 2, 3으로 이뤄진 괘는 간艮괘가 되고 (위의 팔괘의 모양 참조), 4, 5, 6순서로 이뤄진 괘는 리離괘로 외괘가 된다.

이 괘를 아래 **5** 팔괘전도(13p) 리화궁離火宮 두 번째 칸에 보면 화산려괘가 됨을 알 수 있다.

　외괘는 **1**리괘, 내괘는 간괘가 되는데 이것을 합한 괘이름은 화산려火山旅가 된다. 위의 문왕팔괘순서표(1p) 맨 밑에 자연을 보면 리괘는 火라고 되어 있고 간괘는 山이라고 되어 있는데 어떤 괘가 구성되든지 간에 괘를 읽을 때는 이렇게 팔괘가 가지고 있는 자연의 상징적인 뜻을 가지고 괘이름이 정해진다. 그래서 리괘, 간괘로 이뤄진 이 괘는 화산火山의 형상에 괘이름은 려旅가 된다고 해서 이 괘를 "화산려"괘라고 부르는 것이다.

```
 ✕ 6    ‖
 ‖ 5    ‖
 | 4  → |
 | 3    |
 ✕ 2    |
 ‖ 1    ‖
```

　여기서 2번째와 6번째 ✕, ✕ 표시는 음동효와 양동효의 표시다(이것을 동動했다고 한다). 원서에는 동효에 ○ 표시를 하라 했으나 편의상 이런 식으로 표시했다. 음효가 동했다면 양효로 변하고 양효가 동했다면 음효로 변하는데 화산려괘에 2, 6번째 효가 동하면 오른쪽과 같은 뇌풍항괘로 변한다.

　내괘는 간艮괘의 2효가 변했으니 손巽괘가 되고, 외괘는 리離괘의 3효가 변했으니 진震괘가 된다. 상괘 진震 자연의 상의象意는 뢰, 하괘 손巽의 자연의 상의는 풍이 되니 괘이름은 "뇌풍항"이 된다.

　이 괘이름은 아래 **4** 팔궁 64괘 이름표를 보면 알 수 있으며, 이 괘에 다음에 배울 납갑과 육친, 세응을 붙인 괘의 모습은 **5** 팔괘전도의 표를 보면 알 수 있다. 초학자들은 위의 팔괘의 순서, 팔괘의 모양, 아래의 팔궁 64괘표, 팔괘전도를 따로 복사해놓고 참조하면서 공부하면 육효 공부를 쉽게 할 수 있다.

※ 역주 : 괘를 뽑는 방법은 이 외에도 많이 있다.[6]

[6] 사실 현장에서 영업을 하다 보면 위와 같이 괘를 뽑는 방식은 무척 촌스럽고 이미지를 구기기 십상이다. 그러나 대만에서 나온 육효책들을 보면 대부분 이런 방법으로 괘를 뽑는 것을 볼 수 있는데 이런 방식이 정성을 모으는데 도움이 되기 때문이다. 그러므로 가능하면 위와 같은 방법으로 괘를 뽑는 것이 옳다고 생각하지만 다른 방법으로 점친다고 해서 안 맞는 것은 아니며 오직 정성을 다해 괘를 뽑는 것이 중요하다고 생각한다. 이 방법 외에 괘를 뽑는 몇 가지 방법을 아래에 나열한다.

1. 매화역수의 방법
이는 점칠 때의 음력 년월일시를 가지고 괘를 뽑는 방법이다. 이때 달은 절기로 따지지 않는 순수한 음력기준의 달이다.
년은 자년은 1, 축년은 2, 인년은 3, …, 술년은 11, 해년은 12가 된다.
월은 1월은 1, 2월은 2, …, 12월은 12가 된다.
일은 5일이면 5, 27일이면 그냥 27을 쓴다.
시는 자시는 1, 축시는 2, 인시는 3, …, 술시는 11, 해시는 12로 쓴다.

이 방법은 년 + 월 + 일에 해당하는 수를 합해서 8로 나눠서 남은 나머지수에 해당하는 선천수에 해당하는 괘로 상괘를 삼는다.
하괘는 년 + 월 + 일 + 시에 해당하는 수를 합해 역시 8로 나눠 남은 나머지수에 해당하는 선천수에 해당하는 괘로 하괘를 삼는다.
선천수에 상응하는 괘는 아래 표와 같다.

선천수	1	2	3	4	5	6	7	8
대표괘	乾	兌	離	震	巽	坎	艮	坤

동효는 년 + 월 + 일 + 시를 합해 나온 수를 6으로 나눈 나머지 숫자가 동효가 된다.

예1) 점치는 시간이 2005년 을유년 음력 10월 4일 오시라고 하면
상괘는 10 + 10 + 4 = 24가 되므로 8로 나누면 나머지가 없으니 이런 경우는 그냥

8로 본다. 위표에 8은 坤이니 상괘는 坤이다.
하괘는 10 + 10 + 4 + 7(오시) = 31이 되므로 8로 나누면 7이 되므로 위표에 7을 보면 艮이 되니 하괘는 艮이다.
동효는 위의 10 + 10 + 4 + 7(오시) = 31에서 6으로 나눈다 했으므로 나머지가 1이니 초효 동이다.
그러므로 지산겸에 초효동이 된다.

예2) 무자년 음력 4월 29일 미시
상괘 1 + 4 + 29 = 34, 34 ÷ 8 → 2兌
하괘 1 + 4 + 29 + 8 = 42, 42 ÷ 8 → 2兌
동효 1 + 4 + 29 + 8 = 42, 42 ÷ 6 → 나머지 없음(6효동)
그러므로 중택태괘 6효동이 된다.

2. 구보법 口報法

이는 점치려고 하는 사람에게 숫자를 부르라 해서 괘를 만드는 방법이다.
1부터 8 중에 숫자 하나를 부르라 해서 그 숫자로 상괘로 삼고, 다시 1부터 8 중에 숫자 하나를 부르라 해서 부른 숫자로 하괘를 삼으며, 다시 1부터 6 중에 숫자 하나를 부르라 해서 부른 숫자로 동효를 삼는다. 여기서 숫자에 해당하는 괘는 위의 1번 예에서 쓰는 것과 같다.
예를 들어 처음에 7을 불렀다면 상괘가 艮이 되고
다음에 3을 불렀다면 하괘는 離가 되며
그 다음에 5를 불렀다면 5효동이 된다.
그러므로 산화비괘에 5효동이 된다.

4 팔궁 64괘 이름

건궁팔괘 乾宮八卦 양속금 陽屬金	감궁팔괘 坎宮八卦 양속수 陽屬水	간궁팔괘 艮宮八卦 양속토 陽屬土	진궁팔괘 震宮八卦 양속목 陽屬木	손궁팔괘 巽宮八卦 음속목 陰屬木	리궁팔괘 離宮八卦 음속화 陰屬火	곤궁팔괘 坤宮八卦 음속토 陰屬土	태궁팔괘 兌宮八卦 음속금 陰屬金
중천건 重天乾	중수감 重水坎	중산간 重山艮	중뢰진 重雷震	중풍손 重風巽	중화리 重火離	중지곤 重地坤	중택태 重澤兌
천풍구 天風姤	수택절 水澤節	산화비 山火賁	뇌지예 雷地豫	풍천소축 風天小畜	화산려 火山旅	지뢰복 地雷復	택수곤 澤水困
천산돈 天山遯	수뢰둔 水雷屯	산천대축 山天大畜	뇌수해 雷水解	풍화가인 風火家人	화풍정 火風鼎	지택림 地澤臨	택지취 澤地萃
천지비 天地否	수화기제 水火旣濟	산택손 山澤損	뇌풍항 雷風恒	풍뢰익 風雷益	화수미제 火水未濟	지천태 地天泰	택산함 澤山咸
풍지관 風地觀	택화혁 澤火革	화택규 火澤睽	지풍승 地風升	천뢰무망 天雷无妄	산수몽 山水蒙	뇌천대장 雷天大壯	수산건 水山蹇
산지박 山地剝	뇌화풍 雷火豐	천택리 天澤履	수풍정 水風井	화뢰서합 火雷噬嗑	풍수환 風水渙	택천쾌 澤天夬	지산겸 地山謙
화지진 火地晋	지화명이 地火明夷	풍택중부 風澤中孚	택풍대과 澤風大過	산뢰이 山雷頤	천수송 天水訟	수천수 水天需	뇌산소과 雷山小過
화천대유 火天大有	지수사 地水師	풍산점 風山漸	택뢰수 澤雷隨	산풍고 山風蠱	천화동인 天火同人	수지비 水地比	뇌택귀매 雷澤歸妹

[7]

[7] 위의 표는 반드시 기억하고 있어야 한다. 맨 위칸을 보면 건궁팔괘, 감궁팔괘… 태궁팔괘로 되어 있는데 각 괘마다 8개의 대성괘가 배속되어 있다는 것을 나타낸 것이다.(괘가 그려지는 모습은 아래 팔괘전도를 보면 알 수 있다)

두 번째 칸의 양속금, 양속수, …, 음속금은 각 팔괘궁의 음양과 팔괘궁의 오행소속을 말한다. 가령 건궁팔괘 밑의 양속금은 건궁은 양에 속하고 오행은 금에 속한다는 말이고 감궁팔괘 밑의 양속수는 감궁은 양에 속하고 오행은 수에 속한다는 말이다. 괘의 오행소속은 반드시 외워야 하는데 그것은 아래 팔괘전도 그림에 보듯 각 괘의 효마다에 붙는 육친을 붙이는 근거가 되기 때문이다.

세 번째 칸부터 10번째 칸까지는 각 괘궁에 속한 8개의 대성괘의 이름이다. 가령 건궁팔괘라면 중천건, 천풍구, 천산돈, 천지비, 풍지관, 산지박, 화지진, 화천대유 이렇게 8개의 대성괘가 되는데 중천건은 내괘도 건괘, 외괘도 건괘가 되는 대성괘를 말하며 천풍구는 위에서 설명했듯이 건乾괘와 손巽괘의 자연상의象意인 천과 풍이 조합되어 "천풍구"라는 괘가 된다. 나머지 괘들도 모두 이런 식으로 이름이 붙여진다.

그런데 유독 수괘(首卦 : 각 팔괘궁의 대성괘중 맨 앞에 있는 괘들, 즉 중천건, 중수감, 중산간, 중뢰진, 중풍손, 중화리, 중지곤, 중택태괘를 말함)의 이름만 이 원칙에 부합되지 않는다. 즉 중천건重天乾을 위와 같은 식으로 괘이름을 붙인다면 "천천건天天乾"하는 식이 되어야 할 텐데 부르기가 어색하므로, 거듭되었다는 뜻의 중重을 붙이고, 중간자는 자연상의象意인 천天을 붙이며, 끝자는 괘 이름인 건乾을 붙여 중천건重天乾으로 부른다. 이것을 다른 책에는 건위천乾爲天이라고 부르기도 하며, 중수감은 감위수, 중산간은 간위산 하는 식으로 부르기도 한다.

이 표를 외우는 방법은 처음에 각궁의 수괘首卦를 앞에 두고 나머지 7개 대성괘의 괘명만 나열해 외우면 기억하기가 쉽다. 즉 건궁이라면 "건·구·돈·비·관·박·진·대유", 감궁이라면 "감·절·둔·기제·혁·풍·명이·사", 태궁이라면 "태·곤·취·함·건·겸·소과·귀매" 하는 식으로 외운다. 그러면서 "돈遯"이라면 곧바로 천산돈이라는 괘의 전체 이름이 떠오를 수 있도록 대성괘 전체 이름을 수십 번 반복해 외워서 익히도록 해야 한다.

5 팔괘전도

초학자는 괘를 배치하는 법을 모르니 반드시 점쳐서 얻은 괘를 가지고 그림과 대조하여 세응과 오행을 배치해야 한다.[8]

[8] 이 팔괘전도는 4 팔궁 64괘이름의 순서대로 도표로 풀어놓은 것이다. 가령 태궁의 맨 마지막괘인 뇌택귀매괘를 가지고 설명하자면

雷澤歸妹
父戌‖應
兄申‖
官午│亥孫
父丑‖世
財卯│
官巳│

초효 사, 이효 묘, 삼효 축, 이런 것을 납갑이라고 하는데 이것을 붙이는 법은 아래 혼천갑자(45쪽)에 붙이는 방법과 순서를 설명하고 있으니 참조하면 된다. 그리고 초효에 관, 이효에 재, 삼효에 부 하는 식으로 붙여진 것을 두고 육친이라고 하는데, 이것은 아래 육친(47쪽)을 참고하면 된다.

또 삼효에 세世, 육효에 응應이라고 붙은 것도 아래 세응(51쪽)을 참고하면 어떤 방식으로 붙는가를 알 수 있다.

또 사효에 해손亥孫이라고 되어 있는 것을 일명 복신伏神 이라고 하는데 이것은 혼천갑자(45쪽) 비신·복신(208쪽)을 참고하면 복신이 무엇인가를 알 수 있다. 원문 안에 있는 팔괘전도표에는 이 복신표시가 안 되어 있으나 독자들의 편의를 위해 필자가 넣었다.

이렇게 일일이 찾아보면서 원리를 이해하는 방식이 복잡하다면 그냥 이 "팔괘전도"편을 복사해서 책 옆에 두고 이해가 안 되더라도 참고하면서 읽다 보면 이해할 수 있으니 이해가 안 된다고 공부를 포기하면 안 된다.

아래 나오는 "야학이 이르되…"의 내용도 용신(57쪽) 등을 숙지해야 이해될 수 있는 내용이나 조금 이해가 되지 않더라도 이 책을 꾸준히 읽다 보면 알 수 있으므로 한 번 더 읽는다고 생각하고 가볍게 읽어보도록 하자!

건금궁 乾金宮

重天乾	天風姤	天山遯	天地否
父戌ㅣ世	父戌ㅣ	父戌ㅣ	父戌ㅣ應
兄申ㅣ	兄申ㅣ	兄申ㅣ應	兄申ㅣ
官午ㅣ	官午ㅣ應	官午ㅣ	官午ㅣ
父辰ㅣ應	兄酉ㅣ	兄申ㅣ	財卯∥世
財寅ㅣ	孫亥ㅣ伏寅財	官午ㅣ世伏寅財	官巳∥
孫子ㅣ	父丑∥世	父辰∥伏子孫	父未∥伏子孫

風地觀	山地剝	火地晉	火天大有
財卯ㅣ	財寅ㅣ	官巳ㅣ	官巳ㅣ應
官巳ㅣ伏申兄	孫子∥世伏申兄	父未∥	父未∥
父未∥世	父戌∥	兄酉ㅣ世	兄酉ㅣ
財卯∥	財卯∥	財卯∥	父辰ㅣ世
官巳∥	官巳∥應	官巳∥	財寅ㅣ
父未∥應伏子孫	父未∥	父未∥應伏子孫	孫子ㅣ

감수궁 坎水宮

重水坎	水澤節	水雷屯	水火旣濟
兄子∥世	兄子∥	兄子∥	兄子∥應
官戌ㅣ	官戌ㅣ	官戌ㅣ應	官戌ㅣ
父申∥	父申∥應	父申∥	父申∥
財午∥應	官丑∥	官辰∥伏午財	兄亥ㅣ世伏午財
官辰ㅣ	孫卯ㅣ	孫寅∥世	官丑∥
孫寅∥	財巳ㅣ世	兄子ㅣ	孫卯ㅣ

澤火革	雷火豊	地火明夷	地水師
官未∥	官戌∥	父酉∥	父酉∥應
父酉ㅣ	父申∥世	兄亥∥	兄亥∥
兄亥ㅣ世	財午ㅣ	官丑∥世	官丑ㅣ世
兄亥ㅣ伏午財	兄亥ㅣ	兄亥ㅣ伏午財	財午∥世
官丑∥	官丑∥應	官丑∥	官辰ㅣ
孫卯ㅣ應	孫卯ㅣ	孫卯ㅣ應	孫寅∥

간토궁 艮土宮

重山艮	山火賁	山天大畜	山澤損
官寅 ∣ 世	官寅 ∣	官寅 ∣	官寅 ∣ 應
財子 ∥	財子 ∥	財子 ∥ 應	財子 ∥
兄戌 ∥	兄戌 ∥ 應	兄戌 ∥	兄戌 ∥
孫申 ∣ 應	財亥 ∣ 伏申孫	兄辰 ∣ 伏申孫	兄丑 ∥ 世伏申孫
父午 ∥	兄丑 ∥ 伏午父	官寅 ∣ 世伏午父	官卯 ∣
兄辰 ∥	官卯 ∣ 世	財子 ∣	父巳 ∣
火澤暌	天澤履	風澤中孚	風山漸
父巳 ∣	兄戌 ∣	官卯 ∣	官卯 ∣ 應
兄未 ∥ 伏子財	孫申 ∣ 世伏子財	父巳 ∣ 伏子財	父巳 ∣ 伏子財
孫酉 ∣ 世	父午 ∣	兄未 ∥ 世	兄未 ∥
兄丑 ∥	兄丑 ∥	兄丑 ∥ 伏申孫	孫申 ∣ 世
官卯 ∣	官卯 ∣ 應	官卯 ∣	父午 ∥
父巳 ∣ 應	父巳 ∣	父巳 ∣ 應	兄辰 ∥

진목궁 震木宮

重雷震	雷地豫	雷水解	雷風恒
財戌 ∥ 世	財戌 ∥	財戌 ∥	財戌 ∥ 應
官申 ∥	官申 ∥	官申 ∥ 應	官申 ∥
孫午 ∣	孫午 ∣ 應	孫午 ∣	孫午 ∣
財辰 ∥ 應	兄卯 ∥	孫午 ∥	官酉 ∣ 世
兄寅 ∥	孫巳 ∥	財辰 ∥ 世	父亥 ∣ 伏寅兄
父子 ∣	財未 ∥ 世伏子父	兄寅 ∥ 伏子父	財丑 ∥
地風升	水風井	澤風大過	澤雷隨
官酉 ∥	父子 ∥	財未 ∥	財未 ∥ 應
父亥 ∥	財戌 ∣ 世	官酉 ∣	官酉 ∣
財丑 ∥ 世伏午孫	官申 ∥ 伏午孫	父亥 ∣ 世伏午孫	父亥 ∣ 伏午孫
官酉 ∣	官酉 ∣	官酉 ∣	財辰 ∥ 世
父亥 ∣ 伏寅兄	父亥 ∣ 應伏寅兄	父亥 ∣ 伏寅兄	兄寅 ∥
財丑 ∥ 應	財丑 ∥	財丑 ∥ 應	父子 ∣

손목궁 巽木宮

重風巽	風天小畜	風火家人	風雷益
兄卯 ∣ 世	兄卯 ∣	兄卯 ∣	兄卯 ∣ 應
孫巳 ∣	孫巳 ∣	孫巳 ∣ 應	孫巳 ∣
財未 ∥	財未 ∥ 應	財未 ∥	財未 ∥
官酉 ∣ 應	財辰 ∣ 伏酉官	父亥 ∣ 伏酉官	財辰 ∥ 世伏酉官
父亥 ∣	兄寅 ∣	財丑 ∥ 世	兄寅 ∥
財丑 ∥	父子 ∣ 世	兄卯 ∣	父子 ∣

天雷无妄	火雷噬嗑	山雷頤	山風蠱
財戌 ∣	孫巳 ∣	兄寅 ∣	兄寅 ∣ 應
官申 ∣	財未 ∥ 世	父子 ∥ 伏巳孫	父子 ∥ 伏巳孫
孫午 ∣ 世	官酉 ∣	財戌 ∥ 世	財戌 ∥
財辰 ∥	財辰 ∥	財辰 ∥ 伏酉官	官酉 ∣ 世
兄寅 ∥	兄寅 ∥ 應	兄寅 ∥	父亥 ∣
父子 ∣ 應	父子 ∣	父子 ∣ 應	財丑 ∥

리화궁 離火宮

重火離	火山旅	火風鼎	火水未濟
兄巳 ∣ 世	兄巳 ∣	兄巳 ∣	兄巳 ∣ 應
孫未 ∥	孫未 ∥	孫未 ∥ 應	孫未 ∥
財酉 ∣	財酉 ∣ 應	財酉 ∣	財酉 ∣
官亥 ∣ 應	財申 ∣ 伏亥官	財酉 ∣	兄午 ∣ 世伏亥官
孫丑 ∥	兄午 ∣	官亥 ∣ 世	孫辰 ∣
父卯 ∣	孫辰 ∥ 世伏卯父	孫丑 ∥ 伏卯父	父寅 ∥

山水蒙	風水渙	天水訟	天火同人
父寅 ∣	父卯 ∣	孫戌 ∣	孫戌 ∣ 應
官子 ∥	兄巳 ∣ 世	財申 ∣	財申 ∣
孫戌 ∥ 世伏酉財	孫未 ∥ 伏酉財	兄午 ∣ 世	兄午 ∣
兄午 ∥	兄午 ∥ 伏亥官	兄午 ∥ 伏亥官	官亥 ∣ 世
孫辰 ∣	孫辰 ∣ 應	孫辰 ∣	孫丑 ∥
父寅 ∥ 應	父寅 ∥	父寅 ∥ 應	父卯 ∣

곤토궁 坤土宮			
重地坤	地雷復	地澤臨	地天泰
孫酉‖世	孫酉‖	孫酉‖	孫酉‖應
財亥‖	財亥‖	財亥‖應	財亥‖
兄丑‖	兄丑‖應	兄丑‖	兄丑‖
官卯‖應	兄辰‖	兄丑‖	兄辰｜世
父巳‖	官寅‖伏巳父	官卯｜世	官寅｜伏巳父
兄未‖	財子｜世	父巳｜	財子｜
雷天大壯	澤天夬	水天需	水地比
兄戌‖	兄未‖	財子‖	財子‖應
孫申‖	孫酉｜世	兄戌｜	兄戌｜
父午｜世	財亥｜	孫申‖世	孫申‖
兄辰｜	兄辰｜	兄辰｜	官卯‖世
官寅｜	官寅｜應伏巳父	官寅｜巳父	父巳‖
財子｜應	財子｜	財子｜應	兄未‖

태금궁 兌金宮			
重澤兌	澤水困	澤地萃	澤山咸
父未‖世	父未‖	父未‖	父未‖應
兄酉｜	兄酉｜	兄酉｜應	兄酉｜
孫亥｜	孫亥｜應	孫亥｜	孫亥｜
父丑‖應	官午‖	財卯‖	兄申｜世
財卯｜	父辰｜	官巳‖世	官午｜伏卯財
官巳｜	財寅‖世	父未‖	父辰｜
水山蹇	地山謙	雷山小過	雷澤歸妹
孫子‖	兄酉‖	父戌‖	父戌‖應
父戌｜	孫亥‖世	兄申‖	兄申‖
兄申‖世	父丑‖	官午｜世伏亥孫	官午｜亥孫
兄申｜	兄申｜	兄申｜	父丑‖世
官午‖伏卯財	官午‖應伏卯財	官午‖伏卯財	財卯｜
父辰‖應	父辰‖	父辰‖應	官巳｜

1. 야학비법

야학이 이르되 "나에게 비법이 있으니 오직 오행의 생극을 알지 못하는 사람에게 가르치는 것으로 괘서[9]를 외울 필요도 없이 단지 점으로 괘를 그릴 줄만 알면 되는데, 그 괘가 어떤 괘에 속하는지를 보고 동하든지 동하지 않든지 간에 "팔괘전도"를 비춰 보아 무슨 육친이 지세[10]했는가를 조사하기만 하면 능히 사종대사[11]를 결단할 수 있다.

예를 들어 우환을 걱정하는 점을 칠 때 만약 자손지세子孫持世가 되면 걱정이 없을 것이며, 관귀지세官鬼持世가 되면 걱정과 의심이 풀어지지 않을 것이니 반드시 주의해야 한다.[12]

공명功名점을 치는 사람이 만약 관귀지세를 얻으면 공명을 이룰 수 있고 자손지세 하면 때를 기다려야 한다.

구재求財점을 치는 사람이 처재지세妻財持世하면 반드시 얻게 되고 형제지세兄弟持世하면 구하기 어렵다.

질병점을 치는 사람이 만약 육충괘六沖卦를 얻으면 최근에 생

---

[9] 위의 팔괘전도를 말함.

[10] 지세持世 : 위의 팔괘전도표에 세가 있는 곳에 육친이 兄이라고 한다면 형이 지세했다라고 표현한다. 즉 형이 세를 지니고 있다. 형이 세를 점하고 있다는 뜻이다.

[11] 사종대사四宗大事 : 이네 가지 근간이 되는 큰 일.

[12] 이 내용은 제 4부의 증산황금책천금부를 공부해야 이해되는 구절이나 우선은 이해가 안 되더라도 읽다 보면 알게 되니 답답하더라도 계속 읽어가라!

긴 병近病은 약을 쓰지 않아도 낫고, 오래된 병久病은 묘약이 있다한들 치료하기 어렵다.[13](팔궁의 수괘 首卦와 천뢰무망, 뇌천대장 이 열 개의 괘가 육충괘가 되며 그 나머지는 모두 아니다)

이러한 간단한 역簡易의 법은 약간 오행의 이치를 아는 사람은 이런 식으로 점복占卜을 판단해서는 안 된다.[14]

즉 점이 맞지 않거든 반드시 이 책의 후권을 자세히 보아야 한다. 어떨 때 공空이라도 공이 안 되며, 파破가 되도 파되지 않는가? 어떨 때 묘墓라도 묘가 되지 않으며, 절絶이라도 절이 되지 않는가?

어떤 경우를 진짜 반음反吟·복음伏吟이라 하고 어떤 경우를 가짜 반음·복음이라 하는가? 어떤 경우에 진신進神이 되도 진신이 안 되며, 퇴신退神되도 퇴신이 되지 않는 것인가?[15]

어떤 경우에 회두극回頭尅이 되어도 생生하며 어떤 경우에 회두극回頭尅이 되면 사死하는가? 어떨 때 신살神煞을 쓸 수 있으며 어떤 곳에서는 용신用神을 보지 않는가? 어찌하여 이것을 점하였는데 저것에 응應하며 어찌하여 먼 것을 점하였는데 가까운 것이 응하는가? 어쩔 때는 그 법이 백발백중하고 어떨 때 그 법이 아니면 여러 번 점쳐도 맞지 않는가?

어떤 경우에 원신元神이 유력有力하면서도 용신을 생하지 못하

---

[13] 질병(719쪽)을 보면 알 수 있으니 이 책을 그냥 통독한 다음 다시 한번 읽는다면 쉽게 이해할 수 있다.

[14] 매우 중요한 구절이다. 오행의 이치를 아는 사람은 이런 방식으로 판단해서는 안된다는 것을 분명히 언급하고 있다.

[15] 진신·퇴신 참조(223쪽).

고, 어떤 경우에 기신忌神이 무력無力하면서도 능히 용신을 해롭게 할 수 있는가? 어떤 곳에서 여러 책諸書의 잘못된 것을 없앴으며 어느 곳에서 기특한 점험占驗을 더하였는가? 등등을 자세하게 참고한다면 여러 가지의 비법을 깨닫게 되어 바야흐로 능히 신과 같이 일을 판결할 수 있을 것이다.

2. 새금낭賽錦囊 비법

혹 묻기를 "가령 재환災患을 걱정하는 점에 만약 자손지세를 얻으면 스스로 걱정이 없고 만약 관귀지세를 얻으면 놀라는 일을 반드시 본다 하였는데 만약 괘중에 둘 다 나타나지 않으면 어찌 판단하는가?"

내가 말하기를 "한 괘에서 나타나지 않으면 다시 한 괘를 점하고 재점再占해서 나타나지 않으면 다음 날 또 점하라!" 옛사람이 "감히 불경스레 재점을 하지 않는다" 한 말은 법에 없는 것이니 역에 이르기를 "세 사람이 점하면 두 사람의 말을 들으라" 했으니 고인古人도 한 가지 일을 세 곳에서 결정할 수 있었으니 오늘날의 사람들은 어찌 재점이 그릇되다 하는가?

내가 평생을 살아오면서 약간의 그 오묘함을 얻은 것은 전적으로 다점多占의 힘에 의지한 것이다.

일이 느린 경우는 다음 날 재점을 하고 일이 급한 경우는 이어서 조금 있다가 또 점을 하라!

늦고 빠름에 관계없이 향을 피우지 않거나, 심야에도 역시 점할 수 있으나 오직 한 가지 일에 한해야 한다. 만일 마음속에 두세 가지 일로 점괘를 얻는 사람은 한 생각으로 정성을 다한 것이 아니니 반드시 영험靈驗이 없을 것이다.

 가령 공명점을 칠 때 혹 관귀지세하거나 자손지세 중 하나를 얻으면 득실을 이미 알았으니 재점을 할 필요가 없다. 자손지세를 얻었다 하여 자손지세子孫持世를 미워하여 뒤이어 계속 반드시 관귀지세를 얻으려 애쓴다면 이것은 이치가 아니다. 다른 것도 이와 같이 유추하라!
 만일 한 가지 일이 다른 사람과 화복을 같이 할 때는 각자 한 괘씩 점하여 결정하면 더욱 쉬울 것이다. 즉 예를 들어 배를 타고 가다가 폭풍을 만났거나 집안에 화재를 염려한다면 사람마다 다 점칠 수 있는데 한 괘라도 자손지세를 얻으면 모두 같이 근심이 없을 것이다. 또 예를 들어 질병점에서 병자가 스스로 점쳐 만약 육충괘를 얻지 못했다면 일가족이 모두 대점代占할 수 있다.
 만약 한 사람이라도 육충괘를 얻었을 때 혹 근병近病 구병久病인지에 따라 길흉을 스스로 분명하게 알 것이다.
 이 법을 이름하여 "새금낭賽錦囊"이라 한다. 내가 어릴 때 괘를 그림으로 그릴 줄만 알고 괘를 장식할 줄 몰랐을 때[16] 이 팔괘전도에 그려진 것을 참고하여 배치하고 판단해 어려움을 적게 보고 위험한 곳에서도 평안함을 얻은 것은 모두 이러한 힘에 의지한 덕택이었다.

---

[16] 육친 납갑 세응을 붙일 줄 몰랐을 때.

또 내게 비법이 있으니 한 번에 사람들에게 가르치리라!

대개 일신의 화복에 관한 것이면 단지 남몰래 점하여 앞에서처럼 비춰보아 판단하는 것이 좋고 다른 사람이 옆에 있어서는 안 된다. 점을 치고 난 뒤에 길흉을 스스로 알 것이지, 절대 이 괘를 가지고 또 안다고 하는 사람에게 가서 묻지 마라! 이것은 만약 편안한 마음으로 묻는 사람이라면 신도 미리 알고 그 얻은 괘로 하여금 정히 심오함이 있게 하기 때문에 이 괘첩을 놔두었다가 일이 지나간 뒤에 다른 사람에게 물어야 한다.

전에 말한 재환을 걱정하는 점과 공명점·구재점은 제목의 순서를 따라 처음 배우는 사람들이 어떻게 점쳐야 할지 모르기 때문에 지금 내가 자세하게 그 처음과 끝을 써서 사람들로 하여금 아래와 같은 일들을 만났을 때 이에 비춰서 점하게 하려 함이다.

1) 재앙과 우환을 대비해 점치는 비법

우환憂患을 걱정하는 점에서 혹 나라와 백성의 삶을 위하여 진언陳言하고 헌책獻策하는 것이나, 장상將相들이 임금의 그릇됨을 간쟁할 때 그 일을 행하지 않으면 화가 먼저 내게 미치거나, 혹 바람 부는 바다에 배를 타고 건너갈 때, 앞길에 도적이나 풍파의 염려가 있을 때, 혹은 먼 곳에서 난 불이 번져서 본가本家에까지 미칠까 염려스러울 때, 혹 전염병이 돈다 하여 내게 해로울까 싶을 때, 혹 메뚜기 떼가 온 들에 깔려 나의 농작물에 해가 염려될 때, 혹은 동료 없이 혼자 여행할 때 혹은 여행하다 묘에서 잘 때,

혹 집에 화재를 대비하거나 집에서 요사한 것을 보거나 무역영업을 따라갈 때, 혹 험한 국경을 넘어갈 때, 혹 시비가 있는 곳으로 들어가는데 화환이 걱정될 때, 혹 남의 일에 간섭하고 싶은데 災와 시비가 생기지 않을까 염려할 때, 혹은 병원에 가는데 점염되지 않을까 싶을 때, 혹 독약을 잘못 먹어서 죽게 되지는 않을까 염려될 때, 혹은 인삼이나 녹용 등을 먹는 것이 나에게 유익할지 어떨지?

혹 야수野獸나 길들이지 않은 말을 부리려는데 놀라서 상하지나 않을지, 혹은 이미 중죄重罪가 정해졌지만 사면의 가능성이 있을지? 혹 이미 중병을 얻었지만 위험할지 어쩔지, 혹 먼 곳에 의심스런 배를 봤을 때, 혹 밖에서 오는 의심스러운 무리를 보았을 때, 혹 관공서의 공유지를 살 때 후환이 있겠는가에, 혹은 묘지 터가 될 만한 산을 살 때 시비가 있겠는가에, 혹 도적이 훔친 장물을 모르고 잘못 샀을 때, 혹 자신이 험한 곳에 거할 때, 혹 이웃집의 짐승머리가 담 너머 보여서 내 집을 충해 해가 있을지 여부, 혹 이웃 산에 새로 시신을 묻을 때와 옹기가마를 열거나 사당을 지으려는데 선영을 범할지의 여부 등.

위와 같은 모든 재환을 걱정하는 류의 점에는, 단지 자손지세를 얻기만 하면 태산같이 편안할 것이니, 행할 일을 행한다 해도 길하여 흉함이 없을 것이며, 만약 관귀지세를 얻었다면 걱정과 의심이 풀어지지 않을 것이니, 힘을 다하여 대비해야 하며 설사 행해야 할 것이라도 취소하고 멈추는 것이 마땅하다.

그러나 진언陳言 간쟁諫諍을 하려는 사람은 별도로 논해야 할 것이니, 만약 진정으로 국민의 생계를 위한다면 몸을 손해케 할지라도 임금에게 보답해야 하니 설사 관귀지세가 될지라도 행하는 것이 마땅하다.

앞에서 말한 여러 가지 일에서 자손이 지세하면 길하고 관귀가 지세하면 걱정스럽다.

이 두 가지가 괘에 만약 나타나 있지 않다면 성의껏 재점을 해야 한다. 단 관귀든 자손이든 하나라도 나타나 있다면 재점을 할 필요가 없다.

재점을 할 때도 그 일의 완급에 따라 다른 것이니, 가령 강과 바다에 배를 띄워야 하는데 만약 관귀지세를 얻었다면 어찌 영원히 배를 나가지 못한다 하겠는가? 하루 일찍 나갔다가 흉을 만날 수 있고 반시 늦게 나가 화를 면하기도 하는 것이다. 만약 오늘 점쳐서 관귀지세가 나왔다면 배를 띄우지 않는 것이 좋고 내일 다시 재점하고 또 그렇게 나오면 후일에 또 점해 자손지세가 나올 때 다시 배를 띄울 것이다. 이와 비슷한 일에도 이를 모방하라.

2) 공명점의 비법

공명점을 할 때는 문무文武를 막론하고 벼슬에 있든지 없든지 간에 단지 관귀지세만 얻으면 승진을 바라면 승진되고, 후보를 뽑는 일이라면 뽑히게 되고, 시험을 봤다면 반드시 합격하며 동시童試를 보았다면 반드시 붙게 될 것이다. 남의 죄에 연루되었을지라도 관직이 붙어 있을 것이고, 이름을 더럽힌 사람도 앞으로 회복될 수 있을 것이다. 초야에 오래 머문 사람은 정히 기용되는 은혜를 입으며 직장시험, 기술시험을 치는 사람은 반드시 명예를 얻을 것이다. 돈을 써서 벼슬을 사려는 사람도 이름이 사적仕籍에 오를 것이며 승진되기를 바라면 등수가 더해져 올라갈 것이고, 빈자리를 얻을까 묻는다면 빈자리를 반드시 얻고, 공을 세우고자 하는 자는 반드시 기이한 공훈을 세운다.

단 자손지세는 마땅치 않아 일체의 공명이 목전에서 실망되게 되니 기회를 기다려 다음번에 재점해야 할 것이다.

내게 또 점치는 비법이 있으니 다시 다른 사람에게 가르치리라!

재환을 걱정하는 점과 공명점은 단지 스스로 의심을 푸는 것이 가하지 다른 사람에게 점치게 해서는 안 된다.

스스로 재환을 걱정하는 점에서 오직 재환을 염려하는 마음으로 하고, 공명점을 치는 사람이라면 일념으로 공명을 묻는 마음을 가진다면 자연히 영험이 있을 것이나, 다른 사람이 대신 점친다면 자손과 관귀를 알지 못하니, 즉 화가 있을까 근심하는 마음도 있고 다시 공명을 구하는 마음도 있다면 더욱 판단하기 어렵게 될 것이다. 비유하자면 글을 올려 간언한다 할 때 이 사람이 만약 관에 있는 사람이 아니라면 꼭 이것에 의해 공명을 구할 생각이 없으나 화가 있지 않을까 하는 마음도 있게 됨을 면치 못하며, 관작이 있는 사람은 즉 공명을 잃을까 두려워하고 또 괜히 말했다가 화가 따르지나 않을까 하는 마음이 있는 것과 같다.

또 예를 들어 자기가 전도前途가 있는 자나 이미 벼슬을 하고 있거나 하지 않거나 간에 지금 남의 죄에 연루되어 아직 해결이 안 되어 관직을 잃지나 않을까, 또 죄를 얻지나 않을까 하는 이 세 가지의 경우의 사람은 모두 마음에 두 가지 생각을 품고 있다고 할 수 있으니 괘중에 만약 자손지세를 얻으면 혹 무사하려니와 또 신이 공명을 잃을 것을 일러줄까 염려스러우며 또 만약 공명에 장애가 있다고 판단될 때 또 신이 근심 없음을 일러줄까 두려우니 그러므로 말하기를 "스스로 한다면 반드시 맞아 떨어질 것이지만 대점케 하면 영험치 않을 것이니 괘가 영험이 없어서가 아니라 타인의 마음이 전일하지 않았기 때문이다."

또 예를 들어 부임할 때 지방의 놀라운 변고와 가뭄이나 홍수 같은 재앙으로 인한 흉년에 관한 점이라면 이것은 재환이 있을까를 염려하는 것이니 만약 자손지세라면 도적이 그치고 백성이 편안하며 관귀지세라면 반드시 여러 가지 災를 볼 것이다. 단 미래의 어떤 해遠年를 점하는 것은 불가하며 단지 해당 년을 점하는 것이 가하다. 또 해당 년을 점한다 해도 역시 여러 가지 일을 한 괘로 점해서는 안 되며 반드시 매 건마다 별도로 점쳐야 한다.

또 예를 들어 이미 놀라운 변고가 생겨서 벼슬이 잘못될까 두렵다면, 이것은 공명을 잃을까 염려하는 것이라 할 수 있으니, 관귀지세를 가장 기뻐하며 자손지세가 되어서는 안 된다.

또 예를 들어 재임시 무사할 때 신에게 기도하기를 "내가 여기서 장래에 승진할 수 있겠습니까?"의 여부를 물어서, 만약 관귀지세가 나왔다면 일정하게 높이 올라갈 것이며, 자손지세가 나왔다면 반드시 잘못될 것이다.

또 예를 들어 벼슬을 아직 못한 사람이 내가 끝내 공명을 이룰 수 있겠는가로 점을 쳐 관귀지세가 나왔다면, 식록을 기대해 볼 수 있지만 자손지세가 나왔다면 끝내 가망이 없을 것이다.

또 예를 들어 조상의 보살핌이 있거나 이미 원례援例를 했다든지 이미 공을 세웠거나 대개 이미 관의 부서에서 내려온 공문에 비평하는 글로 위패를 맡음이 있는 것과 같은 일에 내가 장래에 출사出仕할 수 있겠는가를 물을 때, 관귀지세가 나온다면 일정하게 등용되겠지만, 자손지세가 나왔다면 마음을 비우고 고향을 떠나지 말아야 한다.

또 예를 들어 선비가 먼저 한 괘를 점쳐 지금 과거에 붙겠는가를 물었을 때, 만약 관귀지세가 나왔다면 합격할 것이고 자손지세가 나왔다면 이번 시험에는 떨어짐을 알 수 있을 것이니, 날을 바꿔 재점하여 다음 과거에는 붙을 수 있겠는가를 점쳐 또 자손지세가 나왔다면 또 다음 과거에서도 떨어짐을 알 수 있다. 달리 또 하루를 택하여 재점再占하여 죽을 때까지 가능하겠는가를 점쳐 만약 관귀지세가 나왔다면 끝내는 분발할 수 있겠지만 자손지세를 얻었다면 그 뜻을 포기하고 다른 것을 도모해야 할 것이다.

효렴孝廉이 회시會試의 점을 치거나 동생童生의 입학점을 칠 때도 모두 이와 같다.

이상 모두 비법이니 점치는 사람이 전적으로 절절히 묻는다면 괘는 영험치 않음이 없을 것이나, 만약 지금의 일은 점치지 않고 먼저 종신終身의 멀고 먼 일을 묻는다면, 신이 가까운 일을 일러 줌이 많다는 것을 알지 못한 것이다.

  세인이 이러한 이치를 알지 못하고 가슴속에 아직 해결되지 않은 일이 있음에도 먼저 종신의 일을 묻는다면 신이 눈앞의 의심만을 가르쳐주는 것에 그칠 뿐일 것이니, 괘를 판단하는 사람이 이러한 신의 뜻을 알지 못하고 결국 그러한 괘로 종신의 일을 판단한다면 어찌 천양지차天壤之差가 되지 않겠는가?

3) 재물점의 비법

  재점財占을 치는 사람이 돈과 양식을 액수에 맞게끔 충분히 징수할 수 있겠는가의 여부를 묻거나, 돈과 식량을 전부 다 거둘 수 있겠는가의 여부를 물을 때, 처재지세하면 풍족하게 거둘 것이나 형제지세하면 배상을 해야 할 것이다.

  매매·경영을 물을 때 점포를 여는 것과 멀리 구재하러 가거나 귀인에게 돈을 부탁하려 갈 때 처재가 지세하면 마땅히 행하고 형제지세하면 빨리 멈춰야 한다.

  장사·무역점에, 점포를 연 지가 오래되었는데 장래의 흥폐興廢 여부를 물을 때 처재지세하면 갈수록 풍족할 것이요, 형제지세한다면 지금부터 쇠패해질 것이다.

  화물을 사려고 하는 점에 처재지세가 되면 사도 될 것이나 형제지세가 나오면 모으기를 중단해야 할 것이다.

돈놀이를 하려는 점에서 처재지세하면 시종 둘 다 좋겠지만 형제지세면 빌려주고서 돌려받지 못할 것이다.

돈을 받으려는 점에서 처재지세하면 지금은 얻지 못할지라도 끝내는 상환할 것이요, 형제지세가 되면 다른 날 재점再占하여 만약 번번이 점쳐도 형제지세가 나온다면 끝내 그림의 떡일 뿐이며 여러 번 점쳐서 관귀지세를 얻었다면 관을 통해 소송이 필요할 것이다.

광산을 채굴하려거나 비밀스레 산을 깎으려 하거나 산을 사거나 벌목하거나 정원을 만들거나 염전이나 양어장을 만들 때, 산이나 강이나 바다에서 이익을 취하려 할 때 처재지세하면 물건은 많고 재가 풍족할 것이며 형제지세하면 파재하고 본전을 까먹을 것이다.

수은을 굽는 일 등은 세상에 이러한 이치가 없으니 괘로 점칠 필요가 없으니 칠 생각을 일으키지 마라! 설사 괘를 얻어 처재지세를 얻었다 할지라도 역시 다른 곳의 재에 응할 것이다.

어떤 사람이 수은 굽는 일로 점을 쳤는데 괘에서 술토 재효지세하고 오화자손이 발동하여 상생하였는데 기도하여 말하기를 "술월戌月에 일정하게 단丹을 만들겠구나!" 했는데 처첩과 자녀가 수천 리에서 와 타향에서 한 자리에 모인 것임을 어찌 알 수 있었으랴!

술토처재는 처첩에 응한 것이고 오화자손은 자녀에 응했던 것이니 이것은 이것을 점했지만 저것에 응된 것이다.

역은 군자가 하는 것이니 어찌 믿지 않겠는가?

그러므로 이치 아닌 것을 구한다면 신이 이것은 일러주지 않고 저것을 응하게 하는 것이다.

지하에 홀연한 광채가 나는 이상한 물건이 황백색의 기이한 형상으로 나타났을 때 그것이 돈이 되지 않을까 해서 점을 쳤을 때, 만약 처재지세가 나왔다면 반드시 금은이 있을 것이나, 형제지세라면 재가 없을 뿐 아니라 파재하는 일이 있을 것이며, 만약 관귀지세라면 반드시 요사스런 것이 있을 것이다.

내가 주역을 배운 지 여러 해가 되었지만 모든 점에 감응됨이 신과 같았으나 사람들은 역리의 오묘함을 알 수 없다고 생각하기 때문에 괘서를 익히려는 생각을 내지 않았다. 그래서 이 일단의 비법을 설한 것으로 사람들이 그 영험함을 보면 자연히 점을 배울 것이다.

이 법을 혼자서 쓸 것이 아니라 더불어 다른 사람에게 전해주려 하니 벼슬아치나 상민이나 모두 학습하는 것이 좋을 것이다.

단 이 법은 원래 전혀 오행의 생극의 이치를 모르는 사람에게 설한 것이니 만약 약간이라도 오행을 아는 사람이라면 신이 나타내거나 숨기는 미묘한 괘 속에서 반드시 길 속에 흉이 있는지 혹 흉 중에 길이 있는지는 용신의 생극제화, 월파, 순공을 보지 않으면 안 될 것이니 자세한 것은 후권의 구명求名, 구재求財와 질병의 여러 장의 판단한 예를 상세히 보아야 한다.

응험을 구하는 자는 천 리 길도 한 걸음부터라는 마음으로 해

야 할 것이다.[17]

[17] 왕홍서는 그의 책 복서정종 3장 십팔론十八論의 "증산복역의 잘못됨을 물리치다闢增刪卜易之謬"편에서 위의 내용을 인용하면서 신랄하게 비판하고 있다.

…중략… 이문휘가 쓴 증산복역책의 첫장에 말하기를 "이 책에는 십이편의 비법이 있는데 단지 세상에서 오행의 생극을 전혀 알지 못하는 사람에게 가르치는 것으로 괘서를 외울 필요도 없이………결단할 수 있으니 나의 스승 야학노인이 고심해서 세상에 내놓은 비법으로 만낭의 황금으로도 구할 데가 없다"은 등의 말을 했다. 그 비법을 살펴보건데……. 운운중략
내가 생각하기에 이문휘는 참 어리석다.

차라리 부처나 별에게 기도하여 성스러운 음인지 양인지로 알려주라 해서 길흉을 판단하는 것이 어찌 이러한 법보다 더욱 빠르지 않겠는가!
이렇게 부처에게 묻는 것이 어찌 만의 만 낭에 버금가는 황금의 값어치가 있지 않겠는가? 종합하건데 이문휘는 성인의 역을 어둡게 하였으며 후세의 전도를 미혹하게 하였으니 나는 물리치노라!

역자가 보기에는 증산복역에서 분명히 "이러한 법은 약간 오행의 이치를 아는 사람은 이런 식으로 점복을 판단해서는 안 된다."라고 단서를 달았음에도 불구하고, 왕홍서가 이렇듯 일부분의 문장만 가지고 비판한 것은 잘못이라고 생각한다. 역자의 경험으로도 증산복역의 간역의 법은 유효하였다.

2장. 학복제강 學卜提綱

1 용신의 오행생극왕쇠를 보는 방식

야학이 말하기를   크도다. 역이여! 날씨天時의 가뭄과 장마, 지리 地利의 풍요와 꺼림을 알 수 있으며, 시운의 흥망성쇠를 알 수 있고 질병의 생사를 알 수 있으며 공명의 성패를 알 수 있고 재백의 유무를 알 수 있으며 화복의 추길피흉을 알 수 있으니 인생의 갈림길도 어찌 역으로 알 수 없겠는가?

대개 점을 배우는 사람은 먼저 혼천갑자渾天甲子 육친가六親歌를 알아야 한다.

점쳐서 괘를 뽑고 난 뒤에 오행육친을 붙이고, 다시 동하고 변하는 것을 배워야 하며, 괘 중에 이미 동효動爻가 있다면 동하면 반드시 변하게 되니 이미 동하고 변하는 것을 안 뒤에는, 다시 용신用神 원신元神 기신忌神을 봐야 하며, 이것을 안다면 주역의 문에 들어간 것이나 같다.

다시 사시四時의 왕상·오행생극·오행충합·순공·월파·생왕묘절 장을 본다면 주역의 마당에 오른 것이며, 다시 후권의 각 항목별로 어떤 일은 어떻게 판단하는가를 보면 점점 얕은 데서 깊은 데로 들어가는 것이니 스스로 깨달을 수 있을 것이다.

지금 내가 먼저 한 괘를 점하여 용신 보는 법과 오행의 생극쇠왕의 이치를 가르칠 것이다.

대개 어떤 일을 물으면 먼저 년·월·일진日辰을 쓰고 다시 육신장 중에서 육신을 뽑아 쓰면 점괘를 아래와 같이 얻게 된다.

중천건괘
父戌ㅣ世
兄申ㅣ
官午ㅣ
父辰ㅣ應
財寅ㅣ
孫子ㅣ

자기 스스로 길흉을 점친다고 할 때는 세효世爻가 용신이 된다.
이 괘는 세가 술토에 임하였으니 이 술토가 자기의 몸이 되는 것이다.
그러므로 왕상旺相한 것이 좋고 휴수休囚되는 것을 꺼리며 그 사·오화의 상생을 만나는 것이 귀하며 가장 꺼리는 것은 인·묘의 목이 상극하는 것이다. 또 세효가 공망에 떨어지면 안 되고 더욱 세가 월파에 임해서는 안된다.
이 세효 술토는 네 곳에서 생·극·충·합이 있을 수 있다.

◆ 월건月建이 능히 생·극·충·합 할 수 있다.

이 괘에서 세효 술토가 만약 인·묘월 점괘라면 인·묘 목에 의해 상극당해 세효가 상하게 되므로 자기의 길흉에 대한 점은 휴수休囚하기 때문에 불리하다 할 것이다.

만약 진월 점괘라면 진이 술토를 충하기 때문에 술은 월파(月破)가 되는데 이것을 세효가 월파를 만났다고 한다. 즉 자신이 깨진 물건처럼 하나도 소용이 없게 되는 것이다.

만약 사·오월의 점괘라면 사·오의 화는 관성官星이 되어 능히 술토를 생할 수 있으므로 이것을 화가 왕旺하고 토는 상相하여 세효가 왕상旺相함을 만났다고 하여 일마다 좋게 된다.

만약 미·축월점괘라면 이 두 달은 토가 왕한 때이기 때문에 역시 능히 술토를 도울 수 있는데 이때 세효 술토 역시 왕상하다고 하며 길하게 된다.

만약 술월 점괘라면 세효 술토가 월건이 되는데 이것은 왕상해

당시當時하므로 자기 점의 길흉은 모든 일이 형통하게 된다.

만약 신·유·해·자월 점괘라면 이 술토는 모두 설기되는 때이므로 세효가 휴수해 무력하다고 한다. 이것을 일러 월건은 능히 세효 술토의 용신과 생·극·충·합 할 수 있다고 하는 것이다.

알아야 할 것은 무엇을 일러 용신이라고 하는가이다.

자점自占을 하니까 세효를 위주로 용하는 것이지 세효만을 용신이라고 말하는 것은 아니다. 예를 들어 뒤에 부모점을 한다면 부모효가 용신이 되는 것이다.

◆ 일진日辰은 능히 생·극·충·합 할 수 있다.

중천건괘

父戌 | 世
兄申 |
官午 |
父辰 | 應
財寅 |
孫子 |

이 괘의 세효 술토가 만약 인·묘일 점괘라면 인·묘의 목은 능히 술토를 극할 수 있다.

이 세효는 일진으로부터 상극을 받기 때문에 불리한 상이다.

만약 진일 점괘라면 진은 술토를 충하므로 이것을 세효가 암동暗動되었다고 한다.[18] 만약 사·오일 점괘에서 사·오의 화는 관성이 되므로 능히 술토를 생할 수 있으니 이것을 일러 세효가 관성을 만나 생왕되었다고 하며 여러 일에 모두 길하다.

만약 축·미일점괘라면 토가 토를 만나 도움이 되므로 이 술토 역시 도움을 얻는 것이 된다. 만약 술일 점괘라면 세효가 일

---

[18] 역주 : 여기서 암동이란 단순히 일진이 충했다고 되는 것이 아니고 충당한 효가 월령을 얻어야 암동이 되고 월령을 얻지 못하면 월파가 된다. 뒷부분의 암동장을 보라!

건[19]에 임하여 당령當令해 득권得權했다고 한다. 만약 신·유·해·자일 점괘라면 이 술토는 극도 생도 없게 된다.
이것을 일러 일건은 능히 용신을 생극충합할 수 있다고 하는 것이다.[20]

| 역자예 1 | 진월 병신일. 아우의 병이 이미 위험. 수화기제→택화혁 |

```
    兄子 ‖ 應
    官戌  |
兄亥 父申 ‖
    兄亥 | 世伏午財
    官丑 ‖
    孫卯 |
```

이 괘는 해수 형제가 용신이 되는데 진월이 극하고 신일이 생하며 또 신금 동효의 생을 얻었으니 위험에서 구해지리라.
과연 당일 유시에 명의를 얻어 살아났는데 해일에 다 나았다.

| 역자예 2 | 18번 괘 | 역자예 3 | 20번 괘 |

| 역자예 4 | 3번 괘 | 역자예 5 | 438번 괘. |

[19] 일건日建 : 일건 일진 모두 같은 말이다.

[20] 복서정종卜書正宗 십팔문답十八問答 1
삼전三傳(年·月·日 刻用) : 한 효는 동하여 생하고 한 효는 동하여 극할 때, 다시 동해서 변한 한 효를 보아 생이면 생이 되고, 동출動出한 한 효가 극이면 극이 된다.

◆ 괘 중의 동효는 능히 용신과 생·극·충합할 수 있다.

중천건괘

父戌	世
兄申	
官午	
父辰	應
財寅	
孫子	

이 괘에서 세효는 술토인데 만약 괘 중에 이효인 인목이 발동하였다면 능히 술토를 극할 수 있으며 사효인 오화 관성이 발동하였다면 능히 술토를 생할 수 있다.

또 삼효인 진토가 발동하였다면 능히 술토를 충할 수가 있는데, 이것을 일러 괘중의 동효는 능히 용신과 생극충합할 수 있다고 하는 것이다.

◆ 세효가 스스로 동하여 변출된 효와 능히 회두생·극·충·합할 수 있다.

세효가 발동하면 동하여 반드시 변하게 되는데 변출하여 사·오의 화가 되었다면 이것을 회두생세回頭生世한 것이라고 한다. 인·묘목으로 변출하였다면 회두극세回頭剋世라고 하며, 진토로 변출하였다고 하면 회두충세回頭沖世하였다고 말하고, 묘목으로 변출하였다면 회두합세回頭合世라고 말한다.

이것을 일러 용신이 스스로 동自動하여 변출된 효와 능히 생극충합할 수 있다고 하는 것이다.

이상 네 곳에서[21] 만약 용신을 생합해 오면 제점에서 다 길하며 세 곳에서 생하고 한 곳에서 극하여도 역시 길하다고 판단하

---

[21] 네 곳이란 일, 월, 동효, 변효를 말한다. 이하 네 곳이라고 표현되는 구절은 모두 이와 같은 뜻이다.

며 두 곳에서 극하고 두 곳에서 생하면 반드시 왕·쇠를 봐야 하는데 용신을 생하는 신이 왕상하면 길로 판단하고 용신의 신을 극하는 신이 왕상하면 흉으로 판단한다.

만약 세 곳에서 극하고 한 곳에서 생한다 할 때 만약 생하는 효가 왕상하다면 역시 극처봉생剋處逢生이라 하여 흉한 중에 풀려지지만 만약 휴수해 있으면 생이라는 이름은 있다 하나 실제로는 생할 수 없기 때문에 네 곳에서 모두 극해 오는 것과 같이 판단하는데 제점에서 대흉하다.

혹 묻기를 "이 괘의 세효 술토가 인묘사오로 변출하는 이치가 없다"고 하나 내가 말하기를 다른 효가 변출하여 회두생극함이 많지만 이것은 빌려서 법을 삼은 것일 뿐이라 했다.[22]

또 묻기를 "묘목은 능히 술토를 극할 수도 있고 술과 합할 수도 있는데 그러면 어떨 때 극이 되고 어떨 때 합이 되는가?"
내가 말하기를 "오행상합 장 중에 상세하게 설명되어 있다."

| 예 1 | 10번 괘 | 예 2 | 19번 괘 |

| 예 3 | 22번 괘 | 예 4 | 356번 괘 |

[22] 복서정종 십팔문답 2
회두극이란, 대개 회두극을 만날 때 원신元神·용신을 철저하게 극하면 흉하고 기신忌神·구신仇神이 만나면 도리어 흉하다.

| 예 5 | 유월 병인일. 어느 날 비가 오겠는가? 지풍승→지수사 술해 공망

```
        官酉 ‖
        父亥 ‖
        財丑 ‖ 世伏午孫
  孫午  官酉 ⼃
        父亥 ∣ 伏寅兄
        財丑 ‖ 應
```

해수 부효가 용신이 되는데 순공이 되고 유금 관귀효는 원신이 되는데 오화로 회두극되었다. 순내에는 비가 오지 않고 자일에 이르러 약간의 작은 비가 오리라! 자일에 응한 것은 오화 구신仇神을 충거했기 때문이고, 적은 비가 온 것은 순공되고 무근했기 때문이다.

| 예 6 | 8번 괘 | 예 7 | 23번 괘 | 예 8 | 50번 괘 |
| 예 9 | 51번 괘 | 예 10 | 335번 괘 | 예 11 | 339번 괘 |

중천건괘

```
  父戌 ∣ 世
  兄申 ∣
  官午 ∣
  父辰 ∣ 應
  財寅 ∣
  孫子 ∣
```

또 묻기를 "이 괘는 중천건으로 괘중에 오화로 관성을 삼는 것이 맞지만 만약 오월 오일 점괘라 해도 역시 이 오화로 관성을 삼는가?" 내가 말하기를 "점이 어떤 월·일의 괘를 얻었는가에 구애 받지 마라. 괘 안에 만약 사·오가 관성이라고 한다면 만약 사·오월일점괘를 만났다고 할 때 이 사·오월일도 역시 관성을 삼는다. 괘중에 만약 사·오의 화가 재성이라면 일월이 사·오라 해도 역시 재성을 삼는 것이다. 나머지도 이와 같이 하라.

왕상휴수旺相休囚는 사시왕상四時旺相 장을 참고하라.
공·파는 순공, 월파旬空月破 장을 참고하라.
충합衝合은 육합, 육충 장을 참고하라.
생극은 오행상생, 오행상극 장을 참고하라.
원신元神은 원신 장을 참고하라.
용신은 용신 장을 참고하라.
암동暗動은 암동 장을 참고하라.
회두생·회두극은 동효, 변효의 생극충합 장을 참고하라.
일진日辰 월건月建은 일진 월장 장을 참고하라.

부모점을 할 때는 괘중의 부모효가 용신이 된다.
이 괘에서는 진술 두 효가 모두 부모다. 만약 두 효가 모두 동하였거나 혹은 <u>동하지 않았다면 그 왕상한 것을 택하여 용신을 삼으며, 한 효만 동했다면 동한 것으로 용신을 삼는다.</u>
부모가 이미 진술의 두 토에 임하였으므로 토가 부모가 된다. 그러므로 화의 상생을 좋아하고 목의 상극은 두려워하며, 월파·순공을 꺼리고 역시 네 곳의 생극충합에서 생이 많고 극이 적은 것이 길하며 전의 세효에서처럼 참고해서 본다.

집·배나 차·문서·상소에 관한 점에도 모두 부모효를 용신으로 삼는데 반드시 용신장을 자세히 봐야 한다.
형제점을 할 때는 형제효가 용신이 된다.
이 괘에서는 신금 형제가 용신이 된다. 토가 상생됨이 마땅하고 화의 상극을 꺼리며 월파月破 순공旬空을 꺼리며 역시 네 곳과의 생극에서 생이 많고 극이 적어야 길하고 극이 많고 생이 적으면 흉하게 된다.

중천건괘

父戌	世
兄申	
官午	
父辰	應
財寅	
孫子	

타인을 점할 때는 응효가 왕상해야 하는데 이 괘의 응은 진토에 있으므로 그의 길을 바라거든 네 곳과 생합되는 것이 좋고 그 쇠함을 바라거든 네 곳에서 극충되는 것이 마땅하다.

按 : 형제효는 겁재劫財하는 신이므로 만일 형제자매의 평안 여부를 점한다면 생왕한 것이 좋고, 월파·순공되는 것은 좋지 않지만, 만약 처첩·노복과 재물점에는 극이 많고 생이 적은 것을 좋아한다.

공·파를 만나는 것을 극히 좋아하는데 형제효가 나의 재물을 겁탈하지 못하고 하고 나의 처첩·노복을 극할 수 없게 하기 때문이다.

처첩·노복과 재물을 점할 때는 처재로 용신을 삼는다. 이 괘에서 인목이 처재가 되므로 용신이 된다. 순공·월파에 임하는 것을 꺼리며 수의 상생이 마땅하고 금의 상극을 꺼리며 네 곳과의 생극에서 생이 많고 극이 적어야 길하고 극이 적고 생이 적으면 흉하게 된다.

모든 금은金銀, 매매점에서도 모두 처재로 용신을 삼는데 반드시 용신장을 자세히 보라.

```
    중천건괘
  父戌 | 世
  兄申 |
  官午 |
  父辰 | 應
  財寅 |
  孫子 |
```

자손을 점할 때는 자손이 용신이 된다. 이 괘에서는 초효 자수가 용신이 되는데 월파·순공을 꺼리고 금의 상생을 좋아하며 토의 상극을 꺼리고 역시 네 곳과의 생극에서 극은 적고 생은 많은 것이 좋고 극은 많은데 생은 적은 것은 꺼린다. 기타 일을 점할 때는 자손효를 용신으로 삼는 경우가 아주 많다.

용신장에서 찾아보라.

공명점에는 관귀효가 용신이 되는데 이 괘에서는 오화관성이 용신이 되는데 공·파를 만나는 것을 가장 꺼리며 수의 극을 꺼리고 목의 생을 좋아하며 역시 네 곳과의 생극에서 길흉을 전과 같이 판단한다.
  귀신이나 요사스런 것, 난신, 도적을 점할 때도 역시 관귀효로 용신을 삼는데 반드시 용신장의 내용을 살펴봐야 한다.

  지금까지 논한 여러 가지 일은 후권에 모두 자세한 법이 있지만 초학자들이 그 문에 들어오지 못할까봐 이렇게 강령을 만들었다. 이 강령을 알고 다시 후권의 각 장을 상세하게 살펴본다면 얕은데서 깊은 데로 스스로 이를 수 있을 것이다.

3장. 역학범례 易學凡例

1 혼천갑자渾天甲子[23]

건의 내괘는 초효에서부터 자수子水 인목寅木 진토辰土 순으로 붙이고, 외괘는 오화午火 신금申金 술토戌土 순으로 붙인다.
감은 내괘는 초효에서부터 인목寅木 진토辰土 오화午火 순으로 붙이고, 외괘는 신금申金 술토戌土 자수子水 순으로 붙인다.
간은 내괘는 초효에서부터 진토辰土 오화午火 신금申金 순으로 붙이고, 외괘는 술토戌土 자수子水 인목寅木 순으로 붙인다.
진은 내괘는 초효에서부터 자수子水 인목寅木 진토辰土 순으로 붙이고, 외괘는 오화午火 신금申金 술토戌土 순으로 붙인다.
손은 내괘는 초효에서부터 축토丑土, 해수亥水, 유금酉金 순으로 붙이고, 외괘는 미토未土 사화巳火 묘목卯木 순으로 붙인다.
리는 내괘는 초효에서부터 묘목卯木 축토丑土 해수亥水 순으로 붙이고, 외괘는 유금酉金 미토未土 사화巳火 순으로 붙인다.
곤은 내괘는 초효에서부터 미토未土 사화巳火 묘목卯木 순으로 붙이고, 외괘는 축토丑土 해수亥水 유금酉金 순으로 붙인다.
태는 내괘는 초효에서부터 사화巳火 묘목卯木 축토丑土 순으로 붙이고, 외괘는 해수亥水 유금酉金 미토未土 순으로 붙인다.

[23] 이 장의 혼천갑자란 흔히 납갑納甲이라고 한다. 위의 팔괘전도(12쪽)의 각 대성괘에 붙은 지지들을 붙이는 원칙과 방법을 말하고 있으므로 잘 숙지해야 한다.

예를 들어 천풍구괘를 얻었다면

천풍구

父戌	
兄申	
官午	應
兄酉	
孫亥	伏寅財
父丑 ‖ 世

상의 세 효(4 5 6효)는 건괘이기 때문에 건의 외괘는 오화午火 신금申金 술토戌土가 되고, 아래 세 효(1 2 3효)는 손괘가 되기 때문에 손의 내괘는 축토丑土 해수亥水 유금酉金이 된다.

괘를 그릴 때는 아래에서부터 위로 긋기 때문에 오행도 역시 아래에서부터 위로 붙여 나간다. 나머지도 이와 같이 하라.

2 육친

나를 생하는 것은 부모가 되고, 내가 생하는 것은 자손이 되며, 내가 극하는 것은 처재가 되고, 나를 극하는 것은 관귀가 되며, 나와 같은 자는 형제가 된다.

건궁乾宮 태궁兌宮은 금이 형제, 토가 부모가 되고, 목은 재가 되고, 화는 관귀가 되며, 수는 자손이 된다.

감궁坎宮은 수가 형제가 되고, 금은 부모가 되며, 화는 재, 토는 관귀가 된다.

곤궁坤宮 간궁艮宮은 토가 형이 되고, 화가 부모가 되며, 목은 관귀, 수는 처재, 금은 자손이 된다.

리궁離宮은 목이 부모가 되고, 토가 자손이 되며, 수는 관귀가 되고, 금은 처재, 화는 형제가 된다.

진궁震宮 손궁巽宮은 목이 형, 수가 부모, 금이 관귀, 화가 자손, 재는 토가 된다.

예를 들어 중천건괘를 얻었다면

중천건

父戌	世
兄申	
官午	
父辰	應
財寅	
孫子	

이 괘는 건궁괘에 속하므로 건乾·태금兌金은 형은 금이 되고 토는 부모가 되며 목은 재가 되고 화는 귀가 되며 수는 자손이 되므로 이렇게 붙여간다.

그래서 진토 술토는 부모가 되고, 신금은 형제가 되며, 오화는 관귀가 되고, 인목은 처재가 되며 자수는 자손이 된다. 나머지 괘도 이와 같이 모방하라.[24]

---

[24] 아래는 복서정종의 「쇄금부碎金賦」의 내용을 번역 전제한다.
- 자손이 동해 재를 생하고 있는데 부가 동해서는 안된다.
  → 역주 : 명리적으로 말하자면 식신생재하는 국에 편인이 생재하는 식신을 도식하는 것과 같다.(이하의 역주는 모두 명리적인 관점에서 해설함)
- 형이 동해서 재를 극할 때 자손이 동하면 극을 풀 수 있다.
  → 역주 : 비겁극재할 때 식신이 통관하는 것과 같다.
- 재가 동하여 관귀를 생할 때는 절 때 형이 동해서는 안된다.
  → 역주 : 재가 살을 생해 관살이 힘이 지나쳐서 견겁이 피해를 입는 것과 같다.
- 자손이 동해 관귀를 극하고 있을 때 재가 동하면 극을 해소시킨다.
  → 역주 : 식상이 관귀를 제하고 있는데 재가 있으면 식상이 재를 생하고 재는 관을 생해서 식상의 제가 무력해진다.
- 부가 동해서 형을 생하고 있을 때는 재가 부를 상극하는 것을 꺼린다.
  → 역주 : 인수가 견겁을 생하고 있을 때 재가 인수를 극해버리면 인수가 견겁을 생하는 힘을 잃어버린다.
- 귀가 동해 형을 극할 때 부가 동하면 귀를 능히 설기시켜버린다.
  → 역주 : 관살이 견겁을 극하고 있을 때 인수가 있으면 살인상생이 된다.
- 귀가 동하여 부를 생할 때는 자손이 교중됨을 꺼린다.

- → 역주 : 관살이 인수를 생하고 있을 때 자손이 관살 옆에 있어 관살을 극하면 관살이 인수를 생하는 효력을 잃게 된다.
- 재가 동하여 부를 극하고 있을 때 귀가 동하면 능히 중용을 취할 수 있다.
  - → 역주 : 재가 인수를 극하고 있을 때 관살의 통관이 있으면 재생관, 관생인이 될 수 있다.
- 형이 동하여 자손을 생하고 있을 때는 관살이 동하는 것을 꺼린다.
  - → 역주 : 비겁이 식상을 생하고 있을 때 관살이 있으면 비겁을 극해 비겁이 식상을 생하지 못하게 한다.
- 부가 동해 자손을 극하고 있을 때 형이 동하면 무방하다.
  - → 역주 : 인수가 식상을 극할 때 견겁이 있어 통관하면 식상이 다치지 않는다.
- 자손이 동해 관귀를 극할 때 부모가 동하면 무방하다. 그런데 여기에 다시 형제가 동하면 관귀는 필히 상하게 된다.
  - → 역주 : 식신제살할 때 인수가 있으면 인수가 식신을 극해 식신제살이 무효가 된다. 그런데 다시 견겁이 있으면 인수가 생을 탐해 견겁을 생하고 견겁은 식신을 생해 다시 관살이 극을 받게 된다.
- 재가 동해 부모를 극할 때 형이 동하면 근심이 없다. 그런데 만약 자손이 동하면 부모의 목숨이 위태롭게 된다.
  - → 역주 : 재극인할 때 견겁이 있으면 견겁이 재를 극해 인수를 보호한다. 이 상황에서 만약 식상이 또 있다면 견겁은 식상을 생하고 식상은 다시 재를 생하고 재는 다시 인수를 극하므로 부모의 목숨이 위태롭게 되는 것이다.
- 부모가 동해 자손을 극할 때 재가 동하면 일이 없다. 그러나 만약 귀가 또 동하면 그 자손은 필히 죽게 된다.
  - → 역주 : 인수가 신상을 극할 때 재가 있어 인수를 극하면 식상이 살아난다. 그런데 여기에 관살이 있으면 재생관, 관생인해서 다시 식상을 인수가 극하게 되므로 자손이 죽게 된다.
- 관귀가 동해 형제를 극하고 있을 때 자손이 동하면 구해진다. 그러나 만약 재가 다시 교중하고 있다면 형제가 오래 살지 못하게 된다.

→ 역주 : 관귀가 동해 견겁을 극제하고 있을 때 식상이 있으면 식상이 관귀를 극해 견겁이 보호되지만 이때 재가 있다면 식상이 재를 생하고 재는 관귀를 생해서 관귀는 결국 견겁을 극제하게 되므로 형제가 오래가지 못하게 되는 것이다.

- 형제가 동해서 재를 극하고 있을 때 귀가 동하면 장애가 없다. 그러나 만약 부모가 다시 동하면 재는 극해를 만나게 된다.
  → 역주 : 비견이 재를 극하고 있을 때 관살이 있으면 관살이 견겁을 제하므로 재가 살아나지만 이때 다시 인수가 있어 관살이 인수를 생하고 인수는 견겁을 생하면 견겁은 재를 극하게 된다.

이상은 모두 생극제화의 극을 말하는 것으로 흉중에 길이 숨어 있고 길 중에 흉이 숨어있음을 말한 것이다. 예를 들어 금이 동하면 본래 수를 생하지만 화가 동하면 금을 제하기 때문에 금은 수를 생할 수 없다. 또 예를 들어 화가 동하면 금을 극할 수 있지만 수가 동하면 화를 제할 수 있어 화는 금을 상할 수 없게 된다. 만약 금이 화의 동을 만나면 극을 받지만 토의 동을 만나면 화는 토의 생을 탐해 금을 극하는 것을 잊는다. 이름하여 탐생망극이 되는 것으로 금은 도리어 길하게 된다.

예를 들어 화가 동하여 금을 극 할 때 토효가 안정되고 다시 목효의 동을 만나면 목은 화극금하는 것을 도와 필히 흉하게 되는 것이니 학자들은 마땅히 이상의 오행의 생극제화이론에 의지해 추론하면 길흉이 일목요연해질 것이다.

3 세응世應

중천건은 세가 육효에 있고 천풍구는 세가 초효에 있으며, 천산돈은 세가 이효에 있고, 천지비는 세가 삼효에 있으며, 풍지관은 세가 사효에 있고, 산지박은 세효가 오효에 있으며, 화지진은 세가 뒤로 물러나 사효에 있고, 화천대유도 뒤로 물러나 삼효에 있는데, 세와 두 칸 떨어진 곳에 응효가 있다.
나머지도 이와 같이 하라.[25]

世應法

八卦	首卦	二位	三位	四位	五位	六位	七位	八位
世	6	1	2	3	4	5	4	3
應	3	4	5	6	1	2	1	6

[25] 세응이 괘중에 있을 때 대략 아래와 같은 경우의 수가 있다.
　세가 응을 생하는 경우, 응이 세를 생하는 경우, 응이 세를 극하는 경우 세응이 비화하는 경우, 세응이 상합하는 경우, 세응이 상충하는 경우 세응이 상형하는 경우 세응상해相害, 세응이 공부拱扶하는 경우다. 일반적으로 세응이 상생·상합하면 길하며 세응이 상극·상충하면 흉하다. 세응의 상생·상극에 대한 판결에 앞서 반드시 먼저 용신이 무엇인가를 분명히 해야 하며 일괄해서 논해서는 안 된다.
　예를 들어 누가 병에 대해 물어왔다면 세는 그 일을 묻는 사람이 되고 응은 병이 된다. 세응이 상합·상생하면 병이 심해져서 치료하기 어렵게 된다. 만약 재운을 물었다면 세는 묻는 사람이 되고 응은 재가 된다. 재가 나를 극하면 재가 나를 찾아오는 것으로 해석할 수 있으니 자연히 재운이 형통하게 된다. (잠보계의 복서금론 104p)

아래의 복서정종에 실린 글을 참조하라.[26]

[26] 복서정종에 실린 「제효지세결」과 「세응생극공망동정결」을 번역 전제한다.

① 제효지세결諸爻持世訣
- 세효가 왕상하면 가장 강한 것으로 하는 일마다 형통하고 크게 길하고 창성하며 바라는 제반의 일들이 모두 뜻대로 된다. 게다가 용신이 생합까지 되면 묘하기가 한량이 없으나 순공, 월파되면 길하지 않고 극해 형충을 만나도 불량하게 된다.
- 부모지세하면 주로 몸이 고단하고 후사를 구하는 점에는 첩이 많아도 얻기 어려우며, 관이 동했는데 재가 왕하면 시험에 이롭고, 재가 동하면 이익을 도모함에 초조한 마음을 가질 필요가 없으나, 자신의 신명점에 재가 동하면 (지세한 부모를 극하므로) 현명한 부인을 얻을 수 없고 수명도 길지 못하게 된다.
- 자손이 지세하면 일에 근심이 없으나 명예를 구하는 일이라면 절대로 좌하는 것을 꺼린다.
- 피난점이라면 안전하고 실물점이라면 얻을 것이며 관재소송에도 지금부터 뜻대로 끝낼 수 있으며 생이 있고 극이 없으면 제반사에 모두 길하나 극은 있는데 생이 없다면 도리어 근심을 본다.
- 관귀효가 지세하면 일하는데 편안하기 어려우며, 신명점에는 병을 앓지 않으면 관재를 만나고 재물점에도 수시로 근심과 실탈이 있게 된다. 공명점에는 세에 관귀가 당권하는 것을 가장 좋아하며 입묘하면 -소위 수귀입묘隨鬼入墓를 말함- 근심과 의심이 흩어질 날이 없으나 충을 만나면 화가 변해서 기쁨으로 바뀌게 된다.
- 재효가 지세하면 재물을 더하여 영화로우나 형제가 교중하는 것을 만나서는 안 된다.
- 다시 명동·암동한 자손효를 만난다면 자신에게는 이로우나 부모를 극하고 문풍文風을 상하게 되며 관을 묻거나 송사를 묻는다면 돈에 의지하는 것이 좋다.
- 동해서 형제나 관으로 변하면 만사에 다 흉하다.
- 형제가 지세하면 재를 구하지 마라! 관이 동하면 장차 화가 올 것을 염려해야 하며 주작이 같이 임해 있으면 구설을 대비해야 한다. 예를 들어 이 형제가 동해 있다면 반드시 처재를 손상하게 되고 부모가 상생하면 신명점에서는 장수하며 관으로 화하거나 귀로 화하면 기이한 재앙이 있게 된다.

② 세응생극공망동정결 世應生剋空亡動靜訣
• 세응이 상생하면 길하고 세응이 상극하면 흉하다. 세응이 비화하면 하고자 하는 일이 자기 뜻과 맞아떨어지고 일을 할 때 도모하는 대로 할 수 있다. 응이 동하면 타인이 도리어 변하고 응이 공망되면 다른 사람의 뜻이 나와 같기 어려우며 세가 공망되거나 세가 동하면 내 마음이 게을러지니 단지 염려되는 것은 자기 쪽이 게으른 마음이 움직일까 싶다.

4 동변動變

육효가 정靜할 때는 변하지 않으나 동하면 반드시 변하게 된다. 양이 동하면 음으로 변하니 ○은 양이지만 동하면 변하여 -- 이 되고, 음이 동하면 양으로 변하니 ×은 음이지만 동하여 -으로 변한다[27]. 가령 점쳐서 얻은 괘가 아래와 같다면

택천쾌→천풍구괘로 변함

兄戌土	兄未 ‖
	孫酉 │ 世
	財亥 │
	兄辰 │
	官寅 │ 應伏巳孫
兄丑 ‖	財子 ⼁

오른쪽에 택천쾌가 정괘正卦가 되고, 변해 나온 천풍구는 지괘之卦가 된다. 천풍구괘의 초효의 축토를, 택천쾌 초효 자수 옆에 쓰며 이것을 자수가 축토를 변출하였다고 한다. 천풍구괘의 제 육효 술토도 발동한 택천쾌 육효 미토 옆에 쓴다.

즉 미토가 술토를 변출한 것이다. 나머지 효는 동하지 않으므로 변하지 않기에 구태여 쓸 필요가 없다.

---

[27] 원문에는 동효를 위와 같이 양이 동하면 ○, 음이 동하면 ×로 표시하였으나 알아보기 쉽게 양효, 음효 모두 원래 모양은 살려두고 단지 동효에서는 ⼁, ⼁ 식으로 빗금을 쳐서 동효를 더욱 쉽게 알아볼 수 있게 하였다. 아래서부터는 이러한 원칙대로 적용하였다.

살피건대 육친을 표기할 때 천풍구괘의 축토·술토는 (천풍구가 원래 건금궁이므로) 토는 부모가 되지만, 위에서 형제로 표기한 것은 육친은 반드시 전괘(즉 택천쾌)를 기준하여 생극을 따져 쓰는 것이기 때문이다. 전괘가 택천쾌였기 때문에 (택천쾌는 곤토궁坤土宮이므로) 토는 형제가 된다. 그래서 변괘한 축술 이토는 형제가 되는 것이다. 나머지 괘도 이와 같은 방법으로 쓴다.
아래의 복서정종에 실린 글을 참조하라.[28]

[28] 『복서정종』에 위의 동변에 관련한 「육친발동결」이 있어 아래 번역 전재한다.

○ 육친발동결六親發動訣
- 부모가 동하면 바로 자손을 극하고, 병자는 약이 없어 혼수상태에 빠지게 되며, 혼인은 자식을 얻기 어렵고, 매매사는 마음을 수고롭게 해도 이익이 남지 않고, 행인의 소식을 바라는 점에는 편지가 움직인다.
- 관에 가서 변론할 때의 점이라면 고소장이 이치에 닿아 먼저 처리되고, 선비는 과거에 급제하고, 실물이나 도망점에는 소송해야 한다고 논한다.
- 자손이 발동하면 관귀를 상하며 병점에는 의사를 구해 몸이 쉽게 치료되고 행인, 매매점에는 몸이 강녕하고 안태하며, 혼인점에는 기쁘고 아름다워 전생의 인연이 되며 임산부는 자식을 낳아 쉽게 키우게 된다.
- 송사에는 사적으로 화해하여 관청까지 가지 않고, 귀인을 알현하거나 명예를 구하는 점이라면 나아가거나 쓰일 생각을 말아야하니, 그대에게 권하노니 분수를 지키고 하늘의 뜻에 따라라!
- 관귀가 발동하면 종내 형제를 극하고 혼인은 하기도 전에 의심과 지체가 생기며, 병점에는 힘들고 집안에 화가 크게 온다. 경작과 종자, 뽕나무에 누에를 키우는 것 등에는 모두 불리하고, 외출이나 도망점에는 정히 재앙을 본다.
- 송사점에는 관재로 감옥에 갇히게 되고, 매매점에는 매매가가 싸고, 도박 등으로 잃으며, 실탈점에는 찾는데 어려움이 많다.

- 재효가 발동하면 문서를 극하니 응시나 선거, 명예를 구하는 일에는 모두 공허하나 자본금을 가지고 경영하는 일에는 대길하다. 혼인에는 여의하여 즐겁고 염려가 없게 되며, 행인점이라면 밖에서 장차 움직이게 되고, 임산부나 구재점에는 몸이 자유롭게 되고 실물점에는 가만있는 상태로 집밖을 나가지 않았고 병자라면 위를 상하고 다시 비장을 상하게 된다.
- 형제가 교중하면 재를 극하는데 병자는 낫기 어려우며 재앙도 사라지지 않는다. 응시나 선거점에는 표를 빼앗는 꺼리는 손님이 된다. 관재소송은 음침한 도적 때문에 돈을 허비하게 된다. 만약 길신을 띄면 도움이 있으며 길을 떠난 행인이라면 쉽게 오지 못하고, 화물, 경영, 장사점에는 본전을 까먹고 소비하게 되며, 여자종을 사거나 처를 구하는 일에도 조화롭지 못하다.

5 용신

◆ 부모효父母爻

부모점을 칠 때 괘중에 부모효가 용신이 되며 조부모·백숙·고모·이모점을 칠 때도 그렇다.

대개 내 부모의 위나 나의 부모와 같은 또래의 친척과 스승·장모·유모·부모로 알고 모시는 사람, 삼부三父·팔모八母 혹 종주인을 점칠 때 등도 모두 부모가 용신이 된다. 하늘과 땅·성城·연못·담·울타리·집·방·배·차·의복·우산·명주·비단·상소문서·문장·도서관(서점)·계약 등도 부모가 용신이 된다.

이 외에도 여러 가지 것들이 있으나 전적으로 사람의 통변하기 나름인데 일체의 내 몸을 보호하는 것은 부모효로 용신을 삼는 것이다.[29]

◆ 관귀효官鬼爻

공명점·관공서점·뇌성벽력·귀신·처가 남편을 점칠 때 등은 모두 관귀효로 용신을 삼는다.

난신亂臣·도적·요사스런 것들 역시 관귀효가 용신이 된다.

이외에도 여러 가지가 많지만 요체는 일체 내 몸을 구속하는 것은 관귀효가 용신이 되는 것이다.[30]

---

[29] 이 외에 소식, 신문, 병원, 머리, 가슴, 등과 배등도 부모효로 본다.

◆ 형제효兄弟爻

　형제자매를 점할 때, 가족 중의 형제·이모·고모의 형제자매와 그 남편, 결의형제는 모두 형제효가 용신이 된다.

　안按 : 형제는 같은 무리의 사람인데 그들이 뜻을 얻으면 속이고 능멸하며 재를 보면 쟁탈하기 때문에 재물점에는 겁재의 신이 된다.

　모사謀事하는 점에서는 일을 가로막는 신이 되고 처첩 노비점에는 그들을 형상 극해하는 신이 된다.

　자매의 남편(매형·매제)도 역시 형제효로 용신을 삼는데 내가 여러 번 시험해 보니 잘 맞았다. 그러나 아버지의 자매 및 어머니의 형제자매의 아들도 역시 형제효로 용신을 잡아 봤으나 맞지 않았다. 오히려 응으로 용신을 잡으니 맞았다.[31]

◆ 처재효妻財爻

　처첩·노비·아랫사람 등, 대개 내가 부리는 사람은 모두 처재효로 용신을 삼는다. 재화·금은보석·창고의 돈과 곡식 등 일체의 사용하는 재물이나 가재도구들도 역시 처재효로 용신을 삼는다.[32]

---

[30] 이외에 직장상사, 관재, 관직, 남편의 형제자매, 일, 직업, 질병, 시체, 죽은 사람 등도 관귀효가 용신이 된다.

[31] 이 외에 파트너, 친구, 파재, 도박, 위장, 어깨, 방광, 다리(脚) 등도 형제효로 용신을 삼는다.

[32] 이 외에 처의 형제자매, 애인, 여성, 연애대상, 주방, 식물, 화물, 월급, 수입, 비용, 일용품, 맑은 하늘, 음식, 혈액, 호흡, 눈물, 땀, 콧물 등도 모두 처재효로 용신을 삼는다.

◆ 자손효子孫爻

아들·손자·딸의 자녀·사위·조카·문하생은 다 나의 아들뻘 되므로 모두 자손효로 용신을 삼는다.

충신·훌륭한 장군·의사·약·스님·병졸 등도 모두 자손효가 용신이 된다.

육축·날짐승 등도 자손효가 용신이 된다.[33]

안按 : 자손은 복덕의 신이 되고 관귀를 제하는 신이자 근심을 풀어주는 신이므로 자손을 복신福神이라고 하는 것이다. 여러 가지 일에서 자손을 보게 되면 기쁨이 있지만 유독 공명점을 치는 사람에게는 꺼리는데 그것은 자손효가 삭탈관직의 신도 되기 때문이다.

[33] 이 외에 도로, 동물, 일월성신, 쾌락, 오락, 의사, 약품, 기공사, 무당, 식도, 호흡기, 기관지, 눈, 코, 귀, 입, 모공, 생식기등도 자손효로 용신을 삼는다.

6 용신·원신·기신·구신

① 용신用神이란 전에 말한 여러 가지의 용신을 말한다.
② 원신元神이란 용신의 효를 생하는 것이 원신이 된다.[34]
③ 기신忌神이란 용신의 효를 극하는 효가 기신이 된다.
④ 구신仇神이란 원신을 극제하여 용신을 생조하지 못하게 하고 도리어 기신을 생하여 용신을 극해하는 것을 구신이라고 한다.

가령 금이 용신일 때 금을 생하는 것은 토므로 토는 원신이 되고 금을 극하는 것은 화이므로 화는 기신이 되며 토를 극하고 화를 생하는 것은 목이므로 목이 구신이 된다. 나머지도 이와 같이 하면 된다.

어떤 일을 점치든 간에 먼저 어느 효가 용신이 되는가를 봐야 한다. 이미 용신을 찾았다면 반드시 왕상 여부를 봐야 하며 원신

---

[34] 복서정종 십팔문답 3
　원신元神이 동하여 용신을 생할 때 용신이 출현하여 왕상해 있으면 그 길이 배가 된다. 만일 용신이 순공, 쇠약하거나 복장되어 나타나지 않으면 순을 벗어나거나 득령해 치일値日되는 날을 기다려야 구하고자 하는 바가 뜻대로 된다. 만약 용신이 왕상한데 원신이 휴수하고 동하지 않거나 동해도 극으로 변하거나 절로 변하거나 묘로 변하거나 월파, 일의 충, 혹 구신이 동하여 원신을 극하거나 일월에 의해 충되거나 퇴신으로 화하거나 하면 모두 용신을 생할 수 없으니 용신의 근이 피상되면 무익할 뿐만 아니라 도리어 손해가 있다.

이 동하여 생부하는지의 여부와 기신이 동하여 극해하는지의 여부를 봐야 한다.

예 1   진월 무신일. 아버지의 근병점. 중천건→풍천소축[35]

```
父戌 | 世
兄申 |
父未官午 ↙
父辰 | 應
財寅 |
孫子 |
```

점친 사람이 묻기를 "이 괘는 육충괘로 근병近病에는 충을 만나면 바로 낫는다 했는데 내 아버지의 병은 아주 위중한데 당신이 보기에는 어느 날 낫겠는가?"
내가 말하기를 "진토·술토·미토로 삼중 부모효가 있으니 당연히 왕한 것으로 용신을 잡아야 한다. 지금 진토 부모가 월건에 임했으니 진토로 용심을 잡아야 한다. 현재 병이 위중한 것은 바로 신일이 인목을 충해 인목이 암동했기 때문에 동한 목이 진토를 극해서다.
저 사람이 말하기를 "괘중에 오화가 발동했으니 비록 인목이 암동했으나 도리어 오화를 생하고 오화는 토를 생하는 것이 아닌가? 복서卜書에 말하기를 '기신과 원신이 같이 동하면 두 가지로 생을 얻는 것이다' 했는데 지금 단지 인목이 진토를 극한다는 말만 하고 오화가 진토를 생한다는 말은 하지 않으니 왜 그런가? 내가 말하기를 "오화가 비록 동하였으나 미토를 화출하였고

---

[35] 원문은 단순히 得乾之小畜 하는 식으로 됐으나 이해를 위해 앞으로 이렇게 해석하겠다.

오와 미가 합이 되어 오화가 합을 탐하느라 진토를 생하지 못한다. 그래서 이 진토는 홀로 인목의 극을 받을 뿐이며 오화의 생을 얻지 못하는 것이다. 그러므로 이 병든 몸이 침중沈重한 것이다. 반드시 축일을 기다려야 미토를 충거할 수 있으니 이날에야 오화는 합을 탐하지 못해 오화가 토를 생할 수 있으니 그 災가 물러갈 것이다."
과연 축일에 병상에서 일어났다.

역자예 1 102번 괘, 역자예 2 32번 괘, 역자예 3 4번 괘.

역자예 4 인월 을축일. 자식이 아버지의 병점. 지풍승→지수사괘 술해 공망

```
        官酉 ∥
        父亥 ∥
        財丑 ∥ 世伏午孫
    孫午 官酉 ⚋
        父亥 ∣ 伏寅兄
        財丑 ∥ 應
```

해수 부효가 용신이 되는데 비록 순공에 있다 해도 유금원신이 동하여 생하니 애로가 없다.
단 유금이 오화를 화출하여 회두극 되는 것이 좋지 않은데 이것은 원신이 피상당하므로 용신이 무근해진다.
이 사람이 과연 묘일·묘시에 죽었다. 묘일·묘시에 응한 것은 오화를 생조하여 원신을 충극하기 때문이다.

7 원신·기신의 쇠왕

◆ 원신(元神)이 비록 용신을 생한다 하나 반드시 왕상해야 비로소 용신을 생할 수 있다. 용신을 생하는 경우가 다섯이 있다.
① 원신이 왕상하거나 일월에 임하거나 일월동효의 생부를 얻는 경우
② 원신이 동하여 회두생으로 화하고 진신으로 화하는 경우
③ 원신이 일진에 장생, 제왕되는 경우
④ 원신과 기신이 같이 동한 경우
⑤ 원신이 왕하면서 동하고 공에 임하거나 공으로 화한 경우

이 다섯 가지는 유력한 원신으로 제점에 모두 길하다.

안按 : 고래로 공에 임하거나 공으로 화하면 무용하다 했으나 그렇지 않다. 동하면 공이 되지 않는 것을 몰라서 그런 말을 한 것이며 공을 충하는 일[36], 공이 메워지는 날[37]에는 유용하게 되는 것이다.
예를 들어

---

[36] 이하 충공일沖空日이라 표기.

[37] 이하 실공實空, 또는 전실塡實로 표기.

예 2 유월 신해일. 귀인을 알현해 재를 구함. 중택태→뇌수해

```
父未 ‖ 世
兄申   兄酉 ㇏
      孫亥 ㅣ
      父丑 ‖ 應
      財卯 ㅣ
財寅   官巳 ㇏
```

갑인일에야 귀인을 보고 재도 역시 마음과 같이 되리라!
저 사람이 말하기를 "묘목재효가 공되고 파되며(유월의 유와 이효묘와 묘유충) 또 금의 극을 당하고 초효 사화관이 비록 세를 생한다 하나 해일의 충을 받아 흩어져 버리며 또 순공으로 화하니 어찌 길이라 하겠습니까?"

내가 말하기를 "신의 징조가 동에 있으니 나는 흩어진다고 말할 수 없다. 사화가 공으로 화하였기 때문에 지금은 만날 수 없으나 갑인일에 출공되면 서로 만날 수 있으리라. 인寅 재가 관을 생하고 관은 세를 생하기 때문에 갑인일에 만날 수 있으며 재도 또한 마음과 같이 되리라."

후에 과연 인일에 만나고 그 날에 재를 얻었다.

◆ 원신이 비록 나타나 있으나 용신을 생할 수 없는 경우가 여섯 가지가 있다.

① 원신이 휴수하고 동하지 않거나 동하였어도 휴수하거나 또 상극당할 때
② 원신이 휴수하고 또 순공·월파를 만날 때
③ 원신이 휴수하고 동하여 퇴신으로 화할 때
④ 원신이 쇠하고 또 절될 때
⑤ 원신이 삼묘=墓에 들 때
⑥ 원신이 휴수하고 동하여 절로 화하거나 극으로 화하거나 파로 화하거나

산散으로 화할 때

이상은 생하는 것이 나타났을지라도 생할 수 없는 무용한 원신이니 있으나 마나다.

◆ 기신이 동하여 용신을 극하는 경우가 다섯 가지가 있다.
  ① 기신이 왕상하거나 일월동효의 생부를 만나거나 또는 일월에 임할 때
  ② 기신이 동하여 회두생으로 화하고 진신으로 화할 때
  ③ 기신이 왕한채 동하며 공에 임하고 공으로 화할 때
  ④ 기신이 일진에 장생·제왕이 될 때
  ⑤ 기신과 구신이 같이 동할 때

이상은 유력한 기신으로 기세가 도끼를 갖고 있는 것과 같으니 모든 점에서 대흉하다.

◆ 기신이 비록 동하였으나 용신을 극할 수 없는 경우가 일곱이 있다.
  ① 기신이 휴수하고 동하지 않으며 동해도 휴수하고 일월동효의 극을 받을 때
  ② 기신이 정하며 공·파에 임할 때
  ③ 기신이 삼묘=墓에 들 때
  ④ 기신이 쇠한데 동하며 퇴신으로 화할 때
  ⑤ 기신이 쇠한데 또 절이 될 때
  ⑥ 기신이 동했지만 절로 화하거나 극으로 화하거나 파로 화하거나 산으로 화할 때
  ⑦ 기신과 원신이 같이 동할 때

이상은 무력한 기신으로서 모든 점에서 흉이 화하여 길이 된다.

안按 : 위에서 논한 원신·기신의 유력·무력은 결국 용신이 유기한 것이 좋고 만약 용신이 무근하다면 원신이 유력해도 생하기 어려우며 기신이 무력하고 휴수하면 좋다할 수 있다.

예를 들어

예 3 사월 을미일. 자기 병점. 택풍대과→화풍정

```
孫巳  財未 ‖
財未  官酉 ⼁
      父亥 ⼁ 世伏午孫
      官酉 ⼁
      父亥 ⼁ 伏寅兄
      財丑 ‖ 應
```

자기 병점이니 세효 해수가 용신이 되는데 미토 기신이 동하여 수가 극당하고 있는데 다행히 유금원신 역시 동하여 기신 미토는 도리어 원신 유금을 생하고 유금은 해수를 생하여 접속상생이 되어 흉이 길로 화하였지만 어찌 알았으랴? 해수가 월에 충을 받고 일에 극을 받아 월파에 극까지 당함을…. 이는 마치 나무에 뿌리가 없는 것과 같아 비록 생부함이 있을지라도 어찌 살아서 일어날 수 있겠는가? 과연 묘일에 죽었다. 묘일에 응한 것은 원신의 일을 충했기 때문이다. 이것을 "용신이 무근하면 원신이 유력해도 역시 살기 어렵다"고 하는 것이다.

예 4 축월 무자일. 자기 병점. 천화동인→화산려

```
          孫戌 | 應
  孫未   財申 ⚊ 伏子財
          兄午 |
          官亥 | 世
          孫丑 ||
  孫辰   父卯 ⚊
```

자기 병점에는 세를 용신으로 하는데, 세효 해수가 자일의 도움을 받고 또 신금 원신이 동하여 상생을 얻으니 죽지 않을 병이다. 그러나 의심스러운 것은 신금이 축월에 묘墓가 되어 생할 수 없는 것이다. 그래서 어머니로 하여금 재점하게 해서 한 괘를 얻었다.

예 5 축월 무자일. 재점. 중화리→화천대유

```
          兄巳 | 世
          孫未 ||
          財酉 |
          官亥 | 應
  父寅   孫丑 ||
          父卯 |
```

어미가 자식을 점하면 자손이 용신이 되는데, 축토 자손이 비록 월건을 만났으나 동하여 인목으로 화해 회두극되는 것은 좋지 않다.
지금은 무방하나 봄으로 바뀌면 목은 왕하고 토는 쇠하므로 반드시 죽으리라!
또 전괘(예4)와 합해보면 해수 세효가 신금원신의 상생을 얻지만 인월이 신금을 충거하면 위험해지는 것이다. 과연 봄으로 바뀌는 날에 죽었다.

대개 병점은 일가족이 모두 대신 점할 수 있으니 합하여 결정하면 생사의 월일을 알 수 있다. 그러므로 괘는 다점多占하는 것이 마땅하니 화복을 판단함에 더욱 확고함이 있을 것이다.

전괘는 신금 원신이 동하여 생세하니 신일에 재가 물러갈 것 같았으나 후괘를 보니 축토자손이 인목으로 변하여 극을 당하니 인월에 반드시 위험하다. 비로소 인월이 신금을 충거시키니 위험했다는 것을 깨달았다.

8 오행상생

- 금생수金生水 수생목水生木 목생화木生火 화생토火生土 토생금土生金
- 모든 용신·원신은 생을 만나는 것이 좋은데 생에도 네 가지가 있다.
  ① 월건의 생   ② 일건의 생
  ③ 동효의 생   ④ 동하여 화해 회두생

예 6 묘월 기묘일. 형이 이미 중죄를 얻었는데 어머니가 관청에 찾아가 호소하면 구해질 수 있겠는가? 지뢰복→중뢰진

```
        孫酉 ‖
        財亥 ‖
 父午  兄丑 ‖ 應
        兄辰 ‖
        官寅 ‖ 伏巳父
        財子 | 世
```

형제효가 용신인데 축토 형제가 동하고 일월의 극을 당하였으니 대죄가 분명히 드러나 피하기 어렵다.
다행히 형제효 축토가 오화 부모로 화하여 회두생되어 부모가 형제를 살려준다고 신이 분명하게 고해주는 것이니 빨리 가라! 후에 과연 은혜를 입어 죽음을 면하였다.

예 7 | 사월 병신일. 병점. 천풍구

```
父戌 |
兄申 |
官午 | 應
兄酉 |
孫亥 | 伏寅財
父丑 || 世
```

의사가 이 괘를 갖고 와 묻기를 "그가 병을 얻었는데 틀림없이 위독한 재앙이니 내가 병자에게 명하여 약으로 구할 수 있을지 여부를 점치게 했습니다. 이 괘는 월건 사화와 응효 오화가 생세하니 병이 반드시 구해지겠는데 어떻게 약을 먹어도 효과가 없습니까?"

내가 말하기를 "괘는 아주 분명하나 당신이 틀리게 본 것이다. 대저 약을 점칠 때는 자손으로 용신을 삼으니 부모가 기신이다. 이 괘는 해수 자손이 월파되어 무근하니 신일의 생이 있어도 일어나지 못한다. 세효 부모도 극자하니 소위 부모지세면 묘한 약이라도 치료하기 어렵다했다. 그러니 약을 먹는다 한들 무슨 효과를 바라겠느냐?"

9 오행상극

◆ 금극목金克木 목극토木克土 토극수土克水 수극화水克火 화극금火克金
◆ 모든 기신·구신은 극을 만나는 것이 좋다. 극에도 네 가지가 있다.
  ① 월건의 극   ② 일건의 극
  ③ 동효의 극   ④ 용신이 동하여 화해 회두극

이 네 가지 중에서 용신·원신이 단 한 곳에서만 극을 보고 다른 곳에선 생부함을 보지 못하면 흉조가 되는데, 길사점에서는 즐거움이 극에 달해 슬픔이 생기게 되고, 흉사점에서는 반드시 급하게 피하는 것이 좋다. 예를 들어

예 8 │ 묘월 무진일. 아버지의 관재가 이미 중죄를 받았을까 걱정돼서 치는 점. 택지취→천화동인

```
父戌    父未 ‖
        兄酉 | 應
        孫亥 |
孫亥    財卯 ‖
        官巳 ‖ 世
財卯    父未 ‖
```

외괘 미토 부모가 묘월에 극되고 내괘는 해묘미로 목국을 이루면서 극제되며 월은 극하고 일은 형이 되니[38] 전혀 구조됨이 없다. 과연 중형을 받았다.

---

[38] 일과 부모효는 형되지 않는다. 원저자의 착오다.

예 9 묘월 무진일. 재점. 같은 날 자매가 오빠의 관재에 대해 전과 같은 사안으로 역시 중죄를 받았을까 염려되어 치는 점. 천지비→천수송

```
           父戌 | 應
           兄申 |
           官午 |
           財卯 ‖ 世
       父辰 官巳 ‖
           父未 ‖ 伏子孫
```

신금 형제효가 용신이 되는데 사화 관귀가 동하여 신금을 형극하니 중죄는 정해져 있다. 다행히 기쁜 것은 진일이 술토 부모를 충동하여 암동해[39] 신을 생하니 극처봉생 剋處逢生 되었다. 만약 부모가 계시면 구하여지리라. 후에 아버지의 나이가 팔순이기에 전례를 따라 고소를 보류시켜 죽음을 면하였다.

예 10 묘월 계해일. 새롭게 옮긴 주택에 식구가 불안. 수천수→중천건

```
       兄戌  財子 ‖
             兄戌 |
       父午  孫申 ‖ 世
             兄辰 |
             官寅 | 巳孫
             父子 | 應
```

신금 자손이 지세하고 있으면서 오화로 화하여 회두극되었으니 자신과 자손이 같이 극을 받고 있다. 상효 자수 재도 동하여 토로 화하여 극되니 재는 처첩·노비가 되므로 이는 일가족이 해를 당할 상이다. 속히 이사하는 것이 좋겠다.

[39] 월령을 얻지 못했으나 암동이라 한 것은 충당한 술토가 일건을 얻었기 때문일 것이다.

저 사람이 말하기를 "문의 방향만 고친다면 어떻겠습니까?"
내가 말하기를 "극을 면할 수 없을 것이다. 나를 회두극하니 여름철 화가 왕할 때 반드시 흉액을 당하리라."
그런데 어찌 알았으랴! 저 사람의 집이 황하 근처에 있었는데 점을 친 후에 날을 잡아 이사를 하려다가 하지 못하고 있다가 오월에 이르자 황하가 넘쳐서 일가족 9명이 모두 파도에 휩쓸려 갔다. 대저 오월에 응한 것은 오화가 당권해 극세하고 극자손했기 때문이며 또 자수 처재를 충했기 때문이다. 그래서 전 가족이 무서운 해를 당한 것이다.

성인이 역을 만든 것은 원래 사람들로 하여금 추길피흉하게 하기 위한 것이었다.
점을 치지 않아 알지 못한 것도 정해진 것이고, 점쳤으나 신이 고해주지 않은 것도 역시 정해진 것이라 해도, 이미 점을 쳐서 신이 분명하게 알려주었음에도 불구하고 범한다면, 어찌 하늘에다 맡겼다고 할 수 있겠는가?

10 극처봉생 尅處逢生

여기서 극을 받았으나 저기서 생을 얻었다면 극처봉생이 되는 것이니 대개 용신·원신은 극이 적고 생이 많아야 길이 되고 기신은 생이 많고 극이 적으면 흉이 된다. 그러므로 말하기를 "기신은 극되는 것이 마땅하고 생해서는 안 된다."고 하는 것이다.[40]

예를 들어

> 예11 진월 병신일. 형이 아우의 천연두 증세가 이미 위험에 처해 있어서 점을 함. 수화기제→택화혁

```
        兄子‖應
        官戌│
兄亥   父申‖
        兄亥│世伏午財
        官丑‖
        孫卯│
```

월건의 진토가 비록 해수 형제를 극하나 신일의 생에 의지하고 있으며 또 동효의 상생을 얻었으니 위험에서 구해지리라!

과연 그날 유시에 명의를 만나 치료하여 해일에 이르러 완전히 살아났다.

---

[40] 복서정종 십팔문답 11
충중봉합沖中逢合, 합처봉충合處逢沖

역자예 1 71번 괘.

역자예 2 술월 갑진일. 은을 빌릴 수 있을까? 중지곤. 인묘공망

```
孫酉 ‖ 世
財亥 ‖
兄丑 ‖
官卯 ‖ 應
父巳 ‖
兄未 ‖
```

응이 공망에 떨어졌으므로 『황금책』에 말하기를 "돈을 빌리려 하는 사람은 실망하게 된다" 했다. 지금 응효가 순공되고 또 육충괘가 되어 본래 허락을 얻지 못한다. 그러나 묘한 것은 술월건이 응과 합하여 세를 생하고 진일이 세와 합하니 이는 충중봉합이라! 먼저 어려우나 뒤에 쉬우리라. 가면 반드시 빌릴 수 있다.

그가 말하기를 "지난 달에 빌리러 갔어도 제가 허락하지 않았는데 지금 다시 간다고 빌려줄까요?"

내가 말하기를 "전 달에 빌리러 가서 허락을 얻지 못한 것은 육충괘로 분명히 나타난 것이고, 지금 빌리는 것은 반드시 허락을 얻을 수 있다고 육합으로 밝게 드러나 있다."

그가 말하기를 "어느 날 응하겠습니까?"

답하기를 "묘목이 순공되니 갑인을 지나면 응이 이미 출공되고 인일이 또 해수 재효와 합하므로 허락을 얻을 것이다."

과연 맞았다.

역자예 3 인월 무술일. 은을 잃어 버렸는데 다시 찾을 수 있을까? 중풍손→
천수송 진사공망

```
兄卯 | 世
孫巳 | 青龍
孫午 財未 ‖ 玄武
孫午 官酉 ⼁ 應 白虎
    父亥 |
    財丑 ‖
```

육충괘에 미토 재효가 오화를 화출하여 회두생합되었으니 지금은 잃었으나 다시 얻는 상이로다.

옆 사람이 말하기를 "응에 백호 금귀가 있고 현무는 재에 임했으니 다시 얻는다고 말하기 어렵다."

내가 말하기를 "응은 타인으로 오화에 의해 회두극제 당하고 재는 용신이 되는데 충중봉합하고 일주가 합세하니(묘술합) 반드시 얻으리라!"

묻기를 "어느 날 응하겠습니까?"

답하기를 "사화 청룡 원신이 순공되었으니 그 병病이 사에 있다. 반드시 을사일 원신이 출공·치일置日될 때 다시 얻으리라."

과연 맞았다.

역자예 4 진월 정유일. 자점自占. 결혼이 성립될까? 천지비.

```
父戌 | 應
兄申 |
官午 |
財卯 ‖ 世
官巳 ‖
父未 ‖ 伏子孫
```

육합괘니 혼인에 가장 좋다. 그러나 지금 세가 일의 충을 당하고 응효는 월파되니 합처봉충이라 하여 결국 불길하다. 과연 본월 자기가 큰 병을 얻었고 미월에 세와 재도 역시 입묘入墓되었으니 이 여자도 병으로 죽었다.

역자예 5 묘월 을묘일. 구재점. 화산려.

```
兄巳 |
孫未 ‖
財酉 | 應
財申 | 伏亥官
兄午 ‖
孫辰 ‖ 世伏卯父
```

세응이 상생하고 괘가 육합을 만났으니 바라는 바를 본래 성취할 수 있다. 단 좋지 않은 것은 묘월·일이 응위에 유금 재효를 충하는 것으로 타인의 재와는 인연이 없으니 실망할 것이다. 묻기를 "서약서를 써서 내가 내일 가기로 하였는데 어찌 안 되겠습니까?"

그러나 다음날 가서 의논이 되었으나 임술일에 취소되어 이루지 못하였다. 다음날 의논이 된 것은 진일이 응과 합했기 때문이고, 술일에 다시 취소된 것은 세가 충을 받아 합처봉충 되었기 때문이다.

역자예 6   오월 신해일. 스승의 근병. 수택절.

```
兄子 ||
官戌 |
父申 || 應
官丑 ||
孫卯 |
財巳 | 世
```

근병에 육합괘를 얻으면 항상 반드시 죽었으나 지금 세의 사화 재효가 일진의 충(沖)을 받았으니 합처봉충이 되어 위험에서 구해지리라!
묻기를 "어느 날 위험하겠으며 어느 날 구해지겠습니까?" 답하기를 "금의 고(庫)는 축이니 축일에 위험할 것이며, 갑인일은 응에 있는 용신을 충발하니 구해지리라!
과연 축일에 인사불성되었다가 인일에 나왔다.

역자예 7   인월 무진일. 형의 근병의 길흉. 화지진.

```
官巳 |
父未 ||
兄酉 | 世
財卯 ||
官巳 ||
父未 || 應伏子孫
```

유금 형제가 용신이 되는데 일진과 합된다. 근병에는 합을 만나는 것이 좋지 않지만 다행히 다음날이면 묘월로 바뀌니 나으리라!
과연 맞았다. 이것 역시 합처봉충이다.

역자예 8 | 미월 정사일. 이미 어그러진 결혼이 다시 성사될까? 중화리→화산려

```
兄巳 | 世
孫未 ||
財酉 |
官亥 | 應
孫丑 ||
孫辰 父卯 /
```

이 괘가 육충이 육합으로 변하였으니 항상 흩어졌다가 다시 이루어지고 떠났다가 다시 합하였다. 또 묘목이 동하여 생세하니 이 결혼은 일정하게 이루어지리라! 과연 다음해 인년 삼월에 다시 결혼하였다. 진월에 응한 것은 결혼에 재효가 용신이 되는데 육충괘가 육합 재효로 변하고 또 합을 만났기 때문이다. 묘목이 진토를 화출한 것은 때를 나타내는 기미요, 인년이란 암동한 응효가 합되는 해이기 때문이다.

11 동정생극(動靜生剋)

◆ 육효가 안정安靜할 때 왕상한 효라면 휴수한 효를 생할 수 있으며, 역시 휴수한 효를 극할 수도 있다.
　대개 왕상한 것은 힘 있는 사람과 같기 때문이다.

예 12 　인묘월 봄에 점. 중지곤

```
孫酉 ‖ 世
財亥 ‖
兄丑 ‖
官卯 ‖ 應
父巳 ‖
兄未 ‖
```

예를 들어 부모점을 친다면 사화가 부모가 된다. 삼효의 묘목은 봄에 왕상하니 능히 사화를 생할 수 있으므로 부모가 왕상하게 된다.
사화 부모는 이미 춘목의 상생을 만났으므로 부왕하게 되어 능히 자손을 극할 수 있다.
만일 자손점을 친다면 자손은 쇠하게 되는 것이다. 춘목이 당령하였으므로 능히 축미 이토를 극할 수 있으며 토가 형제에 임하였기 때문에 만약 형제점을 친다면 휴수하여 무기했다고 말한다. 나머지도 이와 같은 예에 준한다.

◆ 괘에 동효가 있으면 능히 정효靜爻를 극할 수 있다. 설사 정효가 왕상하였다 할지라도 역시 동효를 극할 수 없다. 대개 정靜이란 앉거나 누운

것과 같은 것이며 동하였다 함은 걸어 다니는 사람과 같기 때문이다.[41]

[예 13] 인월에 점함. 중택태→뇌택귀매

```
父未 ‖ 世
兄申   兄酉 ◁
       孫亥 |
       父丑 ‖ 應
       財卯 |
       官巳 |
```

유금이 발동하였는데 비록 휴수하였을지라도 동하였으니 능히 왕상한 묘목을 극할 수 있다. 이효 묘목이 당령하였으므로 능히 축미 이토를 극할 수 있으나 지금 목은 이미 금에 의해 상하였으니 토를 극하기 어렵다. 다른 것도 이런 예에 준하라!

---

[41] 점을 쳐서 괘가 나왔을 때 동효가 있는 경우도 있겠지만 동효가 전혀 없는 괘도 있을 수 있다.
  그런데 동효가 있는 경우의 괘라면 설사 동하지 않은 효가 왕상할지라도 동효를 극하거나 하지 못하지만 6효 모두 동하지 않은 괘, 즉 동효가 전혀 없는 괘가 나왔을 때는 육효 모두 안정된 상태가 되므로 이럴 때는 정효이기는 하지만 왕상한 정효라도 능히 휴수한 정효를 극할 수 있다는 것으로 동효가 있는 괘와는 판단하는 기준이 다르다는 것을 말하고 있으니 착오 없어야 한다.

12 동효·변효의 생극충합

• 괘에 동효가 있으면 동한즉 반드시 변하게 된다. 대개 변출된 효가 능히 본래자리(本位)의 동효를 생극충합할 수 있지만 다른 효와 생극할 수는 없다. 다른 효와 본위의 동효의 변효끼리 생극生剋할 수 없다.

예 14 자월 묘일. 중지곤→화지진

```
父巳  孫酉 ‖ 世
      財亥 ‖
孫酉  兄丑 ‖
      官卯 ‖ 應
      父巳 ‖
      兄未 ‖
```

유금이 발동하였기 때문에 유는 동효가 되어 사화를 변출하였다. 그래서 사가 변효가 된다. 변효의 사화는 능히 본위의 유금을 회두극할 수 있지만 다른 효와는 생극할 수 없다.

사효의 축토도 동하여 세효인 유금을 능히 생할 수 있지만 자기가 변출한 유금을 생할 수는 없으며 변출된 유금 역시 다른 효와 생극할 수 없다. 그러면 변효는 누가 능히 극제할 수 있는가? 일월은 능히 생하고 극하고 충하고 합한다.
왜 그러한가?
일월은 마치 하늘과 같아서 능히 동효·정효·비효飛爻[42]·복효伏爻·변효變爻와 생극할 수 있지만 이러한 모든 효들은 모두 일월을 상하게 할 수 없다.
『황금책』에 말하기를 "효가 일을 상하는 것은 모두 이름뿐이라" 했다.
즉 이 괘에서 자수 월건은 능히 세효가 변출한 사화를 극할 수 있으며 묘가 일건이라면 능히 사효에서 변출한 유금을 충할 수 있는 것이다.
다른 것도 이와 같이 모방하라!

---

[42] 伏神이 숨어있는 효.

13 사시왕상[43]

月建		旺	次旺	相		休囚死
正月	寅	寅木	卯木	木生火 火		金水土
二月	卯	卯木	寅木			
三月	辰	辰土	丑未土	金	木餘氣	水火
四月	巳	巳火	午火	火生土 土		金水木
五月	午	午火	巳火			
六月	未	未土	辰戌土	金	火餘氣	水木
七月	申	申金	酉金	金生水 水		木火土
八月	酉	酉金	申金			
九月	戌	戌土	丑未土	金		水木火
十月	亥	亥水	子水	水生木 木		火土金
十一月	子	子水	亥水			
十二月	丑	丑土	辰戌土	金	水餘氣	木火

[43] 명리에서도 왕상휴수의 법이 있듯이 육효도 마찬가지다. 그러나 위 표에서 유념해야 할 것은, 같은 목에 해당하는 인·묘월이라도 인월에서는 인이 왕하고 묘가 차왕次旺하며, 묘월은 반대로 묘가 왕하고 인이 차왕하다는 것이다. 나머지 달도 같은 원리에 준한다.

그리고 진월같은 경우를 보면 목의 잔여 기운이 있는 달이라 해서 상相의 범주에 넣고 있는 것에 유의해야 한다. 미월의 화·축월의 수도 같은 논리로 상相이 된다고 본다는 것이다. 육효에서는 위의 표에서처럼 왕旺·차왕次旺·상相 이 세 가지 경우를 왕상다고 하므로 반드시 위 표를 기억하고 있어야 한다. 원래 이 표는 원문에 없으나 아래 원문내용에 준해 표를 만들어 독자들이 일목요연하게 볼 수 있도록 하였다.

- 정월건 인은 인목이 왕하고 묘목은 그 다음이다.
- 2월건 묘는 묘목이 왕하고 인목은 그 다음이다.
  → 1, 2월은 목이 왕해 화를 생하기 때문에 화는 상相이 되며 그 나머지 금·수·토는 모두 휴수가 된다.

- 3월건 진은 진토가 왕하고 축·미의 토는 그 다음이다. 토생금 하므로 금은 상이 된다. 목은 비록 왕하지 않지만 여기(餘氣)가 있다고 보며 그 나머지 수·화는 모두 휴수가 된다.

- 4월건 사는 사화가 왕하고 오화는 그 다음이다.
- 5월건 오는 오화가 왕하고 사화는 그 다음이다
  → 4, 5월은 화가 왕하며 토를 생하므로 토는 상이 된다. 그 나머지 금·목·수는 모두 휴수가 된다.

- 6월건 미는 미토가 왕하고 진·술의 토는 그 다음이다. 토생금 하므로 금은 상이 되며 화는 비록 쇠하지만 여기가 있는 것과 같다. 그 나머지는 목·수는 모두 휴수가 된다.

- 7월건 신은 신금이 왕하고 유금은 그 다음이다.
- 8월건 유는 유금이 왕하고 신금은 그 다음이다.
  → 7, 8월은 금이 왕하므로 수를 생하기 때문에 수는 상이 된다. 그 나머지는 목·화·토 모두 휴수가 된다.

- 9월건 술은 술토가 왕하고 축·미토는 그 다음이다. 토생금해서 금은 상이 된다. 그 나머지 목·화·수는 모두 휴수가 된다.

- 10월건 해는 해수가 왕하고 자수는 그 다음이다.
- 11월건 자는 자수가 왕하고 해수는 그 다음이다.
  → 10, 11월은 수가 왕하며 목을 생하기 때문에 목은 상이 되며 그 나머지는 금·토·화는 모두 휴수가 된다.

- 12월건 축은 축토가 왕하고 진·술의 토는 그 다음이다. 토는 금을 생하므로 금은 상이 되고 수는 비록 쇠하지만 여기와 같다고 보며 그 나머지 목·화는 모두 휴수가 된다.

14 월장月將

◆ 월장月將은 한 달의 권權을 쥐고 있으며 삼순三旬 동안 명령할 권한을 맡고 있다.

월장은 즉 월건을 말한다. 또 월령月令이 된다.

한 달 삼십 일 내의 권력을 담당하여 명령할 권한(當權得令)을 갖는다.[44]

◆ 만 가지 점에서 제강提綱을 쥐고 있으며, 육효의 선악을 순찰하고 능히 괘효의 쇠약함을 도울 수 있고, 강왕한 효상을 꺾을 수 있으며 동효·변효를 제복할 수 있고 비신·복신을 돕고 일으켜주어 쓰임이 있게 한다.

월장이란 권력을 맡은 주사령관으로 만 가지 점에서 강령이 된다. 쇠약한 효를 능히 생할 수 있고 합할 수 있으며 비화[45]할 수 있고 공[46]할 수 있으며 도울 수 있으니 쇠한 것을 왕하게 한다. 또 강왕한 효를 충·극·형·파할 수도 있으니 왕한 것을 쇠하게

---

[44] 육효에서 달의 경계는 명리에서와 똑같이 절기로 나눈다. 예를 들어 1월이라면 음력 1월 1일부터 1월 30일까지가 아니라 입춘에서 경칩 전까지가 1월이 된다는 것이다. 이 점 혼동하지 않아야 한다. 역시 년의 경계도 이렇게 따진다.

즉 입춘이 되야 한해가 바뀌는 것이지 1월 1일이 됐다고 해가 바뀌는 것은 아니라는 것을 알아야 한다.

[45] 비화比和 : 오행이 같은 것.

[46] 공拱 : 지지地支가 같은 것.

만들 수 있다. 괘에 변효가 있어 동효를 극제하고 있을 때 월건은 능히 변효를 제복할 수 있으며 괘에 동효가 있어 정효를 극제하고 있을 때 월건은 능히 동효를 제복할 수 있다.

또 용신이 복신으로 감춰져 비신에 의해 눌려 있을 때도 월건은 능히 비신을 충극하고 복신을 생조해 그 비신을 쓸 수 있게 한다.

- 효가 월에 의해 합을 만나면 유용하나 효가 월에 의해 파되면 功이 없다.

월건이 효를 합하면 월합月合이 되어 유용한 효가 되는데 월과 효가 충하면 월파가 되어 무용한 효가 되어버리고 만다.

- 월건은 효에 들어있지 않더라도 유용하게 되는 것이며 월건이 한 번 괘에 들어가면 볼수록 강강해진다.

괘에 용신이 없으면 월건이 용신이 될 수 있는 것이니 복신伏神을 찾을 필요가 없다.

월건이 괘에 들어있으면서 동하여 원신이 되면 복이 더욱 크며 기신이 된다면 역시 화가 아주 깊게 되는데 괘에 들어 있지 않다면 완만하다.

- 효가 월건에 있으면 왕상해 당권한 것이니 공을 만나도 공이 안 되고 상(傷)을 만날지라도 해로움이 없다.

고법에 이런 말이 있으나 이 말은 내가 시험해보니 그렇지 않았다. 순旬내에 있으면 필경 공이 되었다. 예를 들면

예 15 인월 경술일. 구재점. 화천대유

```
官巳 | 應
父未 ||
兄酉 |
父辰 | 世
財寅 |
孫子 |
```

인목 재효가 용신이 되는데 재효가 세효를 극하니 이 재는 반드시 얻을 것이다. 단 지금은 공이 되었으니 갑인일에 이르러 출공되어야 비로소 얻을 것이다.
과연 갑인일에 얻었다.

고법에 공을 만나도 공이 아니라고 한 것은 틀린 것이다. 만약 순내에 있으면 공망이 되는 것이나 반드시 그 공된 순을 벗어나야 비로소 공이 되지 않는 것이다.

◆ 공을 만나도 역시 공이 되나 끝내는 공에 떨어지지 않으며 상함을 만나도 역시 상하나 때를 기다려 쓸 수 있다.

　용신이 공을 만나면 바로는 공망이 되지 않는다고 말해서는 안 되니 결국 공이 된다. 단 이 공은 지금 현재 순내에 공이 될 뿐으로 출공하는 날이 오면 의연히 공이 안 되게 된다.
　그것이 기신이라면 출공할 때 화가 되고 원신이라면 출공할 때 복이 되니 휴수한 진공眞空처럼 철저한 공이 되는 것에 비할 바 아니다.
　효에 월건이 있어 왕하나 혹 다른 효에 의해 극당한다면 이것을 傷함을 당한 것이라 해서 병점을 친다면 지금은 낫지 않으며 도모하는 점을 친다면 지금은 이루지 못할 것이나 상하게 한 효를 충거하는 날이 오면 그 상함을 받지 않으므로 병자는 반드시 낫게 되고 도모하는 일은 반드시 이뤄지게 된다. 그러므로 말하

기를 "상함을 만나면 역시 상하나 때를 기다려 쓸 수 있다"고 한 것이다. 예를 들어

<예 16> 유월 병인일. 귀인을 만날 수 있는가? 산풍고→산수몽

```
           兄寅 │ 應
           父子 ‖ 伏巳孫
           財戌 ‖
    孫午   官酉 ╱ 世
           父亥 │
           財丑 ‖
```

세가 월건이면서 관이니 정히 볼 수 있겠다. 단 오화에 의해 회두극을 당하니 반드시 자일을 기다려 오화를 충거해야 비로소 볼 수 있을 것이다.
과연 병자일에 만났다.
그러므로 "상을 당하면 역시 상하지만 때를 기다려 쓸 수 있다"고 한 것이다.

◆ 일에 절되고 충되고 극되면 반드시 다른 곳에 생부·화절化絶(절로 화하는 것)·화묘化墓(묘로 화하는 것)·화극化剋(극으로 화하는 것) 등이 있는가를 잘 살펴야 하며 다른 효에서 극제를 더하는 것을 꺼린다.

효에 월건이 있지만 일에 절·묘되거나 일건과 충극된다면 해 볼 만하기에[47] 길흉이 없다.

그러나 만약 타효에서 또 동하여 생부하게 되면 더욱 길조가 되나 다른 효에서 또 극제해 온다면 두려운데 용신효가 비록 월건에 임했을지라도 대항하기 어렵다. 예를 들어서

---

[47] 이것을 상적相敵이라고 한다.

예 17 인월 병신일. 승진점. 중산간→산뢰이

```
        官寅 | 世
        財子 ‖
        兄戌 ‖
兄辰  孫申 ⚋ 應
        父午 ‖
財子  兄辰 ‖
```

인목 관성이 지세하고 월건에 임해 왕상하나 신일의 충극을 당하고 있다. 그러나 기쁜 것은 (내괘에서) 신자진이 합되어 수국을 이루어 생세하니 해롭지 않을 뿐만 아니라 삼월(진월)에 높이 올라가겠다.

과연 삼월에 운남으로 승진해 갔다. 승진할 수 있었던 것은 수국의 생부를 얻었기 때문이고 삼월에 응한 것은 진토가 출공하는 달(병신일로 진사공망이기에)이었기 때문이다. 운남에 응한 것은 세와 관성이 모두 육효에 있었기 때문이다.

예 18   오월 정미일. 동생이 논죄를 당하는 것의 길흉. 택수곤→뇌풍항

```
          父未 ‖
   兄申    兄酉 ╱
          孫亥 │ 應
   兄酉    官午 ╳
          父辰 │
          財寅 ‖ 世
```

유금 형효가 용신이 되는데 오월의 극을 받고 있으나 미일의 생도 받고 있다. 그래서 상적[48]할 수 있다. 단 좋지 않은 것은 오화가 동하여 상극하고 있는 것이다.

소위 "또 다른 효에서 극제를 더하는 것을 꺼린다"는 말에 해당된다.

저 사람이 묻기를 "큰 해가 있겠습니까? 없겠습니까?"

내가 말하기를 "오화가 월건이 되나 괘중에서 동하였으니 "괘에 들어 있으면 더욱 강강剛强함을 본다"에 해당하고, 또 말하기를 "월건이 기신이면 화가 가볍지 않아 대흉의 상이다"했다.

또 묻기를 "어느 때 흉하겠습니까?"

내가 말하기를 "유금형효가 퇴신으로 화하였으니 올해가 진년으로 태세와 상합하니 무방하나 신년이 되면 흉을 면치 못하리라." 과연 올해 하옥되어 신년에 형을 받았다.[49]

---

[48] 상적相敵 : 이 말은 서로 힘이 균형을 이루고 있다는 뜻으로 쓰인 것이다. 해 볼 만하다. 대적할 수 있다는 말로도 통하겠다. 이하는 그대로 "상적"이라고 표현한다.

[49] 용신인 유금 형이 퇴신되어 신으로 화했는데 뒷부분에 응기장의 총주에 보면 퇴신이 되었을 때의 길흉은 퇴신된 신의 치되는 월일 値月日이나 충되는 월일에 응기한다는 원칙이 있는데 위 예는 유금이 신으로 퇴신되었으므로 신일, 신월 또는 신년에 응기가 되는 것이다. 이는 사안이 년으로 추론해야 할 사안으로 신년으로

- 대상大象이 길하면 그 때부터 트이고, 대상大象이 흉하면 그 달을 지나서부터 지체된다.

  극이 적고 생이 많으면 대상大象이 길한 것이고, 극이 많고 생이 적으면 대상이 흉한 것이다.

  대상이 흉하면 그 달 안에는 애로가 없다 해도 그 달을 빠져나가면 그 재앙을 받게 된다.

- 용신이 (월건을) 얻으면 복이 가볍지 않고 기신이 (월건을) 만나면 화를 받음이 가볍지 않다.

  이 말은 용신이 월건에 임한 것을 말하는데 다른 효에서 상극함이 없다면 모든 점에서 길하고 기신이 월건에 임해 있는데 용신이 휴수하고 구함이 없다면 모든 점에 대흉하다.

- 기신을 생부하는 것은 악을 돕는 것이니 잔학하게 되고, 원신을 극제하면 도로에서 습격을 받아 식량이 끊어진 것과 같다.

  기신이 용신을 극해하는데 월건이 기신을 극제해 주는 것을 이름하여 "구함이 있다有求"고 한다. 만약 월건이 도리어 기신을 생한다면 악을 도와 포학하게 된다.

  또 만일 용신이 원신의 생을 받고 있는데 월건이 또 원신을 생하면 길하고 또 길하나 만일 월건이 원신을 극제하고 있다면 효신이 식신을 박탈梟神奪食하는 것과 같다.[50]

추론한 것이다.

[50] 명리에서 편인어머니가 식신자식을 극하는 것과 같다는 말.

◆ 물物이 다하면 변하고 그릇도 차면 기운다物窮則變 器滿則傾.

용신이 쇠해도 때를 만나면 발한다. 즉 예를 들어 용신이 화에 임하고 있는데 겨울에 점친다면 왕하지 않은데 봄이 되면 왕하게 된다. 그러므로 "물이 다하면 변한다" 한 것이다.

또 예를 들어 정월점괘에 용신이 인목월건에 임하였으면 태왕한 것이니 가을이 되면 금에 의해 충극되므로 파패되지 않는다 할 수 없다.

그러므로 말하기를 "그릇도 차면 기운다" 한 것이다.

예를 들어

예 19 인월 신유일. 점포를 열려고 점. 중산간→지화명이

```
孫酉    官寅 ╱ 世
        財子 ‖
        兄戌 ‖
        孫申 l 應
        父午 ‖
官卯    兄辰 ╲
```

세가 인목에 임하여 득령하고 당시하였다. 지금 점포를 열면 무성하겠다. 그러나 꺼리는 것은 일진이 세를 극하고 세가 또 회두극으로 화하는 것이니 생은 적고 극은 많은 상이며 괘가 육충이니 육충은 오래가지 않는다.

저 사람이 말하기를 "동업하려는 사람이 내 마음과 같지 않겠습니까? 아니면 다른 일이 있겠습니까?"

내가 말하기를 귀鬼[51]가 신변에 있으니 반드시 질병에 주의하

---

[51] 관官을 귀鬼, 또는 관귀官鬼라고 함.

라. 동업하는 사람도 역시 이 때문에 변심할까 한다. 후에 과연 6월에 이질이 나서 8월이 되도록 낫지 않으니, 파트너가 돈을 거의 다 빼돌려 버렸다. 관가에 호소했으나 응답이 없었다.

이것이 소위 "당시는 왕상해 상하지 않으나 때를 만나면 해롭게 변하게 된다"는 것이다.

6월에 응한 것은 목이 미에 입묘하기 때문이고, 파트너가 변심한 것은 응효 신금이 가을에 당령하자 세를 충했기 때문이며, 돈을 빼돌린 것은 자수재가 공망에 떨어졌기 때문이다.

◆ 절을 만나도 절이 안 되고 충을 만나도 흩어지지 않으며 일이 생하고 월이 극하면 더불어 생부를 보고, 일이 극하고 월이 생하면 다시 다른 곳에서 충극이 있는지를 보라.

월장이 당권하면 어찌 쇠·절할 수 있겠는가? 왕상하여 강력한 것과 같으니 어찌 충산될 수 있겠는가? 월이 극하고 일이 생할 때 도움을 만나면 더욱 왕해지고 월이 생하고 일이 극할 때, 다시 다른 곳에서 극제를 만나면 역시 쇠하게 된다.

예 20 오월 무진일. 여동생의 출산점. 화지진

```
官巳 |
父未 ||
兄酉 | 世
財卯 ||
官巳 ||
父未 || 應伏子孫
```

유금형효가 용신이 된다. 월이 극하고 일은 생하니 장애가 없다.
내일 묘시면 반드시 낳으리라. 과연 다음날 묘시에 낳으니 모자가 다 평안하였다.
묘시에 응한 것은 유금이 진일과 상합한 때문이니 『황금책』에 말하기를 "만약 합습을 만나 주住되면 반드시 충개를 기다리라" 했는데 여기서는 월이 극하고 일이 생하기만 할 뿐, 달리 극제나 방부함이 없다.

예 21 미월 갑오일. 자식의 천연두점. 천택리→풍택중부

```
     兄戌 |
     孫申 | 世伏子財
兄未  父午 ╱
     兄丑 ||
     官卯 | 應
     父巳 |
```

신금자손이 용신이 되는데 월의 생을 받고 일로부터는 극을 받고 있으니 상적될 만하다. 단 좋지 않은 것은 효 중에서 오화가 동해 극해 오는 것이다. 다행히 오와 변효 미가 오미합하여 지금은 장애가 없으나 축일이 되어 미토를 충하면 화가 합에서 풀려 금을 상하니 위험하리라!
과연 축일 날 죽었다.

| 이아평이 말하기를 | 제서諸書에서 모두 월장당권하면 공을 만나도 공이 안 되고 상을 만나도 무해하다고 했는데, 이 책에서는 극제를 더하면 공 역시 공이 되고 상 역시 해가 된다고 했으니 그 분명하고 철저함이 빼어나니 가히 법으로 삼을 만하다.

『역모』라는 책에서 일이 극하고 월이 생하면 생을 얻음이 8이고 월이 극하고 일이 생하면 생을 얻음이 7이라고 했는데 7인지 8인지를 어떻게 결정하겠는가?

즉 이 장의 점험에 있는 것처럼 출산점을 할 때 다른 효에서 극제를 더함이 없으니 위험했지만 편안했고 천연두점에서 거듭 상함을 당하자 명을 보존할 수 없었으니 살며 살고 죽으며 죽었지 7이니 8이니 한다면 어찌 생사를 결정하겠는가?

15 일진

- 자수子水 축토丑土 인목寅木 묘목卯木 진토辰土 사화巳火
- 오화午火 미토未土 신금申金 유금酉金 술토戌土 해수亥水
- 일진은 육효의 주재主宰가 되고 사시四時의 왕상을 맡는다.

 일진은 즉 본일의 일진을 말하며 또 일건이 된다. 전장에서 월령은 삼순의 명령권을 맡는다 했는데, 가령 목이라면 봄에는 생이 되고 가을에는 살이 되니 춘하추동 각각 그 맡는 때가 있으나 일진은 유독 그렇지 않으니 사시에 다 왕하면서 생살의 권리를 쥐고 있으니 월건과 같은 공을 갖는다.

- 왕상한 정효를 충하면 암동이 되고 쇠약한 정효를 충하면 일파가 된다.

 효가 왕하지만 정할 때 충하면 암동이 되어 그 힘을 더하게 되나 효가 쇠하면서 정할 때 충되면 일파가 되니 더욱 무용하게 된다.

- 공을 충해서 일어나게 하고 합을 충해서 열리게 한다. 효가 쇠약해도 능히 생부, 공합할 수 있는 것이 때에 맞게 비가 와서 새싹을 적시는 것과 같고 효가 강왕할지라도 능히 극해형충할 수 있으니 가을의 서리가 풀을 죽이는 것과 같다.

 효가 순공을 만나도 일진이 충기해주면 용으로 삼을 수 있으니 충공한 즉 실하게 된다 하는 것이고 효가 합주[52]를 만나도 일건의 충개를 만나면 합처봉충이라 하는데 단 흉신이 합되면 충을 만남을 좋아하고 길신이 합주되면 충되는 것은 좋지 않다.
 효가 쇠약해도 능히 생하고 합하고 왕하게 하며 동류同類와는 비화比和할 수 있고 부扶할 수 있으며 효가 강왕할 때는 능히 형하고 충하고 극하고 절시키고 묘되게 할 수 있다.[53]

◆ 효가 왕하여 동할 때 충한 즉 더욱 동하고 효가 쇠한데 동할 때 충한 즉 흩어지게 된다.
 『복서卜書』에 말하기를 "효가 월건을 만나면 일이 충해도 흩어지지 않는다" 했으니 이것으로 보아 당령하면 일의 충을 두려워하지 않음을 분명히 알 수 있다.
 또 화복을 강론하는 편에서 왕상휴수를 막론하고 다 산으로 논하고 산을 가장 중하게 봤으나 오직 내가 여러 번 시험한 결과 절대 산散에 응하지 않았다. 이로 말미암아 보건데 신의 징조가 동에 있음을 알 수 있었다.
 동한즉 반드시 맞아 떨어졌으니 어찌 흩어졌다고 볼 것인가? 왕상자는 충하면 더욱 강해지고 휴수무기한 자는 간혹 흩어지기도 하였으나 역시 백에 하나 둘이었다.

◆ 월파를 만나도 깨지지 않고 충극을 만나도 상하지 않는다.
 효가 일건에 임하면 월이 충해도 불파不破하고 월이 극해도 상

---

[52] 합주合住 : 합해서 묶인 것을 말함.

[53] 왕이란 효가 일에 제왕되는 것이고 비화란 효와 일월이 같은 것이고, 부나 공이란 효와 일월이 같은 류를 말하며 묘절은 효가 일에 묘절되는 것을 말한다.

하지 않는다. 동효의 극을 만난다 해도 역시 해가 되지 않으며 회두극을 당해도 역시 재앙이 되지 않는다. 이렇듯 강한 것이 마치 산과 같고 능선과 같아서 월건과 똑같은 권력을 가지고 있으니 태양이 중천에 아름답게 떠있어 왕상이 극에 달한 것과 같다.

◆ 생이 많고 극이 적으면 금상첨화요, 생이 적고 극이 많으면 중과부적衆寡不敵이다.

효가 일건에 임하고 괘중에 또 동효의 생부가 있으면 금상첨화와 같고 효가 일건에 임해 있는데 월건·동효가 같이 극해 오면 중과부적과 같다. 즉 예를 들어 유월 묘일점괘에서 효가 묘목에 임해 파를 만났을 때(즉 월건유에 의해 묘유충)묘가 일건에 임했기 때문에 불파한다고 하지만 만일 효 중에서 또 신유금이 동하거나 혹 묘효가 동하여 신유로 화하였다면 이것은 중과부적이라 하니 파는 파가 되고 傷 역시 상이 되는 것이다. 다른 것도 이와 같이 모방하라! 예를 들어

예 22 ─ 신월 무오일. 병점. 천산돈→천풍구

```
         父戌 |
         兄申 | 應
         官午 |
         兄申 |
   孫亥  官午 || 世伏寅財
         父辰 || 伏子孫
```

세효 오화가 일진에 임하여 본래 왕상하다. 단 좋지 않은 것은 신금월건이 해수를 생하여 회두극세하는 것이다. 그러므로 해월에 죽었다.

예 23 사월 정해일. 종이 어느 날 돌아올 것인가? 택천쾌→천택리

```
兄戌      兄未 ‖
         孫酉 | 世
         財亥 |
兄丑      兄辰 /
         官寅 | 應伏巳孫
         財子 |
```

해수재효가 용신이 된다. 해는 사해충으로 월파가 되나 비록 일건을 얻었으니 불파된다고 하지만 좋지 않은 것은 사중으로 토가 동하여 상하고 있다. (미토와 진토가 동하여 수토와 축토가 됨)

『언참諺』에 말하기를 "두 주먹이 네 손을 맞서지 못한다." 했으니 돌아올 기약이 없을 뿐만 아니라 불측한 재앙을 대비하라!

과연 오월 묘일에 소식이 왔는데 중도에서 피해를 당했다고 했다.

이 일건장은 당연히 월건장과 참고해 봐야 할 것이다.

이아평이 말하기를 『역모』라는 책에서 말하기를 "효가 일진에 임하면 산이라고 할 수 없고 공이라고 할 수 없다"고 하면서 "산을 만나도 산이 되지 않고 공을 만나도 공되지 않는다"고 했으나 동해서 일충을 만나면 산이라 하였는데, 이미 일진이 되었는데 또 일진이 와서 충함이 있을 수 있단 말인가?

순공이란 순내에는 없는 것이니 이미 순공이라면 어찌 또 일진에 임하는 일이 있겠는가? 그러므로 제서의 부족한 것이 이와 같다 하겠다.[54]

[54] 흔히 일월 중 경중을 따져야 하느냐 하고 묻는 사람들이 있다. 그것에 대해 구체적인 언급은 없지만, 대만의 반동광潘東光은 이렇게 말하고 있다.
"점괘에서 왕왕 일월이 서로 충극하는 현상을 보는데 예를 들자면 신월 인일점이라든지 혹은 미월 축일점이라든지 하는 것인데, 만약 이러한 정형이 있다면 일월의 작용력은 서로 상쇄되므로 따지지 않지만, 일에 있는 육친의 영향력은 영원히 존재하나 월의 영향력은 이 달을 벗어나거나 이 계절을 벗어나 버리면 소실돼 버린다.
그래서 일의 역량이 월의 역량보다 크다고 말하는 것이 합리적이다.
대개 괘중에 월령을 얻은 왕상한 효가 일이나 동효로부터 극을 당했을 때 그 월령 동안만 잠시 극을 당하지 않고 그 월령이 지나가버리면 즉시 극을 당하게 된다.
반대로 괘중에서 월에 의해 휴수한 효가 있는데, 만약 일과 동효의 생조가 있으면 비록 현재는 기력이 쇠하고 없더라도, 일단 그 월령을 벗어나면 일과 동효의 생을 받으므로 쇠한 데서 왕하게 되는데, 그것은 필경 일과 동효의 역량이 장구하기 때문이다."

16 육신

日建	甲乙	丙丁	戊	己	庚辛	壬癸
上爻	玄武	青龍	朱雀	句陳	螣蛇	白虎
五爻	白虎	玄武	青龍	朱雀	句陳	螣蛇
四爻	螣蛇	白虎	玄武	青龍	朱雀	句陳
三爻	句陳	螣蛇	白虎	玄武	青龍	朱雀
二爻	朱雀	句陳	螣蛇	白虎	玄武	青龍
初爻	青龍	朱雀	句陳	螣蛇	白虎	玄武

◆ 제서에서 청룡은 길하지 않음이 없고 백호는 흉하다 했다.

　예를 들어『천원부天元賦』에서 말하기를 "신왕에 청룡이 지세하면 희경이 많다"고 했고,『쇄금부碎金賦』에서는 "청룡이 동하면 집에 기쁨이 있고 백호가 동하면 집에 상을 당한다" 했으며,『복서원구卜筮元龜』에서는 말하기를 "등사·백호는 존장께 근심이 있으며",『복서대전卜書大全』에서는 "칼날을 가진 백호가 무섭고 물에서 노는 청룡을 좋아하며",『천오장闡奧章』질병점 편에서는 말하기를 "등사는 주사主死하고 백호는 주상主喪한다" 했는데 이 모두는 오행으로 말미암음이 아니고 육신六神으로 생사를 판단한 것이다.

그러나 『천금부千金賦』에서는 말하기를 "백호가 동할지라도 길신을 만난다면 그 길을 해롭게 할 수 없고 청룡이 동하였을 지라도 흉성을 만난다면 그 흉을 어쩌지 못한다" 했는데 이것이 정확한 이치라 하겠다.

그러면 육신은 결국 맞지 않는 것인가? 그렇지 않다. 이것은 부속되는 신에 불과하니 괘가 길한데 청룡을 만나면 더욱 길하고 괘가 흉한데 등사·백호가 있으면 더욱 흉하다. 또 현무는 도적을 주하고 주작은 시비를 주하는데 맞지 않음이 없을 것이다. 가택·분묘·선영 등에서는 더욱 그 영향이 적지 않다. 예를 들어

예 24 무자일. 출산점. 산지박→풍지관

```
        財寅 |  雀
   官巳  孫子 ‖ 世龍
        父戌 ‖  玄
        財卯 ‖  虎
        官巳 ‖  應蛇
        父未 ‖  句
```

자수자손이 절로 화하고 귀로 변하였다. 오늘 거적때기에 떨어지자마자 죽으리라! 청룡이 자손에 임하였으나 이래도 기쁘다고 하겠는가?[55]

---

[55] 복서정종 십팔문답 12.
사생묘절편중의 예에 이 점례가 있는데 거기에는 아래와 같이 내용이 덤으로 붙어 있다.
"이 사람이 또 나에게 묻기를 "자손 치일置日에 청룡까지 있는데 어찌 그렇게 맞출 수 있었는가?" 답하기를 "일진 자손은 금일이며 사시도 금시다. 나오자마자 죽은 것은 길신이 절로 화하고 귀로 화하였기 때문이다."

| 예 25 | 신월 갑진일. 형의 병점. 수뢰둔→중뢰진

```
            兄子 ‖ 玄
     父申  官戌 ⚊應 虎
     財午  父申 ⚌ 蛇
            官辰 ‖ 句
            孫寅 ‖ 世朱
            兄子 ⎮ 龍
```

자수 형효가 용신이 되는데 괘 중에 기신·원신이 같이 동했으니 토동해 신을 생하고 신금이 동하여 자수를 생하며 월건이 또 자수를 생하니 무신일에 병상에서 일어나리라!

어찌 등사가 동했으니 주사主死한다고 하겠으며, 백호가 동하면 주상主喪한다고 하겠는가?

| 예 26 | 진월 기사일. 회시會試점. 풍지관→천지비

```
            財卯 ⎮ 句
            官巳 ⎮ 朱
     官午  父未 ⚌ 世龍
            財卯 ‖ 玄
            官巳 ‖ 虎
            父未 ‖ 應蛇
```

청룡이 미토 文章(父를 이르는 말)에 지세하고 동하여 회두생되었으며 일건이 오위 관성에 拱하면서 생세하니 수석을 의심할 필요가 없다.

| 예 27 | 미월 무진일. 관재로 인한 죄의 경중을 점. 중풍손→풍수환

```
          兄卯 | 世朱
          孫巳 | 龍
          財未 ‖ 玄
    孫午  官酉 ⚊ 應虎
          父亥 | 蛇
          財丑 ‖ 句
```

세가 묘목에 임하여 미월에 墓가 되고 유금귀가 동하여 세효를 충극하고 있으며 더불어 백호가 임하였으니 이름하여 "칼을 지닌 백호"[56]라 하니 주로 죄의 흉함이 극에 다다랐다.

묻기를 "어느 때이겠습니까?"
내가 말하기를 "유금이 오화로 화하여 지금은 장애가 없겠으나 가을 후에는 조심하라." 과연 가을이 되자 형을 당하였다.

이상의 두 괘는 소위 청룡을 보면 더욱 길하고 백호를 만나면 흉이 더해진다고 하는 예인 것이다.

---

[56] 백호가 신유에 있는 것을 말함.

17 육합

◆ 자축합子丑合 인해합寅亥合 묘술합卯戌合 진유합辰酉合 사신합巳申合 오미합午未合 상합相合하는 법에 여섯 가지가 있다.

① 일월이 효와 합하는 경우

역자예 1. 중수감 축월점

```
兄子 ‖ 世
官戌 |
父申 ‖
財午 ‖ 應
官辰 |
孫寅 ‖
```

축월점에 감괘를 얻었는데 세효 자수가 월건과 합合되는 것이다.

② 효와 효가 합한 경우

역자예 2. 천지비

```
父戌 丶 應
兄申 |
官午 |
財卯 ‖ 世
官巳 ‖
父未 ‖ 伏子孫
```

예를 들어 천지비괘를 얻었는데 세응 이효가 다 동하여 묘와 술이 합되는 것과 같은 것이다. 단 한효가 동하지 않았다면 합이 되지 않는다.

③ 효가 동하여 화하여 합한 경우

역자예 3. 천풍구

```
           父戌 |
           兄申 |
           官午 | 應
           兄酉 |
           孫亥 | 伏寅財
    孫子   父丑 ‖ 世
```

예를 들어 천풍구괘를 얻었는데 세효 축이 동하여 자수를 화출해 자수와 합되는 것과 같은 것이다.

④ 괘가 육합을 만난 경우

역자예 4. 천지비

```
    父戌 | 應
    兄申 |
    官午 |
    財卯 ‖ 世
    官巳 ‖
    父未 ‖ 伏子孫
```

예를 들어 천지비괘를 얻었는데 내외 육효가 스스로 상합한 경우 같은 것이다. 동하지 않아도 그렇다.

(즉 초효미와 사효오·이효사와 오효신·삼효묘와 육효술과 육합되어 괘자체가 육합괘를 이루었다.)

⑤ 육충괘가 변하여 육합괘가 되는 경우

```
    兄酉   父戌 ✕ 世
    孫亥   兄申 ✕
    父丑   官午 ✕
           父辰 | 應
           財寅 |
           孫子 |
```

역자예 5. 중천건

예를 들어 점쳐서 중천건괘를 얻었다면 육충괘가 된다. 만약 외괘 삼효가 다 동하여 지천태로 변했다면 이것을 육충이 변하여 육합이 되었다고 하는 것이다.

(즉 초효자와 사효축과 자축합, 이효인과 오효해와 인해합, 삼효진과 육효유와 진유합된다.)

⑥ 육합괘가 변하여 육합괘가 되는 경우

역자예 6. 화산려

```
         兄巳 |
         孫未 ||
 孫戌    財酉 × 應
         財申 | 伏亥官
         兄午 ||
 父卯    孫辰 || 世伏卯父
```

예를 들어 점쳐 화산려괘가 산화비괘로 변한 것 같은 경우다.
(화산려는 1 4, 2 5, 3 6, 으로 육합되고 산화비 역시 1 4로 육합된다.)

◆ 효가 합될 때 정靜한데 합을 만나는 것을 합기合起라 하고 동한데 합을 만나면 합반合絆이라 하며 효와 효가 합하는 것을 합호合好라 하고 효가 동하여 합으로 화하는 것을 화부化扶라고 한다.

　효가 정한데 혹 일월동효와 합되면 합을 얻어 일어나니 설사 효가 휴수해 있을지라도 역시 왕상한 뜻이 있고 효가 동한데 일월동효와 합되면 동하여 합을 만났으니 "반주絆住되었다"고 하여 도리어 동할 수 없는 뜻이 있게 된다. 효가 동하여 동효와 상합하면 타가 나와 합해 온 것이니 나와 사이좋게 상조함을 뜻한다. 효가 동하여 화출한 효와 회두상합되면 화부化扶라고 하는데 다른 이의 도움을 얻는다는 뜻이 있다.

　대개 여러 종류의 합을 얻으면 모든 점占에서 모두 길이 되는데 공명점에는 공명을 이루고 이익점에는 이익을 얻으며 혼인점에는 반드시 이뤄지고 자신점에는 발달하고, 가택점에는 흥왕하며 풍수점에는 기가 모여 바람을 가두고 도모하는 바를 구하는 점에는 마음먹은 대로 되나 반드시 용신이 유기하여야 서로 마땅하다. 용신이 만약 실함失陷하면 어쩔 수 없다.

『복서전서卜書全書』에 말하기를 "만사에 기쁜 것은 삼합·육합이며 모든 일이 오래가고 유시유종하니 길사에 만나면 반드시 얻고 흉사에 만나면 귀결이 쉽지 않다." 했다.
예를 들어

예 28 축월 무신일. 세고점(歲考). 중수감→택수곤

```
        兄子 ‖ 世
        官戌 │
兄亥    父申 ‖
        財午 ‖ 應
        官辰 │
        孫寅 ‖
```

세효 자수가 축월과 합되고 신일은 부모가 되어 생세하고 있다. 괘 중에 신금 또한 동하여 육충이 육합으로 변하였다. 괘가 전미하다 할 수 있으니 일 등으로 합격할 것임이 틀림없다.

과연 1등으로 붙었다. 전에 시험에서는 4등이었으나 자년 시험에서 높게 합격한 것은 육충이 육합으로 변해 먼저 어려웠다가 뒤에 발달하는 상이 됐기 때문이다.

예 29 술월 정묘일. 송사점. 지천태

```
孫酉 ∥ 應
財亥 ∥
兄丑 ∥
兄辰 | 世
官寅 | 伏巳父
財子 |
```

이 괘는 비록 육합을 만났으나 단 좋지 않은 것은 술월이 충세(沖世)하는 것이다. 묘일도 세를 극하며 응효는 암동되고 월건의 생을 얻었으므로 저쪽이 뜻을 얻을 것이니 송사는 반드시 지겠다.

이미 곤장을 맞은 것은 묘목이 극세한 때문이다. 용신이 극을 받으니 육합인들 무슨 유익이 있겠는가? 그래서 대개 여러 합을 얻을 때 만약 세효가 실함되면 길로 단정하기 어려운 것이다.

예 30 신월 병자일. 출행점. 지화명이→뇌산소과

```
        父酉 ∥
        兄亥 ∥
財午    官丑 ∥ 世
        兄亥 | 伏午財
        官丑 ∥
        官辰  孫卯 ⼁ 應
```

세가 동했으나 자일과 합주合住되었으므로 반드시 묶이게 되니 몸이 움직일 수 없다. 또 괘 중에 손이 동하여 귀로 변하였으니 아녀의 안부나 걱정하라! 저 사람이 말하기를 "정히 여식이 병든 것 때문에 남자 쪽에서 혼인을 재촉하니 지금 혼수품을 준비하고자 밖에 나가려고 합니다."

내가 말하기를 "갈 수 없겠다. 묘목 자손이 신월에 절되고 자일의 형이 되며 또 동하여 귀로 변하고 있으니 시집을 미처 보내지 못할까 싶다." 후에 병으로 인해 이 사람이 가지 못하고 여식이 진일에 죽었다.

대저 가지 않은 것은 세가 동했으나 합을 만난 것 때문이고 여식이 진일에 죽은 것은 묘목자손이 진토귀로 변하였기 때문이다. 이상 효가 합을 만나고 괘가 육합을 만났을 때의 점험이다.

내게 또 육충괘가 육합괘로 변한 점험이 있으니 가령

예 31 | 미월 정사일. 한번 어그러졌던 결혼이 장래 다시 이뤄질 것인가? 중화리→화산려

```
兄巳 | 世
孫未 ‖
財酉 |
官亥 | 應
    子丑 ‖
孫辰 父卯 ╱
```

이 괘가 종래 같으면 길하다 말할 수 없으나 경험으로 보건데 육충이 육합으로 변하면 흩어졌다가 다시 모이는 상이 있었으니 이 혼인은 일정하게 이뤄질 것이다. 과연 다음해 삼월에 다시 결혼하였다.

안按 : 여러 합諸合에서 모두 용신이 왕한 것이 길이 되나 유독 육충괘가 육합괘로 변하면 용신을 보지 않고서도 길로 판단한다.

혼인점에서는 먼저 안 되다가 뒤에 되고 부처점이라면 처음에는 의견 대립이 있다가 뒤에는 화목하게 되며 공명점에는 처음에는 곤란하다가 나중엔 영화로우며 도모하고 바라는 점에도 먼저

어렵다가 뒤에 쉽게 된다. 신명점에는 먼저 어렵다가 뒤에 편해지고 풍수점에는 교묘한 곳에서 기이함을 만나며 가택점에서는 먼저는 쇠했다가 후에는 성해지고 처자식점에는 헤어진 자와 끝내 만나 합하게 되며 전원田園점에서는 팔렸던 것이 옛날대로 다시 돌아오게 된다.

◆ 효가 육합을 만나면 이미 길조가 되는데 동하여 또 육합으로 변하면 시종 아름답고 상서롭다.

풍수점에는 백대에 벼슬을 하게 되고 택사宅舍점에는 천추의 기업基業이 되며 혼인점에는 흰머리가 되도록 같이 산다.

동업 점에서는 관중管仲과 포숙아鮑叔牙[57], 뇌의雷義와 진중陳重[58]의 사이와 같이 우애가 있고 공명점에서는 벼슬길이 형통하고 재백점에서는 돈을 산처럼 쌓게 된다.

형제점에서는 여러 세대가 동거할 수 있으며 학예學藝점에서

---

[57] 관중管仲과 포숙아鮑叔牙 : 서로에 대한 믿음과 의리가 결코 변하지 않는 친구사이를 가리키는 고사성어 관포지교管鮑之交의 주인공, 관중과 포숙아는 어릴 적부터 친구로 함께 장사를 했는데 관중이 제 몫을 더 챙겼지만 포숙아는 관중이 가난하다는 걸 알고 관중을 욕심쟁이라 하지 않고 관중의 어떠한 실패도 잘못도 그 처지를 이해하며 사이좋게 지냈으며 정치적 사건으로 관중이 죽을 위기에 있었어도 포숙아가 적의 편의 관중을 제환공에게 천거하여 춘추시대에 가장 강한 제齊나라를 만들게 했다.

[58] 뇌의雷義와 진중陳重 : 후한 때의 두 친구인 이들은 뇌의가 벼슬에 천거되자 진중에게 사양했으나 자사가 들어주지 않자 뇌의는 거짓 미친 체하고 머리를 풀어 헤쳐 명에 응하지 않으니 삼부에서 동시에 두 사람을 다 불러 벼슬을 주었다. 이에 사람들이 이 두 사람의 우정을 아교와 옻칠같이 굳은 우정의 상징으로 기리게 되었다.

는 시종 성취할 수 있고 수련점에서는 정한 날에 단丹을 이룰 수 있다.

　이상의 제점에서 용신이 왕하고 일월에 임하면 길하고 또 길하지만 오직 송사·감옥점에는 불리하니 원한과 원수를 풀기 어렵다. 근심과 의심이 있는 괴이한 일에 관한 점에도 끝내 마음을 놓지 못하게 되고 잉태점에는 태가 편안하나 출산점에는 낳기 어려우니 다시 만약 용신이 극을 받으면 흉을 더하게 된다.

　예를 들어

예 32 　묘월 갑인일. 풍수점. 택수곤→수택절

```
        父未 ‖ 玄
        兄酉 │ 虎
兄申  孫亥 ╱應蛇
        官午 ‖ 句
        父辰 │ 朱
官巳  財寅 ‖ 世龍
```

조상의 선영을 점했으니 반드시 연고가 있을 것이다. 이제 나에게 분명히 말하라. 그래야 판단하겠다.

저 사람이 말하기를 "장례를 치른 후 공명은 논죄를 당하고 쉰 살이 되도록 자식도 없는데 혹 이 묘 때문에 문제가 있는 것입니까?"

내가 말하기를 "청룡이 오른쪽 맥으로부터 왔고 물 역시 왼쪽으로 흐르는데 멀리 원류가 되는 물이 길을 따라 흘러 돌아오지 않기 때문이다".

저 사람이 묻기를 "어떻게 아십니까?"

내가 말하기를 "해수 자손이 신금으로 화하여 생하고 신은 원류가 되는데 인일이 충산하니 물이 근원으로 흐르려 해도 옆으로 흐르지 못하는 것이다. 내년에 다시 벼슬에 오르고 신년에는 반드시 자식을 낳을 것이다."
저 사람이 묻기를 "오래가겠습니까?"
내가 말하기를 "육합이 육합으로 화하였으니 만 세까지 안연하리라."

◆ 고법에 자축합에서 축중에 토가 있어 토가 자수를 극하니 이름하여 합이 된 중에 극을 대동하고 있다 하여 극은 3할이고 합은 7할이며 사신합도 사화가 신금을 극하니 이름하여 극이 7할이고 합은 3할이라 했다.
　이것은 통론通論이 아니다. 내가 경험한 바로는 자축합이 만약 진술축미월일의 점이고 자수를 다른 곳에서 생부함도 없다면 극이라 할 것이지 합이라고 말할 수 없으며 만약 생부함이 있다면 합으로 논한다. 그래서 자수가 축월을 만나거나 술토가 묘월을 만나거나 신금이 사월을 만나며 다시 동효의 극을 받으면 극하고 또 극할 것이니 어찌 능히 합이라 하겠는가?
　고법에서처럼 극3합7·극7합3처럼 말한다면 길흉을 물을 때 이렇게 답해서야 어떻게 그 의심을 풀겠는가? 예를 들어

| 예 33 | 축월 경진일. 자식의 병점. 산지박

```
財寅 |
孫子 || 世伏申兄
父戌 ||
財卯 ||
官巳 || 應
父未 ||
```

자수자손과 축월이 합된다. 괘에 생부가 없으니 극이라 하지 합이라고 말할 수 없다.
또 일진의 극제까지 받으며 진일이 또 술토를 충동하여 자수를 극하므로 진시를 만나면 살기 어려울 것이다. 과연 그때가 되자 죽었다.
이것은 합중에 극을 만나 병에서 구해지지 못한 것이니 어찌 극 3합7이라 말할 수 있겠는가?[59]

[59] 육합중 인해합·진유합·오미합은 서로 생이 되므로 문제가 없으나 자축합·사신합·묘술합 이 셋은 흉으로 논할 소지가 있다.
① 자축합 - 자가 축으로 변하면 회두극이 되어 흉괘가 된다. 일월이 자를 부조扶助하면 소흉이 되고, 일월이 자를 부조扶助하지 않으면 대흉한다. 축이 자로 변하면 소흉하다.
② 사신합 - 일월이 금을 도우면 사가 신으로 변하든지 신이 사로 변하든지 간에 모두 길로 논한다. 이것은 금장생이 사에 있게 되기 때문에 장생합이 되어 길하게 되는 것이다. 이것은 자축합에서 자가 힘을 얻을 경우나 묘술합에서 술이 일월의 힘을 얻을 경우에서 논하는 것과 약간 차이가 있다. 사신합에서 신이 일월의 힘을 얻으면 위 두 경우와는 달리 금장생이라는 측면을 고려해야 하므로 일월의 힘을 얻기만 하면 사가 신으로 변하든지 신이 사로 변하든지 간에 길하다고 하는 것이다. 그러나 일월이 화를 부조하고 있으면 사가 신으로 변하면 극합되어 소위 고인들이 말한 "합7극3"과 같은 것으로 소흉하고 신이 사로 변하면 말할 것도 없이 회두극이 되는 것이니 대흉하다.
③ 묘술합 - 자축합의 경우와 같다. 묘가 술로 변하면 소흉하며 술이 묘로 변하면 회두극이 되어 대흉하다. 그렇더라도 일월이 술을 부조하고 있으면 소흉하다.

18 삼합

◆ 신자진 수국, 사유축 금국, 인오술 화국, 해묘미 목국. 이 삼합에도 네 가지가 있다.
　① 한 괘 안에 세 개의 효가 동하여 합국한 경우
　② 두 효가 동했으나 한 효는 동하지 않았어도 역시 합국이 이뤄지는 경우
　③ 내괘 초효 삼효가 동하고 동하여 변출한 효와 삼합을 이루는 경우
　④ 외괘 사효와 육효가 동한데 동하여 변출한 효와 삼합을 이루는 경우[60]

[60] 복서정종 십팔문답 4.
　원신과 용신이 국을 이루면 길하고, 기신과 구신이 국을 이루면 흉하다. 성국하면 당을 짓는 것이니, 괘 중에 동효인들 누가 감히 제하겠는가?
　만약 세 개의 효가 다 발하여 합해 용신국을 이룬다면 반드시 한 효는 용신이 있어야 하고, 합해 원신국이 이뤄지면 반드시 한 효는 원신이 있어야 하며, 또 합해 기·구신국을 이룬다면 반드시 일효는 기·구신이 있어야 하는데, 그 중 한 효를 종宗으로 삼아 병인病因을 살펴 판단해야 한다.
　그 병인이라고 하는 것은 혹 일충을 만나 암동되거나 실되거나(이 말은 동공動空한 효가 일진의 충을 만나는 것) 파되거나 하는 것으로 만약 충파되었으면 반드시 상합하는 때를 기다려야 길흉이 응기된다.
　만일 한 효는 정靜하고 두 효는 동했다면, 정한 효와 같은 일이나 월에 응기하는 것이다. 예를 들어 두 효는 발하고 한 효가 정한데 공을 만나거나, 동한데 공을 만나거나 혹은 화하여 공을 만나면 그 출공하는 때를 기다려 길흉이 응사되는 것이다.
　만약 공되고 합되거나, 정된 채 합되거나, 동한 채 합된다면 반드시 충하는 때를 기다려 길흉이 응기된다. 만일 자화합自化合 혹 일합, 자화묘自化墓, 혹 일에 묘되

내가 이 삼합국에 대해 살피건대 흉이 되기도 하고 길이 되기도 한다.

예를 들어 공명점을 쳐 합성관국하면 관왕하다 하고 만약 합성재국하면 재왕생관한다 하며 만일 합성자손국하면 상관의 신이 된다.

구재점에 만약 합성재국하면 재의 창고財庫라 하며 합성자손국하면 자손국이 생재한다고 하며 만일 합성형제국하면 재를 파모하게 되어 장애를 일으키는 신이 된다.

조상의 묘나 가택을 점할 때는 부모효가 합국하는 것이 좋으며 혼인·부부점을 할 때는 재관이 왕하여 합국하는 것이 좋고 구원ㅅ遠한 희경사에 대한 점에서는 국을 이루는 게 좋은데 그렇게 되면 견고하게 된다.

만약 관재소송·근심스런 일에 대한 점일 때, 합국하면 종신 그 마음에 맺히게 되어 벗어나기 어렵다.

단 삼합된 그 국이 용신이면서 왕하면 길하지 않음이 없고 더욱 세효가 국 중에 있어야 아름답게 된다. 만약 세가 국 중에 있지 않으면 반드시 국이 세효를 생해야 비로소 길로 판단하지 만약 국이 세효를 극한다면 흉으로 추론한다.

면 반드시 충하는 때를 기다려야 하고 (이 말은 삼효가 다 발했을 때 이효에는 병이 없는 상태에서 自化함을 말한 것이다.) 만일 자화절이나 일에 절되면 반드시 그 생을 받는 때를 기다려야 길흉이 응사할 것이다.(역시 일효에 병이 있을 때를 말한다.)

일건·월건에 대해서는 단지 그중 하나만 국 중에 있어도 국이 왕하게 되었다 하여 더욱 길하게 된다.

삼효가 만약 두 효의 동에 그칠 뿐이면 성국이 되지 않지만 반드시 뒤이어 오는 월일에 나머지 하나가 채워짐을 기다려야 그 국이 합해서 이뤄지는데 이것을 "허일대용虛―待用"이라 한다.

한 효는 명동明動하고 한 효는 암동暗動해도 역시 두 효의 동이 되는 것이니 삼합국 중에 하나가 공·파가 되면 전실塡實(비어 있는 것이 가득 차거나 메워지는 것)되는 월일을 기다려야 이뤄진다.

마찬가지로 한 효가 입묘하고 있다면 충개하는 날을 기다려야 이뤄진다.

다시 마땅히 알아야 할 것이 있는데 만일 공명점에 삼합관국이 되면서 생세하고 있으면 나에 이로우며 응을 생하면 다른 사람에게 이롭고, 재물점을 쳐서 재국이 이뤄져 세를 생하면 나에게 이롭고 응을 생하면 다른 사람에게 이롭다.

출행점을 쳐서 용신이 삼합 내에 있으면 합되어 머무르게 되며, 행인점을 쳐서 용신이 삼합 안에 있으면 합되어 돌아오지 못하고 또 내괘·외괘가 각기 삼합을 이루게 되는 경우도 있는데 반드시 내외를 나눠야 한다.

예를 들어 가택점을 치는데 만약 집 안에 있어야 한다면 외괘가 내괘를 극해서는 안 되며, 만약 바깥 집에 거해야 한다면 반드시 내괘가 외괘를 생해야 한다.

만일 피차의 형세를 점할 경우라면 내괘는 내가 되고 외괘는 타인이 되니, 외괘가 합국해 내괘를 생하면 길이 되고 내괘를 극

하면 흉이 된다. 예를 들어

예 34 묘월 정사일. 위아래 촌이 밭의 물 때문에 서로 다투어 점을 침. 중화 리→중지곤

```
財酉  兄巳 ⸝ 世
     孫未 ‖
孫丑  財酉 ⸝
父卯  官亥 ⸝ 應
     子丑 ‖
孫未  父卯 ⸝
```

내괘는 나의 촌이 되는데 해묘미 합으로 목국이 되었고 외괘는 다른 촌이 되니 사유축으로 합성금국하여 금이 목을 극하여 저쪽이 이기고 우리 쪽이 질 상이다.
다행히도 쇠한 금이 왕한 목을 극하지 못하니 두려울 것이 없다. 항차 육충괘가 육충괘로 변하였으니 화해를 종용하는 사람이 있어 반드시 시비가 멈추리라. 후에 과연 권고로 흩어졌다.
혹 묻기를 "피차의 세력은 반드시 세응을 위주로 하는 것 아닙니까? 그런데 어째서 세응은 말하지 않습니까?"
내가 말하기를 "만약 내외의 합국이 없다면 반드시 세응을 봐야 할 것이나 지금 피차 두 촌락이 내외 양괘로 여러 무리가 마음을 같이하여 피차 합국했으니 묘하게 응험이 이렇게 드러난 것이다. 그러므로 세응을 버리고 쓰지 않았던 것이니라."
만약 괘가 육충으로 화하지 않았다면 시비가 없지는 않았을 것이다.

예 35 사월 정유일. 공명점. 중천건→수천수

```
孫子  父戌 ∦ 世
      兄申 |
兄申  官午 ∤
      父辰 | 應
      財寅 |
      孫子 |
```

왕관이 생세하고 있으니 이 결원이 생긴 자리는 반드시 얻을 것이다.
단 인오술 삼합관국에서 인寅자가 부족하니 반드시 인일을 기다려야 될 것이다. 과연 인일에 특별히 간략하게 제목을 써서 제출할 수 있게 되었는데 이것은 허일대용虛一待用한 것에 응한 것이다.

예 36 인월 병진일. 선거점. 중천건→풍천소축

```
      父戌 | 世
      兄申 |
父未  官午 ∤
      父辰 | 應
      財寅 |
      孫子 |
```

이 괘를 만약 고법에 의해 판단한다면 오화 관성 한 효만 독발[61]하였으니 오월에 될 것이다라고 하거나 동했으나 합을 만났으니[62] 반드시 충개를 기다려야 하므로 자축월에나 될 것이다 할 것이나 나는 이렇게 판단하지 않는다. 오화가 명동하고 육효 술토가 암동[63]해 삼합에 인이 모자라니 월건을 빌어 삼

[61] 하나만 동한 것을 말함.

[62] 오화가 미토를 화출하여 오미합된 것을 말함.

합을 이룬다. 그러므로 본월에 반드시 당선되리라! 과연 본월에 민閩(지금의 중국 복건성에 살던 미개종족의 하나)에서 당선되었다.

대저 민땅에서 당선된 것은 세가 육효에서 동했기 때문이고 또 관이 오화에 임했기 때문이다. 이것은 명동·암동으로 합성국한 것이다.

예 37 진월 정해일. 다시 복직할 수 있을까? 택지취→택화혁 / 오미공망

```
父未 ∥
兄酉 │ 應
孫亥 │
亥財 財卯 ∦
    官巳 ∥ 世
卯父 父未 ∦
```

내괘가 해묘미 합성재국으로 세효인 사화관을 생하고 세효 사화에 역마가 임하여 있으며 해일이 충하여 암동하니[64] 꼭 아까운 돈을 쓰지 않아도 미월에

[63] 충된 술토가 일진과 같은 토이기 때문에 충되어도 일파라 하지 않고 암동이라고 한 듯함.

뒤에 암동에 대해 나오지만 이 책 전체에 걸쳐 암동에 대한 적용은 이현령 비현령식인 경우가 많다. 필자는 책 전체를 살피면서 암동에 대한 잘못된 적용법에 대해서는 일일이 주를 달아 지적하였다. 유념해 보기 바란다.

원래 암동이란 일건이 육효중에 정효靜爻를 충할 때 그 충된 효가 월에 힘을 얻어야만 암동이 되고 그렇지 않으면 日破가 되는데 여기서는 진일이 술토를 충했지만 술토는 인월에 死되므로 이치적으로 말하자면 일파라 할 수 있지 암동이라 할 수 없다. 독자 여러분은 이 부분을 주의해야 할 것이다. 이 책 전체에 걸쳐 암동에 관한 부분은 이런 식으로 원리와는 다르게 적용된 곳이 많은데 이것을 보면 어쩌면 일건에 의해 충당한 효는 모두 암동으로 보는 대만의 어떤 학자의 견해도 일리가 있어 보인다.

[64] 여기서는 이론적으로는 암동이 안 되고 일파가 된다.

는 복직을 허락받게 되고 다시 좋은 결원자리를 얻게 될 것이다. 후에 과연 복직되어 초중(楚中 : 호북성)에 임명되었다. 미월에 응한 것은 실공의 달이 되기 때문이다.[65]

역자예 1 ․ 축월 기묘일. 아버지의 급병점. 중천건→산화비

```
父戌 | 世
孫子 兄申 ⟋
父戌 官午 ⟋
     父辰 | 應
父丑 財寅 ⟋
     孫子 |
```

세효 술토부모가 용신이다. 근병에 일과 합하니 마땅치 않다. 다행스러운 것은 인오술 합성화국이 용신술토를 생하고 있으니 대체적인 상은 무방하다. 단 술용신효가 합되었으니 반드시 내일 진일이라야 합에 충을 만나니 병이 나을 것이다. 과연 나았다.

---

[65] 오미가 공망으로 초효가 공망에 걸렸으므로 출공되는 달이다.

역자예 2 축월 무오일. 병점. 중화리→지화명이 / 자축공망

```
     財酉  兄巳 ╱ 世
           孫未 ‖
     孫丑  財酉 ╱
           官亥 │ 應
           子丑 ‖
           父卯 │
```

묘목 부모가 용신이다. 외괘가 사유축 합성 금국하여 용신을 극하고 있으나 이효 축토가 순중공망되므로 순내에는 무방이라 하나[66] 을축일을 조심하라.
과연 축일 유시에 죽었다.

축일에 응한 것은 순공을 벗어나는 일이기 때문이다.[67]

역자예 3 미월 무신일. 자식이 어느 날 돌아오겠는가? 화택규→화풍정

```
           父巳 │
           兄未 ‖ 伏子財
           孫酉 │ 世
     孫酉  兄丑 ╱
           官卯 │
           兄丑  父巳 ╱ 應
```

내괘가 사유축 합성금국으로 용신국을 이루었다. 축토는 월파가 되었으니 반드시 입추후 갑자일을 기다려야 돌아오리라.
과연 그러하였다. 입추 후에 응한 것은 축토가 월파되었으니 미월이 지나가면 파도 나가기 때문이다. 또 갑자일에 돌아온 것은 이 파가 봉합하였기 때문이다.

---

[66] 사유축삼합에 축이 공망이 되므로 삼합이 제대로 안 이뤄짐.

[67] 왜 이 괘에서는 정한 이효 축토를 가지고 논하였는가 문제인데 이것은 삼합하는 경우는 일효는 정하고 이효는 발하였을 경우는 반드시 정효가 치일罷日할 때라야 응사하는 것이고 또 가령 정효가 공망을 만나거나 혹은 동하여 내외가 양국을 이루면 피차간에 출공을 기다려 응사하기 때문이다.

역자예 4 사월 병신일. 아버지가 어느 날 돌아오겠는가? 산천대축→중천건

```
        官寅 |
孫申  財子 ‖ 應
父午  兄戌 ‖
      兄辰 | 伏申孫
      官寅 | 世伏午父
      財子 |
```

인오술 삼합 부국으로 유독 인을 일이 충하고 또 신일에 절되니 기해일에는 반드시 돌아오리라. 과연 그러하였다. 기해일에 온 것은 충중봉합해 절처봉생되었기 때문이다.[68]

역자예 5 축월 무진일. 탄핵을 걱정하는 점. 수풍정→풍택중부/술해공망

```
兄卯  父子 ‖
      財戌 | 世
      官申 ‖ 伏午孫
財丑  官酉 ⚊
      父亥 | 應伏寅兄
孫巳  財丑 ‖
```

이 괘가 심히 기이하다. 세가 공되나 일과 충되니 공이 안 된다. 세가 극을 받지 않고 암동하므로 참론함이 없으나 이임은 면치 못하겠다.
묻기를 "이미 참론參論이 없다면 어떻게 이임되겠습니까?"

[68] 여기서 충중봉합이라는 것은 단순히 단효單爻 용신효로만 추리한 것이 아니기 때문에 오화문서에 대조해서는 안 되고 삼합 시에는 그 괘상의 상황에 따라 병이 되는 핵심적인 한 효를 기준으로 정하는 법칙에 의하여 이 괘에서는 이효 인목이 일의 충을 받고 또 신에 절되어 병의 인자가 되었기 때문에 인을 기준으로 한 것이다.

내가 말하기를 "세효가 암동하니 반드시 동요한다. 내괘가 금국이 되고 응을 생하니 이로 말미암아 이 직위가 다른 사람에게 속한 줄 알겠다."
과연 그러하였다.

역자예 6 | 인월·무오일. 이 땅에 묘를 만드는 것이 좋을까? 산뢰이→천뢰무망

```
       兄寅 |   朱
 官申   父子 ‖ 伏巳孫龍
 孫午   財戌 ‖ 世玄
       財辰 ‖ 伏酉官白
       兄寅 ‖   蛇
       父子 |   應句
```

세효술토가 봄에 휴수되나 오화자손으로 화하여 회두생되고 일진·월건과 삼합이 이뤄진다. 청룡이 수에 임하고 신 장생으로 화하여 수원이 극히 멀다. 반드시 왼쪽머리로부터 비롯된다. 단 월파로 화하고 술토가 일진을 극해 충산하니 이 물이 때로 마르지 않는가?
저 사람이 말하기를 "그렇습니다."
내가 말하기를 "무방하다. 괘중에 일월이 지세하고 자손과 삼합을 이루니 자연히 망자가 편안하고 생자는 즐거우리라. 묘를 쓰면 반드시 발할 것이다."
진년에 하장하고 유년에 자손이 과거에 합격하고 자년에 둘째 아들이 또 향방에 등과하였다.

역자예 7 사월 갑진일. 어느 날에 비가 그치겠는가? 화풍정→화택규

```
        兄巳 |
        孫未 ‖ 應
        財酉 |
孫丑    財酉 ✕
        官亥 | 世
兄巳    孫丑 ‖ 伏卯父
```

만약 고법에 집착한다면 부가 복신되고 공되었으니 비가 오지 않으며 재와 손이 동하였으니 청명하겠다 하겠으나 나는 그렇지 않다. 사유축 합성재국하여 극부하므로 부가 만약 공되지 않고 극을 받았다면 비가 그치려니와 복신이 되고 또 공이 됐기 때문에 극을 피했다고 말할 수 있으니 그 비가 그칠 수 없다. 반드시 묘일에 복신이 투출하고 출공하여 극을 당해야 비로소 비가 그칠 것이다. 후에 갑인일에 그 비가 더욱 많아지더니 묘일에 크게 맑았다.

인일은 비록 출공하였으나 인이 괘중에 없어 극을 받지 않았기에 큰 비가 온 것이다.

역자예 8 유월 신묘일. 처가 가서 시끄럽게 했는데 얻을 수 있는가? 뇌풍항
→산풍고

```
兄寅   財戌 ∥ 應
       官申 ∥
財戌   孫午 ㇒
       官酉 | 世
       父亥 | 伏寅兄
       財丑 ∥
```

만약 고법에 집착한다면 재가 동하고 손이 생하니 반드시 얻겠다고 하겠으나 그렇지 않다. 응상의 재는 재가 아니고 이웃 친구의 처다. 인오술합성화국해 응을 생하나 세를 극하고 묘일이 응과 합하며 또 세를 충하니 이름하여 출현했으나 나에게는 무정하고 회국이 타에 유정하니 반드시 이웃사람의 처가 얻을 것이다. 과연 그러하였다.

19 육충

♦ 자오충子午沖 축미충丑未沖 인신충寅申沖 묘유충卯酉沖 진술충辰戌沖 사해충巳亥沖
♦ 상충의 법에도 여섯 가지가 있다.
  ① 일월이 효를 충하는 경우
  ② 괘가 육충을 만나는 경우
  ③ 육합괘가 육충으로 변하는 경우
  ④ 육충괘가 육충으로 변하는 경우
  ⑤ 동효가 충으로 변한 경우
  ⑥ 효와 효가 충하는 경우

충이 되면 흩어진다. 모든 흉사점에는 충해서 흩어지는 것이 좋고, 길사점에는 좋지 않다. 그러나 반드시 용신을 겸해서 말해야 한다.

용신이 만약 왕하다면 비록 충한다 해도 장애가 없고 용신이 실함되었다면 흉하고 또 흉하다. 그러나 육합괘가 육충괘로 변하면 용신이 왕하다 해도 처음은 길했다가 나중엔 흉하게 된다.

모사가 비록 이뤄진다 해도 용두사미가 된다.

♦ 효의 충에도 다섯 가지가 있다.
  ① 효가 월과 충하는 경우 – 월파가 된다.

② ③ 효가 일과 충되는 경우 - 암동이 된다. 휴수한 상태서 일충을 보면 이때는 일파라 한다.

④ 동효가 스스로 회두충으로 화하는 경우 - 이 경우는 원수를 만난 것과 같다.

⑤ 효와 효끼리 충하는 경우 - 상격相擊 즉 서로 부딪친다고 한다.

예 38 해월 임자일. 자식이 다른 사람과 다퉜는데 해를 당할 것인가? 뇌천대장→지천태

```
      兄戌 ‖
      孫申 ‖
兄丑  父午 ╱ 世
      兄辰 │
      官寅 │
      財子 │ 應
```

육충이 육합으로 변하였으니 반드시 다른 사람의 권고로 풀어질 것이다. 부효가 지세해 극자하니 아비가 자식을 나무라는 상이지 다른 사람의 해를 받는 것은 아니다. 다른 사람이 다투는 이유를 말해보라 했더니 그 자식에게 잘못이 있었으므로 그 아비가 몽둥이로 때리려다가 말리는 바람에 그만두었다. 대저 맞지 않은 것은 육충이 육합으로 변했기 때문이며 아버지가 자식을 때리려 권고를 받은 것은 일진자수가 세효를 충극했기 때문에 자식을 때릴 수가 없었던 것이다.

다른 책에서 "가장 중히 여긴 것은 동해 충을 만난 것으로 이것을 散이라고 하여서 산이 되면 공과 같이 전혀 없는 상이라. 생부함이 있어도 구할 수 없다"고 했다.

그러나 지금 이 괘의 결과로 보건데 오화세효가 동하고 겨울이

라 휴수가 극에 달았으며 동하고 자일의 충까지 만났지만 어찌 산이 되었겠으며 어찌 전무하다 할 수 있겠는가? 세효가 발동하면 身이 이미 동한 것으로 부가 동하여 자를 극하니 이미 자식을 때린 것과 같다.

내가 항상 논하기를 신의 징조의 기미가 동에 있으니 동하면 반드시 징험하였다. 그러나 왕쇠를 보는 것은 단지 경중을 나누는 것일 뿐이니 흩어지니 없는 것과 같다고 말해서는 안 된다.

예 38 사월 무술일. 재물점. 풍뢰익 / 진사공망

```
兄卯 | 應
孫巳 |
財未 ||
財辰 || 世伏酉官
兄寅 ||
父子 |
```

진토 재효가 지세하고 순공되었으나 술일이 공을 충하였은즉 실해졌다. 본일에 얻으리라.
과연 그렇게 되었다.

예 39 오월 병진일. 해외로 나가 무역으로 돈을 벌겠는가? 뇌풍항→뇌지예

```
      財戌‖ 應
      官申‖
      孫午│
兄卯   官酉✕世
孫巳   父亥✕伏寅兄
      財丑‖
```

세효 유금이 묘로 화하여 상충되었으니 반음괘다.
다행히 진일의 합을 만났으니 충중봉합되었고 또 술토재는 암동(진일과 충)되어 생세하고 있다.

그래서 비록 반복이 한결같지 않지만 재리가 있겠다.
과연 이 사람이 갔다 돌아오기를 세 번을 하더니 중도에서 돈을 벌었다.
전에 말하기를 "효가 동하여 충으로 화하면 원수를 만난 것과 같다"고 했는데 이것은 회두극으로 화한 것을 말한 것이다.
그러나 이 괘는 세효가 유금이고 묘로 화하여 충세하는 것이니 세를 극한 것은 아니다. 또 진일이 술토재를 충동하여 생세하였으니 길이 된 것이다.

예 40 유월 경자일. 문서점. 천수송→화택규

```
      孫戌 |
孫未  財申 ⚊
      兄午 | 世
      兄午 ‖ 伏亥官
      孫辰 |
兄巳  父寅 ‖ 應
```

인목 부모효가 문서가 된다. 동하여 생세하니 문서를 반드시 얻겠다.

단 꺼리는 것은 신금재가 동하여 문서를 극하는 것이다. 반드시 인일을 기다려 신금을 충거한 연후에야 문서가 발하겠다. 과연 인일에 얻었다.

고서에 "효가 효를 충해도 역시 산한다"고 했는데 왕상한 효는 능히 쇠약한 효를 충할 수 있기 때문에 이 괘의 신은 가을의 신으로 왕하지 않다고 할 수 없다. 그러나 왕금이 인을 충했지만 인목이 어찌 산하였는가?

예 41 자월 기사일. 도박으로 재물을 얻겠는가? 중지곤

```
孫酉 ‖ 世
財亥 ‖
兄丑 ‖
官卯 ‖ 應
父巳 ‖
兄未 ‖
```

세가 응을 극하니 내가 이기게 된다. 단 사일이 해수재를 충동하여 도리어 응효를 생하니 비록 교묘하게 할지라도 이길 수 없다.

다행히 괘가 육충을 만났으니 반드시 끝을 못 보리라. 과연 다른 일로 인해 흩어져 버려 잃은 돈이 얼마 안 되었다.

고서에 육충괘는 제점에 불길하다해서 내가 여러 번 시험했다.

그러나 용신이 실함되면 정말 길이 되지 않았지만 만약 용신이 득지해 있다면 반드시 용신으로 판단해야 한다.
그러나 병점에서 만큼은 원근의 차이를 둘 뿐[69] 용신을 쓰지 않고 근병에 충을 만나면 낫고 구병에 충을 만나면 죽는다.
또 풍수점에 육충괘는 주로 비사飛砂 주석走石이 있는 것을 의미하니 오래가지 못할 상이다.
이상 두 가지 경우 외에는 반드시 용신을 같이 봐야 한다.

예 42 유월 을미일. 자식이 나간 지 오래도록 돌아오지 않으니 생사가 어떠한가? 중지곤.

```
孫酉 ‖ 世
財亥 ‖
兄丑 ‖
官卯 ‖ 應
父巳 ‖
兄未 ‖
```

세가 자손에 임하고 월건에 임했으며 미일로부터 생을 받는다.
비록 육충괘라 할지라도 자식이 반드시 돌아오리라.
과연 자년에 점쳤는데 묘년에 득의해 돌아왔다. 이것은 정효 유가 충을 만나는 년(卯에) 응한 것이다.

---

[69] 근병인가 구병인가의 차이.

예 43 사월 갑인일. 스승을 초청하여 자식을 가르치려함. 천지비→중천건 / 자축공망

```
父戌 │ 應
兄申 │
官午 │
父辰   財卯 ‖ 世
財寅   官巳 ‖
孫子   父未 ‖ 伏子孫
```

이 괘는 응이 용신이 되며 세응이 상합하고 응이 술효에 임하고 사월의 생을 얻으니 배울 수 있으리라. 그러나 유독 꺼리는 것은 괘가 육충으로 변한 것이니 합이 충으로 변하여 오래가지 못할 징조다.

묻기를 "무슨 일로 오래가지 못하겠습니까?"

내가 말하기를 "자수자손이 순공에 있고 괘중에 미토부가 동하였으니 자손에게 변고가 있을까 두렵다."

과연 두 달 뒤에 그 자식이 병을 얻어 스승으로부터 오래 사사받지 못하고 자식이 죽었다.

대개 육합이 육충으로 변하면 제점에서 먼저 합했다가 뒤에 헤어지거나, 먼저 친하고 뒤에는 소원해지며, 먼저 영화롭다가 나중에 시들어지고, 얻었다가 다시 잃고 이루었다가 다시 패하며, 일이 풀렸다가 변하게 되는데 유독 관재·도적·결절사結絶事 등에는 가장 마땅하다.

예 44 오월 병자일. 전당포를 열려는데? 뇌천대장→중풍손

```
官卯  兄戌 ‖
父巳  孫申 ‖
兄未  父午 ∤ 世
      兄辰 |
      官寅 |
兄丑  財子 ∤ 應
```

세가 오화월건에 임하여 당시하였으니 일이 충해도 흩어지지 않는다.
또 미토로 화하였으니 화합되어 도움을 받아 길한 괘라 할 수 있겠다. 단 꺼리는 것은 육충이 육충으로 변하여 용신이 비록 왕하다 하나 반드시 열어봤자 오래가지 못할 것이다. 후에 과연 그렇게 되었다.

대개 육충이 육충으로 변하면 내외가 변동하거나 충격으로 변하여 반드시 상하 간 불화하고 친한 사람과 반목하게 되고 피차간 사함을 품고 있게 되어 시종 취할 수 없게 된다. 만약 용신이 다시 극을 받는다면 대흉한 징조다. 종합하자면 용신이 왕상해도 역시 오래가지 못한다.

예 45 신월 을묘일. 父子가 같이 잡혀 들어가서 점. 중풍손→중지곤

```
官酉  兄卯 ∤ 世
父亥  孫巳 ∤
      財未 ‖
兄卯  官酉 ∤ 應
孫巳  父亥 ∤
      財丑 ‖
```

이것은 괘가 변한 것으로 손목이 곤토으로 화하였으니 이름하여 화거化去하게 되었다 하며 화거하나 불극하니 무방한 것 같으나 단 세효가 귀로 변하면서 묘목이 유금으로 화하였으니 목이 금에

의해 상하였고 사화자손은 또 해수로 화하여 수가 화를 극하니 양효 다 피상되었으며 육충이 육충으로 변하고 어지럽게 충격하고 있으니 극흉한 괘다. 후에 과연 법대로 처리되었다.

살피건대 고법에 대개 육충괘는 관재에 이롭다 하여 그 충산함을 기뻐한다 했지만 반드시 일의 대소를 봐야 하며 또 겸하여 용신을 봐서 말해야 한다. 예를 들어 이 괘는 육충이 육충으로 변하고 관재에 충을 만났다 하나 흩어진다 하겠는가?[70]

| 역자예 1 | 38번 괘, | 역자예 3 | 44번 괘, |

| 역자예 4 | 45번 괘, | 역자예 6 | 41번 괘. |

---

[70] 복서정종 십팔문답 18.
육충과 육합 : 대개 육충괘에 일진과 상합되거나 변효가 상합되거나 하면 충중봉합이라 하고 육합괘가 일진과 상충하거나 변효와 상충하면 합처봉충이라 한다. 만일 기신을 충하고 용신을 합하면 이름하여 거살류은 去煞留恩이라 하여 매사에 길하고, 용신을 충하고 기신은 합하면 이름하여 류살해명 留煞害命이라 하여 사사건건이 흉하다.

역자예 2 사월 정유일. 문서가 어느 날 도착하겠는가? 중천건.

```
父戌 | 世
兄申 |
官午 |
父辰 | 應
財寅 |
孫子 |
```

응효가 순공되고 일진과 상합되니 진효부모가 용신이 된다. 갑진일에는 반드시 도착하리라.

과연 맞았다. 이 육충괘는 유독 용신과 합되어 충중봉합 되었고, 갑진일에 돌아온 것은 실공한 일이었기 때문이다.

역자예 7 진월 경오일. 회시(會試)점. 풍지관→천지비괘

```
       財卯 |
       官巳 | 伏申兄
官午   父未 ‖ 世
       財卯 ‖
       官巳 ‖
       父未 ‖ 應伏子孫
```

미가 지세하여 일진 오화관성을 화출하여 생합하니 일등으로 합격하리라.
과연 그랬다.

역자예 8   인월 갑오일. 자식의 구병. 뇌천대장.

```
兄戌 ‖
孫申 ‖
父午 | 世
兄辰 |
官寅 |
財子 | 應
```

구병에 육충이면 죽는다. 지금 신금 자손용신이 월파되고 오화지세하고 일진이 극하니 본일에 마땅히 흉을 보리라마는 괘중에 자수가 암동하여[71] 화를 제하니 오늘은 죽지 않고 내일(즉 미일) 자수가 수제받고 기신이 합을 만나니 내일을 조심하라. 과연 그날 진시에 죽었다.

역자예 9   묘월 갑오일. 뒤쫓아 가서 편지를 맡기려 하는데 만날 수 있을까? 천지비괘

```
父戌 | 應
兄申 |
官午 |
財卯 ‖ 世
官巳 ‖
父未 ‖ 伏子孫
```

괘가 육합을 만났으니 범사를 성취하리라마는 내일 미시 청명절에 한밤중에 쫓아가면 반드시 만나지 싶지만 청명월건은 진인데 응이 충을 당하고 충되면 만날 수 없을까 싶다. 과연 쫓아가 맡기려고 했더니 다음 날 배를 타고 떠나버렸다.

---

[71] 일파지 암동이 아니다.

역자예 10 사월 갑술일. 동향인에게 돈을 빌리려는 점. 지뢰복→뇌지예괘

```
        孫酉 ‖
        財亥 ‖
    父午 兄丑 ‖ 應
        兄辰 ‖
        官寅 ‖ 伏巳父
    兄未 財子 | 世
```

육합이 육합으로 변했으니 도모하는 것 모두 취할 수 있고 오래도록 동화同和할 수 있다.

단 해수 재효가 월파되고 유금원신이 순공되었으며 세에자수 재효가 미토를 화출해 회두극되었으며 또 일진이 진토를 암동시켜 자수를 극하고 축토 응효를 생부하므로 극이 지나치다. 은을 빌리는 일로 반드시 예기치 않는 일을 조심하라.

묻기를 "어제 친구가 나와 같이 가기로 약속했는데 혹시 허락하지 않겠습니까?"

내가 말하기를 "그 친구가 어떤 사람이냐?"

"광동인입니다."

내가 정색을 하고 같이 가지 말라 했다. 그러나 결국 은을 빌리러 나섰다가 몇 리 못 가서 그로부터 해를 당하였다.

역자예 11 사월 갑인일. 스승을 초빙하여 자식을 가르치려 함. 천지비→중천건 예 43과 내용 같음

```
   父戌 | 應
   兄申 |
   官午 |
父辰 財卯 ‖ 世
財寅 官巳 ‖
孫子 父未 ‖ 伏子孫
```

응효가 용신이 되는데 술부가 임하였으니 가르칠 수 있겠다만 유독 육합이 육충으로 변하는 것을 꺼린다. 그간에 무슨 변고가 있어 오래가지 못하리라.
묻기를 "무슨 일 때문이겠습니까?"
답하기를 "괘중에 초효 미토 부모가 자수로 화하고 자손이 순공되며 부가 동하여 수를 극하니 자손의 재변을 조심하라."
후에 오월이 되어 자수가 월파를 당하자 그 자식이 병 때문에 스승을 고사하고 말았다.

20 삼형

◆ 인형사寅刑巳 사형신巳刑申 자형묘子刑卯 묘형자卯刑子 축술상형丑戌相刑 미술상형未戌相刑. 또 말하기를 진오유해辰午酉亥는 자형自刑이라 한다.

대저 삼형을 내가 여러 번 시험해 보건대 용신이 휴수하고 다시 겸하여 타효의 극이 있으면서 안으로 삼형을 범하면 흉재를 보며 만약 삼형을 범하는 것에 그칠 뿐이면 맞는 경우가 적다. 수십 년 점친 이래로 한 건의 점험이 있었을 뿐이었다.

예 46 인월 경신일. 자식의 천연두증. 풍화가인→중화리

```
         兄卯 |
  財未  孫巳 ᅡ 應
  官酉  財未 ‖
         父亥 | 伏酉官
         財丑 ‖ 世
         兄卯 |
```

사화자손이 春令이므로 자손이 왕상하니 치료될 수 있겠다. 그러나 후에 인일·인시에 죽었다. 비로소 월건이 인이고 일건은 신에 있어 사효자손과 같이 삼형을 이루었기 때문임을 알았다. 타효로부터 상함이 없어도 맞아 떨어진 것은 유독 이 한 괘다. 자묘형·축술미삼형도 역시 맞아떨어진 경험이 있지만 그러나 모두 덤으로 흉을 더해줄 뿐이다.

21 육해六害

육해는 전혀 응험함이 없었으니 쓰지 않는다.[72]

역자예 1 46번 괘.

역자예 2 진월 무오일. 남편의 병점 중화리→산뢰이

```
兄巳 | 世
孫未 ||
孫戌  財酉 /
孫辰  官亥 / 應
孫丑 ||
父卯 |
```

해수관성이 용신인데 술토의 생부를 받은 유금이 동하여 생하나 좋지 않은 것은 묘고로 화하고 월건으로 화하여 회두극되는 것이다. 또 오일과 진·오·유·해 자형이 구전하니 이 병은 당장에 흉액이 있겠다.
과연 본일 오시에 죽었다.

---

[72] 복서정종 십팔문답 14
삼형·육해 : 대저 삼형이란 용신이 휴수하고 타효로부터 극을 받으며 또 겸하여 삼형을 범하였을 때나 흉재를 보며 괘중에 삼형이 구전돼 있어도 동하지 않고 용신도 손상당하지 않았다면 영향이 없다.

역자예 4 해월 무술일. 첩의 근병점. 중풍손→화천대유

```
        兄卯 | 世
    財未 孫巳 ₍
        官酉 財未 ‖
        官酉 | 應
        父亥 |
    父子 財丑 ‖
```

미토 재효가 용신이 되는데 유금 관귀로 화출하는 것이 좋지 않으며 또 사화원신이 순공되고 월파되며 사화가 또 일진에 입묘하고 또 축술미 삼형이 구전하니 전혀 길조가 없다. 당일을 조심하라.

과연 당일 미시에 죽었다.

역자예 5 술월 경자일. 겨울에 장사하려는데? 산화비→풍화가인

```
        官寅 |
    父巳 財子 ‖
        兄戌 ‖ 應
        財亥 | 伏申
        兄丑 ‖ 伏午父
        官卯 | 世
```

묘목이 지세하고 월건과 합되며 일건은 생하니 이번 겨울에는 반드시 후한 이익을 얻으리라!

묻기를 "자일과 자효가 세효와 형되니 어찌 길하다 하십니까?"

답하기를 "대개 괘를 볼 때는 세응·생극이 가장 중하다. 지금 형이라도 생을 띠고 있으니 이름하여 생을 탐하고 형은 잊게 되는 것이다." 겨울에 과연 큰 이익을 얻었다.

대유학당 종합 안내
(2025년 11월~)

- **블로그** : http://blog.naver.com/daeyoudang
- **유튜브** : youtube.com/@daeyoudang
- **카카오톡 채널** : '대유학당'을 검색해서 친구 추가해 주세요. 다양한 혜택이 쏟아집니다.
- **프로그램 자료실(웹하드)** : www.webhard.co.kr   아이디 : daeyoudang   패스워드 : 9966699
- **교육상담 문의**   02-2249-5630   010-9727-5630
- **입금계좌**   국민은행 805901-04-370471
  예금주 (주)대유학당
- **대유학당 후원회원 모집**
  1년 회비 100,000원   4가지 회원특전
  ❶ 개인운세력 / ❷ 도서할인 20%
- **대유학당 도서구매**
  www.daeyou.or.kr   10% 할인 + 3% 적립
  ❸ 프로그램할인 20% / ❹ 수강료 할인 20%

강의안내

요일	월(주역)	화(주역/기문)	수(현공풍수)	목(자미/기문)	금(자미/육임)	토(타로)
강좌명 시간	스토리주역 10:30~11:30				자미실전 11:00~1:00	컬러/차크라 11:00~2:00
강좌명 시간		주역원전 2:00~4:00	현공풍수 2:00~4:00	자미전서반 2:00~4:00		
강좌명 시간		홍국기문 5:00~7:00		기문창업실전 4:30~6:30	실전육효 4:00~6:00	

2020년 4월 이후 강의를 모두 영상으로 보실 수 있습니다. 대면 수업이 어려운 분들께 추천합니다. 시간과 장소에 구애 받지 않고 어디서나 반복해서 들을 수 있으므로 효과적으로 공부할 수 있습니다. (육효/ 북파자미/ 성명학/ 주역점법/ 육임기초)
수강료는 오프라인 수업과 동일합니다. 현재 진행중인 강의는 현장수업에 참여하셔도 됩니다.

점 누구나

- ▶ 팔괘카드 세트 22,000원(구성:카드 8장+설명서+나전케이스)
- ▶ 설시용 서죽 8,000원(구성:50개+2)
- ▶ 주사위 세트 5,000원(구성:팔면 주사위 2+육면 주사위 1)
- ▶ 척전 동전 10,000원(구성:동전 3개)

찾아오는길

서울시 성동구 아차산로17길 48. SK V1 센터 1동 814호 (우 04799)

- 화양사거리에서 영동대교로 가는 방향 우측에 있습니다.
- 2호선 성수역 → 4번 출구로 나와 성동 10번 탑승 → 4 정거장 후 성수대우 프레시아 아파트 하차 / 7호선 어린이대공원역 4번 출구 하차
- 버스는 302, 3220, 3217, 2222번을 타고 화양사거리 하차.

주역			
주역		▶주역인해(周易印解) • 15×21㎝ 비닐커버 본문2도 / 344쪽 20,000원 / 김수길·윤상철 共譯 / 20년 3월 수정 5쇄	컬러인쇄로 읽기 쉬워진 주역원문. 휴대하여 외울 수 있도록 작아진 크기. 주역 원문에 있는 음과 현토를 표기하고, 정자의 의견에 따라 간단한 해석을 덧붙여, 주역원문과 좀 더 가깝게 접근할 수 있도록 한 책.	누구나
		▶주역입문(周易入門) • 19×26㎝ 본문2도 / 324쪽 20,000원 / 윤상철 / 24년 12월 4판 1쇄	2024년 개정판 누구나 쉽게 입문하도록 주역의 역사와 용어, 괘의 생성과정과 뜻, 주역원문 보는 법, 점치는 법 등을 그림과 더불어 소상하게 풀이. 오행과 간지, 하도와 낙서를 쉽게 소개한 동양철학 입문서.	기초
		▶대산주역강의 ❶❷❸ • 16×23㎝ 양장 본문2도 / 소3권 1,856쪽 90,000원 / 김석진 지음 / 22년 3쇄	2019년 신간 대산 선생님의 주역강의를 그대로 옮겨놓아 직접 강의를 듣는 느낌이 난다. 『대산주역강해』가 흥사단 강의와 여러 학자들의 연구를 종합한 것이라면, 이 책은 오롯이 흥사단 강의만을 정리하여 좀더 친근감 있게 읽을 수 있는 것이 장점이다.	입문
		▶주역전의대전역해(周易傳義大全譯解) 상 하 • 19×26㎝ 양장 / 김석진 譯 / 각권 800쪽 / 각권 45,000원	주역 해석의 양대 산맥이라 할 수 있는 정자의 程傳과 주자의 本義를 국내 최초로 완역한 책. "이 책을 읽어야 주역을 안다고 할 수 있을 것이다"라고 한 주역 연구의 최고 필독서. 조선일보 추천도서	원인응용
주역응용		▶황극경세(皇極經世) • 16×23㎝ 양장 본문2도 / 소5권 3472쪽 200,000원 / 윤상철 譯 / 11년 4월 2판 1쇄	주역의 대가 소강절 선생의 역작 황극경세를 황기 왕식 장행성 등의 주석과 더불어 현토완역. 세상에서 발생하는 모든 일에 대해, 왜 그런 일이 발생하고 그 시기는 언제인가를 이치뿐만 아니라 수리적·상학적으로 분석 설명한 책.	상급
		▶하락리수(河洛理數) • 16×23㎝ 양장 본문2도 / 소3권 1,680쪽 90,000원 / 김수길·윤상철 共譯 / 14년 12월 수정 2쇄 / 부록 〈하락리수 쉽게보기〉 포함	진희이 선생이 창안하고, 소강절 선생이 완성한 하락리수의 상세한 해석과, 작괘 풀이법을 설명. 자신의 사주에 따라 일생의 운과 년운 월운 일운의 길흉을 판단할 수 있는 학문으로, 놀라운 적중률의 주역활용서.	중급
		▶전문가용 하락리수 프로그램 • 가격 550,000원 / 2020년 개정 / 총괄 : 윤상철 • 구성 : 설치 usb, usb락, 프로그램 매뉴얼.	2018년 개정판 생년월일시를 입력하면 사주 간지와 선천운 후천운을 즉시 확인함은 물론 12조건에 따른 길흉을 확인. 또 평생운·대상운·년운·월운·일운을 볼 수 있고, 참평결과 주역점, 궁합점수 등 종합 주역운세물이입니다. 윈도우 8, 10버전 사용 가능	중급

자미두수

▶ 자미두수 입문
- 16×23㎝ 양장 / 427쪽
  25,000원 / 김선호
  22년 5쇄

자미두수를 처음 접하는 분들을 위하여 만든 책. 자미두수 명반작성과 명반 보는 법을 기초로 14정성과 잡성을 명쾌하게 풀이하고 명반추론의 순서를 밝혀 놓았다.
명반은 웹하드에서 다운 받으세요.

초급

▶ 별자리로 운명 읽기(5권)
- 16×23㎝ 양장 / 이연실
  1권 336쪽 20,000원
  2권 392쪽 25,000원
  3~5권 320쪽, 각 25000원

2020년 신간 1권은 자미두수 명반의 선천을 보는 방법, 2권은 대운편, 3권은 자미가 묘유궁, 4권은 진술궁, 5권은 축미궁. 이두 선생의 록기법, 부록에 격국, 직업찾기, 명반으로 생일찾기, 거상연동 정리

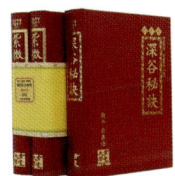

▶ 자미두수 전서 ❶ ❷
▶ 심곡비결 – 전자책
- 19×26㎝ 양장 / 김선호 譯
  전서 1,700쪽 100,000원
  심곡 700쪽 전자책 30,000원

13년 동안의 풍부한 임상경험을 바탕으로 한, 대만과 홍콩의 어떤 해설도 따라오지 못하는 치밀한 해설과 역자주! 이 책은 자미두수를 연구하려는 모든 사람들에게 가장 확실한 스승이 될 것이다.
한국 자미두수의 결정판 심곡비결.

중급

▶ 중급자미두수 ❶ ❷ ❸
- 16×23㎝ 양장 본문2도 /
  ❶격국편 ❷궁합편 ❸두수선미(전자책) 각권 400쪽
  20,000원 / 김선호

『실전자미두수』와 『자미두수입문』의 간극을 메워줄 중급자를 위한 안내서! 특히 ❸권은 자미두수의 준고전인 『두수선미』를 번역, 30페이지에 걸친 실전예제 수록.
❶❷ 16년 2월 2쇄. ❸ 전자책 구매 가능

중급

▶ 자미심전(신간)
- 16×23㎝ 양장 / 박상준
  ❶ 사회적 지위 456쪽
  25,000원 (2018년) **전자책**
  ❷ 인생의 굴곡 496쪽
  30,000원 (2020년 신간)

십사정성과 십이사항궁의 새로운 해석, 외모특출격, 인감노출격 등 어느 책에서도 볼 수 없는 창의적인 격국들, 그리고 특수격에 대한 심도 있는 해석이 실려 있다. 또한 운추론 순서를 밝히고 재벌가인 삼성 삼대의 운추론을 80여쪽에 걸쳐 해설.

중급

▶ 실전 자미두수 ❶ ❷
- 16×23㎝ 양장 본문2도 / ❶이두식록기법 ❷징험편
  각권 448쪽 25,000원 / 김선호 / 17년 11월 2판 1쇄

2017년 개정판 사람의 명반을 놓고 "이때 왜 이 사건이 벌어졌는가?"에 대해 일일이 별들과의 관계를 추론해 나간 책. 이 두 권만 다 소화한다면 누구나 자미두수를 자유자재로 활용할 수 있다.

상급

▶ 전문가용 자미두수 프로그램
- 가격 500,000원 / 2018년 개정 / 총괄 : 김재윤
- 구성 : 설치 usb, usb락, 프로그램 매뉴얼.

2018년 개정판 번들용과 다른 다양한 기능. 별에 대한 자세한 설명을 pdf로 볼 수 있으며, 삭망일 균시차 인명저장 별의 강약 사화를 조정할 수 있는 옵션. 기문과 육효 명리의 기본포국 제공. **윈도우 8, 10버전 사용**

중급

동양천문 — 누구나

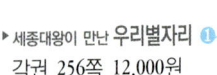   

- ▶ 세종대왕이 만난 **우리별자리 ❶ – ❸** 각권 256쪽 12,000원
- ▶ 2021 **천문류초**(天文類抄) 30,0000원
- ▶ **천상열차분야지도 그 비밀을 밝히다** 25,000원
- ▶ **태을천문도**(총9종세트) 100,000원

[우리별자리] 동양천문을 이야기로 해설한 책.
[천문류초] 세종대왕의 명을 받아 천문학자 이순지가 간행한 천문학의 개략서. 원문과 더불어 자세한 번역을 하고 주석을 달아 알기 쉽게 재편집. 문화관광부에서 우수학술도서로 선정한 책.
[천상열차] 1467개의 붙박이별에, 10간의 태양, 12지의 달이 떠있고, 그 밑에서 인간이 길흉화복을 나누며 산다. 비석으로 세워놓기 위한 것이 아니라 탁본을 뜨기 위해 땅 속에 보관.
[태을천문도] 천상열차분야지도, 태을천문도, 28수를 우리나라에 배당한 지도, 휴대용 동서양 비교천문도, **28수 나경 2종**, 태을천문도 한글판, 해설서로 구성. 휴대하기 좋게 만든 천문도 통이 보태져서, 주변 분들에게 좋은 선물.

족자 — 누구나

천문	① 천상열자분야지도 / ② 태을천문도(블랙베리/라일락)
불교	① 42수 진언(그린/레드) / ② 신묘장구 대다라니(그린/레드)
블라인드	① 대(150×230) 300,000원 / ② 중(120×180) 250,000원
족자	① 중(65×150) 150,000원 / ② 소(54×130) 120,000원 가정용

천문족자를 구매하시면 『천문도해설』을, 불교족자를 구매하시면 『마음에 평안을 주는 천수경』을 드립니다.

주역점운세 — 누구나

▶ **팔자의 시크릿**
· 15×23㎝ 본문 2도 / 336쪽 16,000원 / 윤상철 지음 / 23년 1월 2쇄

2021년 신간 운명을 고치고자 하는 사람을 돕기 위해 만든 책. 전체 힘에서 2% 정도 모자란다면! 이 책에는 약간의 방향을 바꾸고 뒷받침이 되는 '2% 도움이 되는 방법'을 모아 놓았다.

▶ **개인운세력**
· 19×26㎝ 본문 4도 / 주문 당월 포함 총 13개월치 30,000원 / 윤상철

개인운세력은 **하락리수를 바탕으로** 하여 각자의 사주에 맞게 인쇄된 운세력입니다. 항상 곁에 두고 살펴, 길한 날은 적극적으로 살고, 흉한 날은 조심한다면 웃을 일이 많아질 것입니다. 운세의 자세한 설명은 『주역점비결』 참조하세요.

사서 — 충급

▶ **집주완역 대학/ 중용**
· 16×23㎝ 양장 본문2도 / 대학/494쪽 25,000원
중용/상 528쪽 25,000원
하 496쪽 25,000원 / 김수길 譯 / 19년 10월 개정

국내 최초로 주자장구는 물론 주자문인들의 소주까지 현토완역하고, 備旨와 퇴계 율곡 등의 주석 역시 현토완역 하였다. 인용선유 성씨들의 약력을 부록에 넣었다.
이 한 권의 책으로 大유학자 50여 명의 해설을 모두 볼 수 있음.

오음속신복역 부록 – 팔괘전도

건금궁 乾金宮

重天乾 4월
- 父戌 —— 世
- 兄申 ——
- 官午 ——
- 父辰 —— 應
- 財寅 ——
- 孫子 ——

重風姤 5월
- 父戌 ——
- 兄申 ——
- 官午 —— 應
- 兄酉 ——
- 孫亥 ——
- 父丑 —— 世 伏妻財

天山遯 6월
- 父戌 ——
- 兄申 —— 應
- 官午 ——
- 兄申 ——
- 官午 —— 世
- 父辰 —— 伏妻子孫

天地否 7월
- 父戌 ——
- 兄申 ——
- 官午 —— 應
- 財卯 ——
- 官巳 ——
- 父未 —— 世

風地觀 8월
- 財卯 ——
- 官巳 —— 伏申兄
- 父未 —— 世
- 財卯 ——
- 官巳 ——
- 父未 —— 應

山地剝 9월
- 財寅 ——
- 孫子 —— 世 伏申兄
- 父戌 ——
- 財卯 ——
- 官巳 ——
- 父未 —— 應

火地晉 2월
- 官巳 ——
- 父未 ——
- 兄酉 —— 世
- 財卯 ——
- 官巳 ——
- 父未 —— 應

火天大有 1월
- 官巳 —— 應
- 父未 ——
- 兄酉 ——
- 父辰 —— 世
- 財寅 ——
- 孫子 ——

감수궁 坎水宮

重水坎 10월
- 兄子 —— 世
- 官戌 ——
- 父申 ——
- 財午 —— 應
- 官辰 ——
- 孫寅 ——

水澤節 11월
- 兄子 ——
- 官戌 ——
- 父申 —— 應
- 官丑 ——
- 孫卯 ——
- 財巳 —— 世

水雷屯 1월
- 兄子 ——
- 官戌 —— 應
- 父申 ——
- 官辰 ——
- 孫寅 —— 世
- 兄子 ——

水火旣濟 1월
- 兄子 ——
- 官戌 ——
- 父申 —— 世
- 兄亥 ——
- 官丑 ——
- 孫卯 —— 應

澤火革 2월
- 官未 ——
- 父酉 ——
- 兄亥 —— 世
- 兄亥 ——
- 官丑 ——
- 孫卯 —— 應

雷火豐 9월
- 官戌 ——
- 父申 —— 世
- 財午 ——
- 兄亥 ——
- 官丑 ——
- 孫卯 —— 應

地火明夷 8월
- 父酉 ——
- 兄亥 ——
- 官丑 —— 世
- 兄亥 ——
- 官丑 ——
- 孫卯 —— 應

地水師 7월
- 父酉 —— 應
- 兄亥 ——
- 官丑 ——
- 財午 —— 世
- 官辰 ——
- 孫寅 ——

간토궁 艮土宮

重山艮 11월
- 官寅 —— 世
- 財子 ——
- 兄戌 ——
- 孫申 —— 應
- 父午 ——
- 兄辰 ——

山火賁 11월
- 官寅 ——
- 財子 ——
- 兄戌 —— 應
- 財亥 —— 伏申孫
- 兄丑 ——
- 官卯 —— 世

山天大畜 12월
- 官寅 ——
- 財子 —— 應
- 兄戌 ——
- 兄辰 ——
- 官寅 —— 世 伏午父
- 財子 ——

山澤損 7월
- 官寅 ——
- 財子 ——
- 兄戌 —— 應
- 兄丑 ——
- 官卯 —— 世
- 父巳 ——

火澤睽 2월
- 父巳 ——
- 兄未 —— 伏子財
- 孫酉 —— 世
- 兄丑 ——
- 官卯 ——
- 父巳 —— 應

天澤履 3월
- 兄戌 ——
- 孫申 —— 世
- 父午 ——
- 兄丑 ——
- 官卯 —— 應
- 父巳 ——

風澤中孚 8월
- 官卯 ——
- 父巳 —— 伏子財
- 兄未 —— 世
- 兄丑 ——
- 官卯 ——
- 父巳 —— 應

風山漸 1월
- 官卯 —— 應
- 父巳 ——
- 兄未 ——
- 孫申 —— 世
- 父午 ——
- 兄辰 ——

진목궁 震木宮

重雷震 10월
- 財戌 —— 世
- 官申 ——
- 孫午 ——
- 財辰 —— 應
- 兄寅 ——
- 父子 ——

雷地豫 5월
- 財戌 ——
- 官申 ——
- 孫午 —— 應
- 兄卯 ——
- 孫巳 ——
- 財未 —— 世

雷水解 12월
- 財戌 ——
- 官申 —— 應
- 孫午 ——
- 孫午 ——
- 財辰 —— 世
- 兄寅 ——

雷風恒 1월
- 財戌 ——
- 官申 ——
- 孫午 —— 應
- 官酉 ——
- 父亥 ——
- 財丑 —— 世

地風升 8월
- 官酉 ——
- 父亥 ——
- 財丑 —— 世
- 官酉 ——
- 父亥 ——
- 財丑 —— 應

水風井 3월
- 父子 ——
- 財戌 —— 世
- 官申 ——
- 官酉 ——
- 父亥 ——
- 財丑 —— 應

澤風大過 2월
- 財未 ——
- 官酉 ——
- 父亥 —— 世 伏午孫
- 官酉 ——
- 父亥 ——
- 財丑 —— 應

澤雷隨 7월
- 財未 —— 應
- 官酉 ——
- 父亥 —— 伏午孫
- 財辰 —— 世
- 兄寅 ——
- 父子 ——

육효중산복역 부록 - 괘전도

●대유학당 블로그 https://blog.naver.com/daeyoudang (02)2249-5630

손목궁 (巽木宮)

重風巽 4월	風火家人 6월	風天小畜 11월	風雷益 7월	天雷无妄 2월	火雷噬嗑 9월	山雷頤 8월	山風蠱 1월
兄卯 丨 世	兄卯 丨	兄卯 丨	兄卯 丨 應	財戌 丨	孫巳 丨	兄寅 丨	兄寅 丨 應
孫巳 丨	孫巳 丨 應	孫巳 丨	孫巳 丨	官申 丨	財未 ‖ 世	父子 ‖ 伏巳孫	父子 ‖ 伏巳孫
財未 ‖ 應	財未 ‖	財未 ‖ 應	財未 ‖	孫午 丨 世	官酉 丨	財戌 ‖ 世	財戌 ‖
官酉 丨	父亥 丨 伏酉官	財辰 丨	財辰 ‖ 世	財辰 ‖	財辰 ‖	財辰 ‖	官酉 丨 世
父亥 丨	財丑 ‖ 世	兄寅 丨	兄寅 ‖	兄寅 ‖	兄寅 ‖ 應	兄寅 ‖	父亥 丨
財丑 ‖	兄卯 丨	父子 丨 世	父子 丨	父子 丨 應	父子 丨	父子 丨 應	財丑 ‖

리화궁 (離火宮)

重火離 4월	火山旅 5월	火風鼎 12월	火水未濟 7월	山水蒙 8월	風水渙 3월	天水訟 2월	天火同人 1월
兄巳 丨 世	兄巳 丨	兄巳 丨	兄巳 丨 應	父寅 丨	父卯 丨	孫戌 丨	孫戌 丨 應
孫未 ‖	孫未 ‖	孫未 ‖ 應	孫未 ‖	官子 ‖	兄巳 丨 世	財申 丨	財申 丨
財酉 丨	財酉 丨 應	財酉 丨	財酉 丨	孫戌 ‖ 世 伏酉財	孫未 ‖	兄午 丨 世	兄午 丨
官亥 丨 應	財申 丨	財酉 丨	兄午 ‖ 世 伏亥官	兄午 ‖	兄午 ‖ 伏酉財	兄午 ‖	官亥 丨 世
孫丑 ‖	兄午 ‖ 伏亥官	官亥 丨	孫辰 丨	孫辰 丨	孫辰 丨	孫辰 丨	孫丑 ‖
父卯 丨	孫辰 ‖ 世 伏卯父	孫丑 ‖ 世 伏卯父	父寅 ‖	父寅 ‖ 應	父寅 ‖ 應	父寅 ‖ 應	父卯 丨

곤토궁 (坤土宮)

重地坤 10월	地雷復 11월	地澤臨 12월	地天泰 1월	雷天大壯 2월	澤天夬 3월	水天需 8월	水地比 7월
孫酉 ‖ 世	孫酉 ‖	孫酉 ‖	孫酉 ‖ 應	兄戌 ‖	兄未 ‖	財子 ‖	財子 ‖ 應
財亥 ‖	財亥 ‖	財亥 ‖ 應	財亥 ‖	孫申 ‖	孫酉 丨 世	兄戌 丨	兄戌 丨
兄丑 ‖	兄丑 ‖ 應	兄丑 ‖	兄丑 ‖	父午 丨 世	財亥 丨	孫申 ‖ 世	孫申 ‖
官卯 ‖ 應	兄辰 ‖	兄丑 ‖	兄辰 丨	兄辰 丨	兄辰 丨	兄辰 丨	官卯 ‖ 世
父巳 ‖	官寅 ‖ 伏巳父	官卯 丨 世	官寅 丨 世	官寅 丨	官寅 丨 應 伏巳父	官寅 丨 應 伏巳父	父巳 ‖
兄未 ‖	財子 丨 世	父巳 丨	財子 丨	財子 丨 應	財子 丨	財子 丨	兄未 ‖

태금궁 (兌金宮)

重澤兌 10월	澤水困 5월	澤地萃 6월	澤山咸 1월	水山蹇 8월	地山謙 9월	雷山小過 2월	雷澤歸妹 7월
父未 ‖ 世	父未 ‖	父未 ‖	父未 ‖ 應	孫子 ‖	兄酉 ‖	父戌 ‖	父戌 ‖ 應
兄酉 丨	兄酉 丨	兄酉 丨 應	兄酉 丨	父戌 丨	孫亥 ‖ 世	兄申 ‖	兄申 ‖
孫亥 丨	孫亥 丨 應	孫亥 丨	孫亥 丨	兄申 ‖ 世	父丑 ‖	官午 丨 世 伏亥孫	官午 丨 伏亥孫
父丑 ‖ 應	官午 ‖	財卯 ‖	兄申 丨 世	兄申 丨	兄申 丨	兄申 丨	父丑 ‖ 世
財卯 丨	父辰 丨	官巳 ‖ 世	官午 ‖	官午 ‖ 伏卯財	官午 ‖ 應 伏卯財	官午 ‖ 伏卯財	財卯 丨
官巳 丨	財寅 ‖ 世	父未 ‖	父辰 ‖	父辰 ‖ 應	父辰 ‖	父辰 ‖ 應	官巳 丨

대유학당 후원회원 모집

동양학의 보급과 발전에 힘써 온 대유학당에서 후원회원을 모집합니다.
더 좋은 강의와 도서로 보답하겠습니다. 유튜브·블로그 : '대유학당'으로 검색하세요.

1년 회비 **100,000원**   02-2249-5630
○계좌 국민 805901-04-370471 (주)대유학당

회원특전
① 대유학보 1년분 / ② 개인운세력 / ③ 도서할인 20%
④ 프로그램할인 20% / ⑤ 수강료 할인 20%
⑥ 택일민력 증정 ⑦ 손에 잡히는 주역점비결 증정

대유학당 후원회원

개인운세력

개인운세력은 하락리수를 바탕으로 각자의 사주에 맞게 제작한 달력입니다. 항상 곁에 두고 살펴, 길한 날은 적극적으로 행동하고, 흉한 날은 조심한다면 웃을 일이 많아질 것입니다.

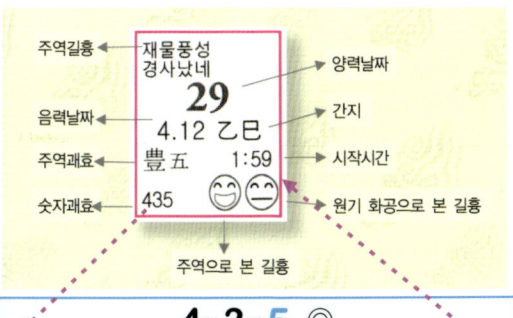

운세의 자세한 설명은 『주역점비결』에 나온 소망, 사업, 개업, 승진, 시험, 혼인, 출산, 매매, 재수, 소송, 출마, 증권, 여행, 가출, 실물, 질병, 기후, 의상, 음식, 사람, 장소의 21가지 항목을 참고한다.

4진 3리 5 ◎

소망 크게 이룬다.
사업 능력 있고 어진 사람을 영입하여 진전 된다.
개업 길하다. 앞날이 밝다.
승진 된다. 혹 좋은 사람의 추천으로 된다.
시험 합격이다.
혼인 좋은 혼처를 소개받는다.
출산 남아를 낳는다.
매매 성립된다.
재수 크게 얻는다.
소송 점차 유리해진다. 현명한 변호사를 선임하면 더욱 좋다.
출마 당선된다.

증권 공급량이 적어서 오른다.
여행 길하다.
가출 서쪽에 있다.
실물 서쪽에 있다.
질병 안면, 특히 눈이 안 좋아진다.
기후 흐리고 가끔 비 내린다.
의상 청록색과 흰색, 소박한 옷, 겸손하지만 위엄 있는 옷, 잘 재단된 옷.
음식 채소 겉절이, 물고기 회, 양고기, 매운맛.
사람 지원자, 배우자, 초대해서 만나는 능력 있는 사람.
장소 서방, 바닷가, 호수주변, 변두리 오지, 서향집, 밝고 환한 곳.

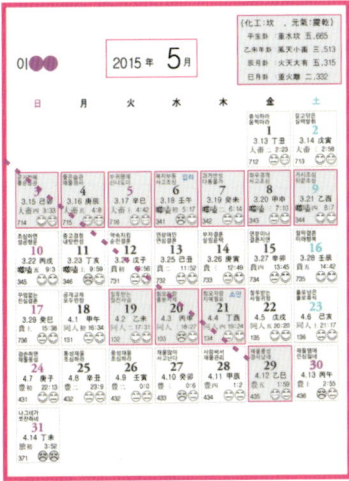
▲ 개인운세력 예시

개인운세력 보는 법

① 얼굴 위의 숫자는 그날의 운세 시작하는 시간이자, 그 전날 운세가 끝나는 시간이다. 예를 들어 5월 29일에 '1:59'이고 30일에 '2:55'라면 29일의 운세는 새벽 1시 59분에 시작해서 30일 새벽 2시 54분에 끝난다.
② 좌측 상단의 여덟 글자는 그 날의 주역운세를 요약해서 표현한 것이다.
③ 좌측 하단에 숫자가 세 자리로 되어 있는데, 예를 들어 '123'이면 상괘수는 1건天이고, 하괘수는 2태澤이고, 동효수는 3이므로 삼효동이다(괘환산표에서 가로로 1, 세로로 2가 만나면 천택리괘이다). 그러므로 천택리괘 3효가 동한 것이 된다.
④ 운세력의 길흉은 먼저 괘효를 보고, 두 번째로 화공과 원기를 본다. 왼쪽의 얼굴이 괘효의 길흉을 뜻하고, 오른쪽의 얼굴이 화공과 원기로 본 길흉이다. 원기는 윗사람의 도움, 화공은 동년배와 아랫사람의 도움을 뜻한다.
⑤ 길흉은 다음과 같이 다섯 단계(😄→🙂→😐→😕→😣)로 되어 있다.
⑥ 😄 두 얼굴 모두 좋으면 하는 일이 잘 풀린다.
⑦ 🙂 왼쪽 얼굴은 좋고 오른쪽 얼굴이 나쁘면 보통이다. 혹 생각지 않은 실수나 잘못이 생긴다.
⑧ 😣 왼쪽 얼굴이 나쁘고 오른쪽 얼굴이 좋으면, 막히다가도 풀릴 기회가 생긴다.
⑨ 😣 두 얼굴 모두 나쁘면 조심하고 또 조심해야 한다.

괘환산표

상괘 하괘	1건 天	2태 澤	3리 火	4진 雷	5손 風	6감 水	7간 山	8곤 地
1건 天	중천건	택천쾌	화천대유	뇌천대장	풍천소축	수천수	산천대축	지천태
2태 澤	천택리	중택태	화택규	뇌택귀매	풍택중부	수택절	산택손	지택림
3리 火	천화동인	택화혁	중화리	뇌화풍	풍화가인	수화기제	산화비	지화명이
4진 雷	천뢰무망	택뢰수	화뢰서합	중뢰진	풍뢰익	수뢰둔	산뢰이	지뢰복
5손 風	천풍구	택풍대과	화풍정	뇌풍항	중풍손	수풍정	산풍고	지풍승
6감 水	천수송	택수곤	화수미제	뇌수해	풍수환	중수감	산수몽	지수사
7간 山	천산돈	택산함	화산려	뇌산소과	풍산점	수산건	중산간	지산겸
8곤 地	천지비	택지취	화지진	뇌지예	풍지관	수지비	산지박	중지곤

● **대유학당 도서목록** 주역 ▌주역입문, 대산주역강의, 주역전의대전역해, 주역인해 **주역활용** ▌황극경세, 하락리수, 매화역수, 대산주역점해, 주역점 비결, 육효증산복역, 시의적절 주역이야기, 팔자의 시크릿, 초씨역림 **음양오행** ▌오행대의, 어디 역학공부좀 해 볼까?, 운명 사실은 나도 그게 궁금했어, 연해자평, 이것이 홍국기문이다 1~2, 박창원의 구성학 강의 **전문가용 프로그램** ▌하락리수, 자미두수, 육임

● **서적구매** www.daeyou.or.kr   ● **주소** 서울 성동구 아차산로 17길 48 SK V1 센터 1동 814호
● **대유학당 블로그** https://blog.naver.com/daeyoudang

22 암동暗動

　　정효靜爻가 휴수한데 일진이 충하면 일파라 하고, 정효가 왕상하면서 일진의 충을 만나면 암동이 된다. 암동에도 희기가 있는데 용신이 휴수한데 원신이 암동하여 상생함을 얻거나 기신이 괘중에서 명동明動할 때 원신이 암동하여 용신을 생하는 경우는 모두 기뻐하고 용신이 휴수무조한데 만약 기신이 암동하여 용신을 극해하면 꺼리는 것이다.
　　옛날부터 "암동은 복이 오는 것을 알지 못하며 화가 오는 것도 깨닫지 못한다"고 했고 또 말하기를 "길흉의 힘이 반밖에 안 된다"고 했으며 "응험의 지속도 완만하다" 했지만 어찌 부지불각하겠으며 응함 역시 어찌 완만하다 하겠는가?[73]

---

[73] 『역모』에 나온 암동에 관한 내용이다.
• 진술축미는 묘충墓冲이 되므로 왕상휴수를 막론하고 정한 효가 충을 만나면 암동이 되며, 공된 효가 일충을 만나면 전실이 된다.
• 자오묘유는 태충胎冲이 되므로 왕상한데 정한 효를 일충하면 암동하고, 휴수할 때 정한 효를 충하면 반산半散이 되며, 공된 것을 일충하면 반실半實하게 된다. 예를 들어 자子, 유일酉日이 오午 묘卯를 충하면 비록 그 효가 왕상해도 극충이 되는 것 때문에 그 길은 단지 70%밖에 안 된다.
• 인신사해는 절충絶冲이 되는데 비록 왕상한 정효를 충해도 암동이 될 수 없고 공효를 충해도 전실全實될 수 없다. 대개 절충과 극충은 같다.
• 극충에는 셋이 있다. 자子 유일酉日이 극충이 되면 가볍고 적으나, 신申 해일亥日이 극충하면 절絶하고 또 극되므로 중하다. 인寅 사일巳日은 절충絶冲이 되며 태胎·

예 47 인월 을미일. 딸의 천연두점. 중지곤→지수사

```
孫酉 ‖ 世
財亥 ‖
兄丑 ‖
官卯 ‖ 應
兄辰   父巳 ╎
兄未 ‖
```

유금자손이 비록 春令에 휴수하였으나 일진의 생을 받고 있고 이효 사화가 동하여 금을 극하고 있으나 미일이 축토를 충동[74]시켜 축토가 동하여 생금하니 마마가 얼굴에 빽빽할지라도 무방하다.
금일 미·신시에 구해지리라. 과연 신시에 명의를 만나 치료받았다. 이러하니 어찌 늦다고 하겠는가?

극충剋冲보다 중하다.

[74] 축이 일진과 같은 토이기 때문에 월령을 얻지 못했어도 암동으로 본 듯함.

23 동산動散

고서에 "일진이 동효를 충하면 충산이라" 하고 또 "효가 동하여 효를 충해도 역시 능히 충산할 수 있다"했으나 내가 여러 번 시험해본 결과 왕상하면 충해도 흩어지지 않았으며 유기자有氣者도 충으로 흩어지지 않았고 휴수자는 간혹 충산되는 일이 있었으나 천백에 하나 둘이었다.

대개 신의 징조의 기미가 동에 있으니 동하며 반드시 원인이 있는 것이니 비록 금일은 수제를 받으나 후에 치일値日이 되면 흩어지지 않는다.

예 48 축월 정유일. 아버지가 밖에 나가서 소식이 없어 점함. 풍수환→중수감 / 진사공망

```
官子  父卯 ╱
      兄巳│世
      孫未║伏酉財
      兄午║伏亥官
      孫辰│應
      父寅║
```

묘목부효가 동하여 세를 생하며 또 자수로 회두생으로 화하였으니 재외에서 평안하겠다. 세가 공되었으니 속히 올 것이다.

봄이 되면 돌아오리라. 과연 2월에 득의해서 돌아왔다. 이것으로 보아 동한 묘가 유일의 충을 맞았지만 어찌 흩어졌다 하겠는가?

| 이아평이 말하기를 | 『황금책』에 "공망이 중하고 충산은 가볍다"
고 했으나 『역모』라는 책에서는 "충산을 가장 중히 여긴다" 했
다.

  그 질병장을 자세히 보면 묘월 병인일 자식의 병점에 풍산점이 풍지관으로 변한 괘에서(※ 아래 괘 참조) 병점에 자손이 귀로 변하면 백에 하나도 살 수 없는데도 분명히 신금자손이 귀로 변하였는데 인일이 충산하였다고 잘못 말하였으며 또 예를 들어 진퇴장장에서 신월점괘에 유효가 발동해 묘일의 충을 만나자 역시 산이라고 하였으니 왕왕 착오가 있음이 이와 같다.

| 역자주 | 묘월 병인일. 자식의 병점. 풍산점→풍지관

```
          官卯 | 應
          父巳 | 伏子財
          兄未 ||
    官卯  孫申 ǂ 世
          父午 ||
          兄辰 ||
```

24 괘변 생극묘절 卦變 生剋墓絶

괘가 변하는 것에는 생으로 변하는 것이 있고, 극으로 변하는 것이 있으며, 묘로 변하는 것이 있고, 절로 변하는 것이 있으며, 또 비화로 변하는 것이 있는데, 내가 얻은 경험으로는 대개 괘가 극으로 화하면 용신의 쇠왕을 막론하고 흉으로 본다.

손목이 감수로 변괘

```
‖ 兄卯 ∤ 世
| 孫巳 |
‖ 財未 ‖
‖ 官酉 ∤ 應
| 父亥 |
| 財丑 ‖
```

손목이 감수로 변하였으니 생으로 화하여 회두생목하였으니 길로 판단한다.

진목이 건금으로 변괘

```
| 財戌 ‖ 世
| 官申 ‖
| 孫午 |
| 財辰 ‖ 應
| 兄寅 ‖
| 父子 |
```

진목이 건금으로 변해 극으로 화하여 회두극목이 되었으니 흉으로 본다.
또 극으로 화하나 극이 되지 않음도 있으니 불가불 알아야 할 것이다.

태금이 진목으로 변괘

| ‖父未‖世 |
| ‖兄酉 ∤ |
| │孫亥│ |
| ‖父丑‖應 |
| ‖財卯 ∤ |
| │官巳│ |

태금이 진목으로 변하였으니 화거(化去)라 하여 정괘는 내가 되고 변괘는 타가 되어 내가 가서 타를 극하는 것이니 흉이 되지 않는다. 그러므로 이것을 극으로 화하였으나 극이 되지 않음이라고 하는 것이다.

진목이 태금으로 변괘

| ‖財戌‖世 |
| │官申 ∤ |
| │孫午│ |
| ‖財辰‖應 |
| │兄寅 ∤ |
| │父子│ |

진목이 태금으로 변하였으니 이름하여 화래化來라고 하여서 다른 사람이 와서 나를 극하는 것이니 회두극이 되므로 흉조가 되며 제점에서 대흉하다.

예 49 묘월 신사일. 온 사람이 무슨 일인지 말하지 않고 점. 손목→건금

| │兄卯│世 |
| │孫巳│ |
| │財未 ∤ |
| │官酉│應 |
| │父亥│ |
| │財丑 ∤ |

무슨 일을 물으려 점하는가? 저 사람이 말하기를 "웃어른의 공명이 어떨까 하여 대점했습니다."
내가 말하기를 "공명은 반드시 직접 당사자가 점해야 하는 것이다. 대점으로는 용신을 취하기가 어려

워 감히 판단을 할 수 없으나 다행히 이 괘가 보기 쉽게 되었다. 손목이 건금으로 화하여 화래化未가 되었으니 회두래극으로 절괘가 되었다. 공명을 물을 것도 없으며 수명 역시 오래가지 못하리라."
과연 오월에 삭탈관직되고 칠월에 죽었다.

예 50 오월 병인일. 병점. 리화→감수

```
‖ 兄巳 ⼁世
│ 孫未 ‖
‖ 財酉 ⼁
‖ 官亥 ⼁應
│ 子丑 ‖
‖ 父卯 ⼁
```

리화가 감수로 변하여 회두래극하니 지금은 오월이라 화가 왕하나 겨울엔 위험하리라! 과연 구월 정해일에 죽었다.
이 모두는 용신의 쇠왕을 보지 않은 것이다.

살피건대 고서에 가택·분묘·대사점에만 꺼린다고 했으나 다 어지러운 말에 불과 할뿐 점험에 유의하지 않고 논한 것에 불과하다. 내가 사십 년 동안의 점험이 있으나 한 괘라도 관심 없는 것이 없었으며 만일 점쳐 의심스런 괘가 나오면 비록 여러 해가 지난다 할지라도 놔두고 그 의심스런 뜻을 캤느니라.[75]
예를 들어

---

[75] 야학노인의 이러한 학문적인 태도는 실로 머리를 조아리고 배워야 후학으로서 누가 되지 않을 것이다.

| 예 51 | 묘월 을유일. 방세를 어떻게 할 것인가? 감수→곤토괘

```
‖兄子‖世
‖官戌⼁
‖父申‖
‖財午‖應
‖官辰⼁
‖孫寅‖
```

괘가 회두극으로 변하였으니 방세문제는 오히려 적은 일로 금년에는 여러 가지 일을 조심해야겠다.
후에 사월에 배가 전복되어 죽었다. 이는 이것을 점했는데 저것에 응한 것이니 신이 예고해주어 사람들로 하여금 미리 알아 추길피흉하게 한 것이다.
고서에서 대사에만 꺼린다고 했지만 이 괘가 어찌 소사점을 쳤는데 대흉으로 응함이 아니겠는가?

| 이아평이 말하기를 | 『역모』라는 책의 묘·절장에 말하기를 "일월이 당령하면 정말로는 그렇지 않다" 했는데 이것은 장래에 흉사가 오는 것을 알지 못하고 한 말이다.
　신의 기미가 일찍 조짐을 보여주어 일월의 당시에는 비록 왕하나 때가 되면 이지러지고 쇠약해지는 것이니, 즉 이 편에서 말한 것과 같이 병점에 오월에 이화가 감수로 변함을 얻었을 때 당시는 여름의 화가 치열하지만 겨울에는 어찌 절이 되지 않겠는가? 다시 『역모』의 반복장에서 말하기를 "일월에 당령하면 공·파가 안 되니 당령하는 것이 중하다" 하였고, 또 말하기를 "반종왕半從往 반종래半從來하면[76] 반흉반길하다"고 해서 여러 말들이 있지

---

[76] 일월 중 하나에는 왕하고 하나에는 극을 당할 때.

만 모두 경험에서 우러나온 것이 아니다.

대저 괘체卦體란 사람의 근본과 같으니 괘가 극절로 변한다 함은 나무의 뿌리가 흙 밖으로 나옴과 같아서 지금은 지엽이 비록 푸르다 하나 오래가지 않아서 말라비틀어지는 것과 같다.

그러므로 당시는 왕했으나 때가 되면 쇠하게 되는 것이니 공·파로 허하면 전실에 응한다거나 반흉반길 등의 이야기는 후인들이 법으로 삼을 수 없는 말들이다.

이 책에는 회두극이 흉하다는 것에 그치고 있지만 내가 『역모』의 반복장중의 점험장을 보니, 분명히 회두극임에도 불구하고 반음·휴수라고 잘못되어 있다. 예를 들어

예 52 인월 갑자일. 어머니의 병점. 곤토→손목

| 孫酉 ‖ 世
| 財亥 ‖
‖ 兄丑 ‖
| 官卯 ‖ 應
| 父巳 ‖
‖ 兄未 ‖

곤토가 손목으로 화하였으니 회두극이다. 그 책에 말하기를 "비록 순공으로 화하였고 또 휴수의 반음이므로 역시 흉하다" 했으나 이미 공·파가 중하다고 하고서는 또 말하기를 역시 흉하다 하였으며

또 해수가 사화를 충파하기 때문에 흉하다고 하니 이런 말들은 괘가 변하게 되면 단지 괘상을 보는데 그칠 뿐 용신을 보지 않는다는 것을 알지 못하기 때문이다. 설사 효가 길하다 할지라도 샘이 마르고 뿌리가 마른 것과 같으니 어찌 오래간다 하겠는가?

|예 53| 인월 계유일. 장자의 병점. 진목→태금

```
‖財戌‖世
|官申⚊|
|孫午|
‖財辰‖應
|兄寅⚊|
|父子|
```

진목이 태금으로 화하였으니 역시 회두극이다.
그 책에서는 진은 장남이기 때문에 장자점에 불길하다 했으나 이것은 괘가 회두극으로 변함을 알지 못하기 때문이니 장남이 아니라 소녀라 할지라도 생명을 보존하지 못할 것이다.
이 두 괘에서 앞에 것은 토가 목의 극을 받았고 뒤에 것은 목이 금에 의해 상하였으니 결국 이런 것을 보지 못한 것은 어쩜인가? [77]

---

[77] 복서정종 십팔문답 11
반음괘정례에 괘의 반음에 관련한 내용이 있다. "반음괘에 둘이 있는데 괘의 반음이 있고 효의 반음이 있다. 괘의 반음은 괘가 상충으로 변한 것이며, 효의 반음은 효가 변하여 상충이 되는 것이다.
• 건괘는 서북에 좌하고 건의 오른쪽에는 술이, 왼쪽에는 해가 있으며 손괘는 동남에 좌하고 손의 오른쪽에는 진이, 왼쪽에는 사가 있어 양괘가 서로 마주보니 진술사해충이 된다.
그러므로 중천건괘가 중풍손괘로 변하거나 손괘가 건괘로 변할 때, 즉 천풍구괘가 풍천소축괘로 변하거나 풍천소축이 천풍구로 변하면 이는 건·손의 두 괘가 상충되므로 반음괘가 된다.
• 감괘는 정북에 좌하며 감아래 자가 좌하고 離괘는 정남에 좌하고 아래에 오가 좌하므로 양괘가 상대하면서 자오상충한다.
그러므로 중수감이 리괘로 변하거나 중화리가 감괘로 변할 때 즉 수화기제가 화수미제로 변하거나 화수미제가 수화기제로 변하거나 하면 감·리 두 괘는 상충되어 반음괘가 된다.

• 간괘는 동북에 좌하며 간의 오른쪽에는 축이 있고 간의 왼쪽에는 인이 있으며 곤괘는 서북에 좌하며 곤의 오른쪽에는 미가 있고 왼쪽에는 신이 있어 상대하니 축미인신상충이 되므로 중산간괘가 곤괘로 변하거나 중지곤괘가 간괘로 변하는 것 즉 간괘 이괘가 상충 반음괘가 된다.
• 진괘는 정북에 좌하고 진아래 묘가 좌하며 태괘는 정서에 좌하고 태아래는 유가 좌하므로, 양괘가 상대하여 묘유상충이 되니 진괘가 태괘로 변하거나 태괘가 진괘로 변하는 것 즉 뇌택귀매가 택뢰수로 변하거나 택뢰수가 뇌택귀매로 변하는 것 등은 진태 두 괘가 상충·반음이 되는 것이다.
자가 오로 변하고 오가 자로 변하며 축이 미로 변하고 미가 축으로 변하며 인이 신으로 변하고 신이 인으로 변하며 묘가 유로 변하고 유가 묘로 변하며 진이 술로 변하고 술이 진으로 변하며 사가 해로 변하고 해가 사로 변하면 이 역시 상충으로 변출된 것이니 효의 반음이 된다."

25 반음 복음

◆ 괘에도 괘의 변화가 있고 효에도 효의 변화가 있다. 괘의 변화란 내외가 동하여 반음이 되는 것으로 동일한 괘 안에서 반음이 되는 경우다. 예를 들어 건이 변해 곤이 되었다.

```
酉 ‖ 父戌 ↙ 世
亥 ‖ 兄申 ↙
丑 ‖ 官午 ↙
卯 ‖ 父辰 ↙ 應
巳 ‖ 財寅 ↙
未 ‖ 孫子 ↙
```

본괘·변괘 모두 괘 자체에서 육충괘를 이루었다.

◆ 효의 변화란 내외가 동하여 반음이 되지만 동일한 괘에서 되지 않는 경우다.
예를 들어 지풍승이 풍지관으로 변했다.

```
卯 | 官酉 ∥
巳 | 父亥 ∥
未 ‖ 財丑 ∥ 世伏午孫
卯 ‖ 官酉 ↙
巳 ‖ 父亥 ↙ 伏寅兄
未 ‖ 財丑 ∥ 應
```

본괘 변괘 모두 괘 자체에서는 반음(즉 육충)이 안 되지만 본괘와 변괘의 관계 속에서 서로 효끼리 육충을 이루고 있다.

◆ 또 내괘는 움직이지 않고 외괘만 반음이 되는 경우도 있다.
예를 들어 풍지관이 중지곤으로 변했다.

```
酉 ‖ 財卯 ⼂
亥 ‖ 官巳 ⼂ 伏申兄
丑 ‖ 父未 ‖ 世
卯 ‖ 財卯 ‖
巳 ‖ 官巳 ‖
未 ‖ 父未 ‖ 應伏子孫
```

본괘가 변해 변괘로 되었는데 외괘끼리만 축미·사해·묘유충으로 반음되었다.

◆ 또 외괘는 움직이지 않으나 내괘가 반음이 되는 경우가 있다.
예를 들어 중풍손이 풍지관으로 변했다

```
卯 | 兄卯 | 世
巳 | 孫巳 |
未 ‖ 財未 ‖
卯 ‖ 官酉 ⼂ 應
巳 ‖ 父亥 ⼂
未 ‖ 財丑 ‖
```

본괘가 변괘와 내괘끼리만 축미충·사해충·묘유충 되었다.

내괘가 반음이 되면 안이 불안하고 외괘가 반음이면 밖에서 편안치 않다.

내외가 다 반음이 되면 내외가 다 불안한 상이다.

모두 이루었다가 패하고, 패했다가 이루며, 있다가도 없고 없다가도 있으며, 얻었다가 잃고 잃었다가도 얻으며, 왔다가 가고, 갔다가 오며, 흩어졌다가 모이고 모였다가 흩어지며 동하나 정을 생각하고 정하나 동을 생각한다.

공명점을 할 때 용신효가 왕상하면 천이遷移하고 또 천이하며 다른 곳으로 승진했다가 다시 승진해 오며 용신이 실함하면 혹 내려가거나 혹 올라가며 혹 얻거나 혹 잃는다.

재물점을 치면 취산이 일정치 않고, 매매경영에는 때로 흥했다가 때로 폐하며 분묘·택사점에는 옮기려 하나 옮기지 못하고 혹 옮겼다가 다시 옮기며 혹 당장 천이할 일이 있게 되거나 하며 이미 지난 오랜 일을 점할 때는 목전에 변동이 있게 된다.

천시점에는 맑았다가 비가 오거나 비가 오다 또 맑게 되며 혼인점에는 반복이 있어 이루기 어렵고 질병점에는 나았다가 또 병이 생기고 도적·관재점에는 보고 또 보며 출행점에는 중도에서 돌이키게 되고 거기에 도착해도 일을 이룰 수 없다.

행인점에는 외괘가 반음일 때 용신이 왕상하면 반드시 돌아오나 그렇지 않으면 다른 곳으로 옮기고 밖에 거하면서 가택점을 칠 때 내괘반음이면 가정의 식구가 불안하고, 피차의 형세를 점할 때 내괘가 반음이면 내가 어지럽고 다른 사람은 안정되며, 외괘가 반음이면 다른 사람이 어지럽고 내가 안정된다.

이상에서 용신이 왕상하고 충극으로 변하지 않으면 비록 반복해도 일이 반드시 이뤄지지만 제일 무서운 것은 용신이 회두충극으로 화하는 것으로 위에서 말한 괘가 변하는 경우처럼 대흉한 상이다. 예를 들어

예 54 묘월 임신일. 관에서의 부임을 따르려는데? 수지비→수풍정

```
        財子‖ 應
        兄戌│
        孫申‖
  孫酉  官卯‖世
  財亥  父巳‖
        兄未‖
```

세가 관성에 임하고 월건에 있어 왕하니 반드시 뜻대로 갈수 있으나 내괘가 반음이 되었으니 정히 반복이 있으리라. 또 좋지 않은 것은 세효가 신일에 절되고 다시 회두충극으로 화하니 주로 이번 길은 불길하니 가지 않는 것이 상책이다.

후에 관에서의 추첨으로 빈자리를 얻었는데 근처에 도적의 막사가 있어서 고사하여 가지 않다가 관을 옮긴 후에 홀연히 다른 일로 인하여 따라갔다가 칠월이 되자 도적이 성을 파하니 관과 같이 피해를 당했다.

피해를 당한 것은 세효와 관효가 똑같이 유금의 충극을 받기 때문이고 이미 고사하고서 다시 간 것은 괘가 반음이 되었기 때문이다.

예 55 묘월 기해일. 승진점. 지택림→풍택중부

```
  官卯  孫酉‖
  父巳  財亥‖應
        兄丑‖
        兄丑‖
        官卯│世
        父巳│
```

세가 묘목에 임하고 월건으로 관이며 또 해일에 장생되니 세와 관성이 같이 왕지에 임하였으므로 승진하리라.

과연 본월에 강서에서 산동으로 승진했으며 얼마 지나지 않아

다시 강서로 부임했는데 본월에 승진한 것은 묘관이 월령에 있었기 때문이고 산동으로 승진한 것은 관이 묘목에 임했기 때문이며 다시 옛 자리로 부임한 것은 외괘가 반음이 되었기 때문에 갔다가 다시 돌아온 것이다.

◆ 복음괘에도 내외복음이 있다.
예를 들어 천뢰무망이 뇌천대장으로 변했다.

```
戌 ‖ 財戌 ⚊
申 ‖ 官申 ⚊
午 | 孫午 | 世
辰 | 財辰 ‖
寅 | 兄寅 ‖
子 | 父子 | 應
```

본괘 변괘가 초효부터 육효까지 자자 인인으로 같다. 내외가 복음이 되면 내외가 우울하고 신음하는 상이다.

◆ 또 내괘가 동하여 복음으로 변하는 경우가 있는데 이렇게 되면 안으로 신음하고 외괘가 동하여 복음으로 변하면 밖이 편안치 않다.

공명점에는 관도가 오래도록 곤란하고 벼슬길에 장애와 지체가 많으며 재리점에는 재원이 모산하여 본전도 없어지고 분묘·택사점에는 옮기고 싶어도 옮길 수 없고 그 자리에 있어도 불리하다.

혼인점에는 근심으로 즐거움이 없으며 질병점에는 구병으로 신음하고 구설·관재점에는 일이 매듭지어지기가 어려우며 출행점에는 움직임을 바꾸기가 어렵다.

행인점에는 밖에서 우수가 있고 피차간의 형세를 점할 때는 내괘는 내가 되고 외괘는 다른 쪽이 되는데 내괘가 복음이면 내 마음이 불안하고 외괘가 복음이면 상대쪽 뜻이 불안하다.

살피건대 복음과 반음을 비교해보면 반음은 충극이 있는 것으로 용신이 극을 받아 화가 가볍지 않지만 복음의 괘는 용신이 왕상하면 충개하는 년월에 그 뜻을 펼 수 있으며 용신이 휴수하면 충개하는 년월에 우울해진다. 예를 들어

예 56 신월 계사일. 아버지가 밖에서 재임에 편안하신지 점함. 천풍구→뇌풍항

```
父戌    父戌ㅣ
兄申    兄申ㅣ
        官午ㅣ應
        兄酉ㅣ
        孫亥ㅣ伏寅財
        父丑ㅣㅣ世
```

사화일진이 부모를 생하니 재임에 편안을 主한다.
그러나 외괘가 복음이 되었으니 편안치 않은 상이 있다.
재임에 부득의한 일이 있어서 신음함이 있으리라.

저 사람이 묻기를 "무슨 장애가 있겠습니까?"
내가 말하기를 "일건이 부를 생하니 다른 일은 염려가 없다."
또 묻기를 "어느 때 돌아오겠습니까?"
말하기를 "복음은 돌아오고 싶어도 돌아올 수 없는 것이니 진년에나 오겠다."
후에 묘족苗族이 오랑캐의 풍습을 숭상하는 바람에 그 지방이 편안치 않음을 알고 많이 놀랐다고 한다. 인년점괘에 진년에 문

제를 해결하여 돌아와 오년에 또 서촉으로 보직을 받았다.
진년에 응한 것은 술부가 술효로 화한 것을 충개하는 년이기 때문이고 문제를 해결한 것은 사일이 해수를 충해 암동하여 관을 극했기 때문이다.

오년에 또 관에서 보직을 받은 것은 점칠 때가 사일이었으니 오화의 관과 공(拱)되어 일어났기 때문인데 그것은 당일 해수의 극으로 사라지지 않다가 지금 오화 관성의 치년置年이 되자 의연히 왕해지게 되었기 때문이다.

| 이아평이 말하기를 | 『역림보유易林補遺』에 말하기를 "효가 복음이 되면 불길하다. 술자들은 괘에 반음이 있으면 가장 흉하다는 말을 들어보지 못했는가!"라고 했으니 복가卜家들이 너 나 할 것 없이 용신의 쇠왕을 보지 않고 그냥 반음·복음이면 두려워하였다.

그러나 지금 야학이 여기에서 논한 수지비가 수풍정으로 변한 괘(54번)에서는 세가 충극을 당해 일이 반복도 있고 身이 그 재앙을 받았으나 지택임이 풍택중부로 변한 괘(55번)에서는 세관이 득지하니 비록 반복反伏이 있다 해도 관을 연이어 돌아가며 옮기었으니 사람들에게 가르치는 법이 어찌 투철하고 명쾌하지 않은가?[78]

---

[78] 복서정종 십팔문답 5. 반음의 경중

역자예 1 묘월 을해일. 승진점. 지택림→풍택중부

```
官卯 孫酉 ‖
父巳 財亥 ‖ 應
     兄丑 ‖
     兄丑 ‖
     官卯 | 世
     父巳 |
```

세가 묘목 월건에 임하고 관성이 일에 장생을 얻었으므로 세와 관성이 같이 왕지에 임해 있으니 승진하리라!
과연 본월에 소식을 듣고 강서에서 산동으로 승진하였다가 다시 강서로 갔다. 이것은 외괘의 반음이므로 갔다가 다시 온 것이다.

역자예 2 미월 정사일. 제수씨 도진 병의 길흉? 산지박→중지곤괘

```
兄酉 財寅 ＼
     孫子 ‖ 世伏兄申
     父戌 ‖
     財卯 ‖
     官巳 ‖ 應
     父未 ‖
```

외괘 간이 곤으로 변하니 괘의 반음이다. 병이 나았다가 다시 도지리라. 단 인목용신이 유금으로 회두극으로 화하고 미월에 墓되며 일진과 형되는 것을 꺼리는데 이 병이 신일이면 위험하리라. 과연 맞아떨어졌다.

역자예 3 사월 무신일. 전에 갔던데서 화물을 팔려는데 유리할까? 풍천소축
→중천건

```
       兄卯 |
       孫巳 |
   孫午 財未 ∥ 應
       財辰 | 伏官酉
       兄寅 |
       父子 | 世
```

풍천소축이 중천건으로 변하였으니 괘의 반음이다. 기쁜 것은 세와 재효가 일에 장생하며 이곳을 지칭하였으니 응효가 목적지가 되는데 오화가 회두생합하니 전보다 더욱 이익이 있으리라.

이 사람이 후에 세 번 갔다 돌아오더니 이익을 배나 얻었다.

역자예 4 신월 을묘일. 병사가 온다는데 일가족이 어느 곳으로 피해야 하겠는가? 천뢰무망→뇌천대장

```
   財戌 財戌 ⺦
   官申 官申 ⺦
        孫午 | 世
   財辰 財辰 ∥
   兄寅 兄寅 ∥
        父子 | 應
```

내외가 복음이니 근심이 해결되지 않은 상이나 기쁜 것은 세효 오화 자손이 자기가 되고 응효 자수 부모는 부모가 되는데 월건이 응을 생하고 일진은 생세하며 세응이 안정되었으므로 부모와 자기가 애로가 없으리라. 그러나 인목형효가 복음이고 월파까지 되었으니 동생에게 액이 있으리라.

묻기를 "저희 부모는 서방의 친가에 계셔도 무방하겠습니까?"
답하기를 서방은 금으로 부모를 생부하니 전혀 걱정할 것이 없

다.
당신은 동방으로 피하는 것이 좋을 것이니 동방은 능히 화를 생할 수 있으므로 형제·처·종 모두 너를 따라 가면 자손이 지세하였으니 편안하리라.
저가 돌아와서 식솔들을 데리고 동방으로 갔다가 후에 다시 나에게 와서 평안했다고 말했다. 그러나 그 아우는 부모를 생각한다고 찾으러 다니다가 도중에 해를 당하였다.

| 역자예 5 | 신월 갑오일. 아버지가 재임중 평안하시겠는가? 천풍구→뇌풍항괘 |

```
父戌   父戌 ㅑ
兄申   兄申 ㅑ
       官午 | 應
       兄酉 |
       孫亥 | 伏寅財
       父丑 ‖ 世
```

유독 꺼리는 것은 외괘 복음으로 반드시 재임시 일이 있어 부득이 신음하는 상이로다.

묻기를 "지방에서 묘족의 변란 때문에 애로가 있을까 싶은데요?"

답하기를 "일진이 부를 생하니 다른 일로는 염려가 없을 것이다."

또 묻기를 "금년에 돌아오겠습니까?"

답하기를 "복음은 돌아오려 해도 돌아올 수 없으니 내년 진월이면 평정시켜 빈자리가 생기고, 오월에 대기발령에서 보직발령을 받으리라. 진월에 빈자리가 생긴 것은 술부가 복음되고 파를 만났기 때문이며 오월에 보직 발령을 받은 것은 일진 관성이 비화比和로 도와 용을 생해 득시 득왕했기 때문이다."

역자예 6 | 인월 을묘일. 밖으로 여행하면서 집안의 안부? 천뢰무망→중천건

```
財戌 |
官申 |
孫午 | 世
財辰  財辰 ||
兄寅  兄寅 ||
父子 | 應
```

내괘는 집안이 되는데 이미 복음이 되어서 이변에 신음하는 일이 일어나리라.
묻기를 "무슨 일 때문이겠습니까?"
답하기를 "인월 묘일이 같이 진토 재효를 극하니 처첩·노복의 일이로다."

역자예 7 | 인월 을묘일. 처의 안부를 재점. 뇌지예→천지비

```
財戌  財戌 ||
官申  官申 ||
孫午 | 應
兄卯 ||
孫巳 ||
財未 || 世伏子父
```

술토 재효가 또 복음이 되고 일월이 상극하니 처에게 반드시 대액이 있으리라!
묻기를 "어느 때이겠습니까?"
답하기를 "일진이 술과 합이 되니 비록 인묘가 모두 극하고 있어도 무방하다마는 진월이 바뀌면 복음이 또 월의 충을 당하니 반드시 피하기 어려우리라.
과연 삼월에 처가 죽었다.

26 순공旬空

- 갑자순중甲子旬中 술해공戌亥空   갑술순중甲戌旬中 신유공申酉空
- 갑신순중甲申旬中 오미공午未空   갑오순중甲午旬中 진사공辰巳空
- 갑진순중甲辰旬中 인묘공寅卯空   갑인순중甲寅旬中 자축공子丑空

순중이란 예를 들어 갑자에서 계유일까지가 일순一旬이 되는데 이 십 일 내에 술해가 없으므로 효에서 술해를 만나면 공망이 되고 또 이름하여 순공旬空이라 한다.
나머지도 이와 같이 한다.

- 순공의 법은 여러 책의 논의가 지나치게 복잡하다.
  진공이 있고 가공이 있으며, 동공이 있고 충공이 있으며, 전공塡空이 있고 원공援空이 있으며, 무고한 자공이 있으며 유고한 공이 있고, 묘·절공이 있고 해공害空이 있으며, 안공安空 파공破空이 있다.

  <u>야학이 말하기를</u> 왕하면 공이 되지 않고 동해도 공이 되지 않으며, 동하여 공으로 화하거나 복신이라도 왕상하면 모두 공이 안 되며, 일건·동효의 생부가 있으면 역시 공이 안 되고 월파는 공이 되고 유기해도 동하지 않았다면 역시 공이 되며 복신되었으나 피극되어도 역시 공이 되고 진공이 되어도 공이 된다.[79]

내가 처음에 점을 배울 때 대개 순공을 만나면 당황하여 분별하지 못하고 도저한 전공眞空으로 판단하였는데 전실되는 날이 되자 공되지 않았고, 공되지 않을 것 같았는데도 또 도저한 전공眞空이 되기도 하였는데 후에 다점의 법을 얻어서 대개 순공을 만나면 재점을 명하였다.

그래서 괘가 길하면 순을 벗어날 때는 공이 안 되고 괘가 흉하면 공이 되는 것으로 판단하였다. 예를 들어

| 예 57 | 진월 을묘일. 구재점. 풍화가인→산화비 / 자축 공망

```
       兄卯 |
父子   孫巳 ╱ 應
       財未 ‖
       父亥 | 伏酉官
       財丑 ‖ 世
       兄卯 |
```

축토 재효가 지세하고 순공을 만났다.
비록 사화의 생을 만났다하나 사화가 또 회두극을 당하니 축토재를 생할 수 없다. 이 재는 이미 생부함이 없는 것이니 당연히 구하기 어렵다. 그러나 삼월의 축토이기에 재가 그래도 유기한다.

고법에 "유기하면 공이 되지 않는다" 하였으나 감히 판단하지 못하겠으니 재점을 명하였다.

---

[79] 진공眞空이란 춘토春土(즉 봄에 토가 공이 되는 것), 하금夏金, 추목秋木, 삼동三冬의 화면 진공이 된다.

예 58 │ 진월 을묘일. 재점. 화택규→산택손

```
   父巳 |
   兄未 ‖ 伏子財
兄戌   孫酉 | 世
   兄丑 ‖
   官卯 |
   父巳 | 應
```

이 괘를 전괘와 합하여 판단해 보면 재가 무기하니 노심하는 것이 쓸데없으리라!
저 사람이 "왜 그러하냐?" 해서 내가 말하기를 "전괘는 축토가 비록 공이 되도 유기했으나 후괘는 자수재가 공이 되면서 오효 미토 아래 복신되었으니 복되고 또 공까지 되었으며 공되고 피극되었으니 그 재가 없음을 의심할 나위가 없음이다."
후에 과연 전혀 얻은 것이 없었다.

예 59 │ 자월 신해일. 원행하여 구재하려는 점. 산천대축 / 인묘 공망

```
官寅 |
財子 ‖ 應
兄戌 ‖
兄辰 | 伏申孫
官寅 | 世伏午父
財子 |
```

세가 인목이 되면서 자월해일로 모두 재신이 되면서 생세하고 또 응효가 목적지가 되어 세응이 상생하고 있으니 전미한 괘다.
유독 세가 순공에 있으니 만약 고법으로 판단한다면 무고無故한 자공自空이라 하겠으니 대흉의 징조가 된다 할 것이다 했으니 감히 가란 말을 못하겠다.
재점을 명하여

| 예 60 | 자월 신해일. 재점. 지화명이→뇌화풍

```
      父酉 ||
      兄亥 ||
  財午 官丑 || 世
      兄亥 |  伏午財
      官丑 ||
      孫卯 |  應
```

이 괘와 전괘가 같다. 이번에 가면 크게 소득이 있겠다.
세효축토가 오화를 화하여 회두생되나 지금은 월파가 되어 굳이 그곳에 가면 이미 이 달을 벗어날 것이다. 달을 벗어나면 파가 되지 않는다. 전괘로 판단하면 봄에 해당하는 인·묘월이 되면 정히 세효가 출공하는 때가 되고 자·해 재의 생을 만나게 되니 뜻과 같이 되리라.
묻기를 "가서 이룰 수 있겠습니까?"
내가 말하기를 "갑인일에 세효가 출공한 뒤에 결행하면 틀림없으리라."
과연 을묘일에 여정을 떠나 후에 그곳에 도착한 것이 인·묘월 사이에 모든 일이 뜻과 같이 되어 가득 싣고 돌아왔다.

| 야학이 말하기를 | 다점의 법은 허다한 의혹을 덜어준다.
그렇지 않고 위에서처럼 만약 전괘로만 판단했다면 무고한 자공이니 심연에 들어간 것 같아서 큰 의심이 생겼을 것이다.
그러나 왕한 재가 생세해 만금을 허리에 차고 왔으니 가게 해야 할 것인가? 가지 말라고 막아야 할 것인가?
또 예를 들어

예 61 인월 신묘일. 아버지가 어느 날 돌아올 것인가? 풍지관→천지비 / 오미공망

```
財卯 |
官巳 | 伏申兄
官午 父未 ∥ 世
財卯 ∥
官巳 ∥
父未 ∥ 應伏子孫
```

이 괘는 부가 진공眞空을 만나고 일월이 상극했다.
비록 동해 공이 되지 않는다 하나 그 지나치게 상함이 의심스럽다. 내가 감히 판단하지 못하겠다. 어느 때 갔느냐?

저 사람이 말하기를 "아버지가 개점한 곳이 여기서 삼백여 리에 떨어진 곳에 수시로 왕래하시는데 어제 소식이 있기를 이틀이면 도착하겠다 했는데 출발하셨는지를 알지 못하겠습니다."
내가 재점을 명하였다.

예 62 인월 신묘일. 재점. 천택리→풍택중부

```
兄戌 |
孫申 | 世伏子財
兄未 父午 ✕
兄丑 ∥
官卯 | 應
父巳 |
```

이 괘가 또 부가 동하여 공을 만났으나 다행히 일월의 생부를 만나니 전괘와 다르다. 다시 부가 동하여 극세하는 것을 기뻐한다. 세를 극하면 속히 온다 하였으니 혹여 갑오·을미일에 반드시 오리라. 과연 미일에 집에 돌아왔다.

혹 말하기를 "이 괘가 일월이 효를 생하였으니 반드시 오리라는

것은 맞지만 그러나 전괘는 진공인데 어찌 흉이 없겠는가? 신에게 두 가지 이치가 없으니 이 괘가 만약 맞는다면 전괘는 틀리다는 말인가?"
내가 말하기를 "전괘는 어찌 아니라 하는가? 미부효가 지세하나 지금은 순공이니 출공하면 아버지를 본다.
대저 점을 판단해주는 사람은 오는 사람의 생각을 알아야 하니 만약 저 아버지가 강호로 멀리 가서 존망을 알지 못하겠다 한다면 그 사람은 반드시 살아 계신가를 묻는 길흉의 생각으로 물을 때 만약 진공을 만났다면 스스로 돌아오지 않는다 하겠다.
그러나 지금 이 상황은 단지 잘 아는 길을 왕래하는 것에 불과하여 묻는 사람이 어느 날 돌아오겠는가 하였으니, 미일에 반드시 돌아오겠다 한 것으로, 마치 저 사람이 내 아버지가 어느 날 집에 돌아오겠는가와 묻는 것과 같으니 신이 고해주기를 너의 아버지가 미일이면 돌아오리라고 말해준 것과 같다.
그러나 내가 처음에 전괘를 보건데 동한 것이 의심스러웠기 때문에 그러므로 재점을 명한 것이다.
만약 다시 흉괘가 나왔다면 흉으로 판단하였겠지만 이미 길괘를 얻었기 때문에 합하여 판단해보니 신의 뜻을 이같이 깨달아 이처럼 판단하였던 것이다."

내가 오월 기축일에 날씨를 점할 때 지택림이 지수사괘로 변해 초효사화 부가 동해서 사일에 비가 온다고 판단하였는데 계사일 아침에 온 하늘이 불그스레하였다.

친구 중에 역을 아는 사람이 앉아 있다가 지금 오늘 비가 오겠는가로 여부를 점쳐보자 하였다.

| 예 63 | 오월 기축일. 날씨점. 지택림→지수사 |

```
        孫酉 ∥
        財亥 ∥ 應
        兄丑 ∥
        兄丑 ∥
        官卯 │ 世
    官寅 父巳 ╱
```

| 예 64 | 오월 계사일. 날씨점. 수화기제→택화혁 |

```
        兄子 ∥ 應
        官戌 │
    兄亥 父申 ∥
        兄亥 │ 世伏午財
        官丑 ∥
        孫卯 │
```

내가 말하기를 "금일 신시에 비가 있으리라."

친구가 말하기를 "신부가 비록 동하였으나 일월이 극하며 항차 사와 신이 합하여 부효를 묶고 있으니 비가 오지 않을 것인데 어찌 비가 온다 하겠는가?"
내가 말하기를 "그렇지 않다. 정히 큰비가 오리라."
과연 신·유시에 뇌성과 비가 번갈아 왔다.
다음 날 친구가 묻기를 "월에 상하고 일이 합되었으니 큰 비로 판단한 것이 아닌가? 어찌 그리 신통한가?"
내가 말하기를 "유독 어제의 괘로만 판단한 것이 아니다.
이미 축일점에 원래 사일에 반드시 비가 오리라 응했으니 내가 신에게 묻기를 전괘에 금일에 비가 온다고 응했으니 지금 비가 올 것인가의 여부를 묻는 것에 신이 오늘 신시에 비가 온다고 답한 것과 같은 것이지 어찌 극과 합에 있었겠는가?

전괘에서 행인을 판단할 때 역시 저 사람이 내게 아버지가 어느 날 돌아오겠는가로 묻는 것과 같이, 역시 신이 미일에 반드시 돌아온다고 답한 것과 같은 것이지 공과 진(眞)에 있었던 것은 아니다.
대개 점치는 사람은 반드시 귀신과 그 기미가 합하여야 하니 절대 융통성 없이 사태의 변화를 무시하는 어리석은 행동을 해서는 안 된다.
내가 다점의 법을 얻어 비록 한 번에 귀신의 기미와 합하지 못한 것이 있을지라도 다점한 것 때문에 능히 귀신의 기미를 깨달을 수 있었다.

| 이아평이 말하기를 | 공망의 설은 귀신도 알지 못하는 묘함이 있다. 있는 것 같으나 없고 없는 것과 같으나 또 있으며 실(實)에도 도저한 전공(全空)이 있고 역시 전실해 공 아닌 것도 있으니 다점

해 양괘로 합해서 판단하는 것이 가히 조화의 미묘함을 드러낼 수 있을 것이다.

대저 천지의 이치는 모두 공에서 생기는 것이니 그러므로 말하기를 공이 되면 기다려라 하였고 모든 점에 공을 만나면 즉시 공이 된다 하지 말고 반드시 그 점치는 일을 보아서 가까운 일인지 먼 일인지를 보아 만약 가까운 것이라면 순내에는 공이 되나 충공하는 날, 실공되는 때에 일이 이루어지고 만일 一旬外에 먼일이라면 출공하는 날에 응할 수 있다.

만약 원대한 일을 점한 것으로 시기를 정할 수 없다면 순을 벗어났다고 이뤄지는 것이 아니니 반드시 大象을 보아서 대상이 불길하면 비로소 도저한 공이라고 말하고 대상이 만약 길하다면 태세 월건이 옴에 따라 전실될 수 있다.

종합하자면 다점하여 양괘를 얻어 판단하는 묘법만 못하다.[80]

| 역자예 1 | 38번 괘, | 역자예 2 | 376번 괘, | 역자예 3 | 351번 괘, |

| 역자예 4 | 364번 괘, | 역자예 5 | 127번 괘, | 역자예 6 | 112번 괘, |

[80] 복서정종 십팔문답 7.
순공 : 도저한 전공全空으로 판단했는데도 도리어 전실할 때 응해버리고 공이 안된다고 판단했는데도 도리어 도저한 공이 되니 무엇 때문입니까?
답하기를 "생은 없고 극만 있으면 도저한 공이 되고 생은 있는데 극이 없으면 때를 기다려 쓴다. 괘에서 가장 흉한 것은 희·용신효가 순공되는 것이고, 괘에서 가장 좋은 것은 기신효가 순공되는 것이다."

역자예 7   113번 괘.

역자예 8   유월 경진일. 장모의 근병점. 지수사→지풍승 / 신유공망

```
父酉 ‖ 應
兄亥 ‖
官丑 ‖
父酉  財午 ⚊ 世
官辰 ⚊
孫寅 ‖
```

유금 부모가 순공이 되니 근병에 공을 만나면 낫는다 하겠지만 일진과 합되니 근병에 합을 만나면 죽는다. 단 세에 부모를 극하는 기신이 지세하고 있으니 이 병은 반드시 위험하리라!

묻기를 "어느 날 위험하겠습니까?"
답하기를 "오화가 순공으로 화하였으므로 순내에는 극할 수 없을 것이나 근병에 공을 만나면 죽지 않으므로 순내는 죽지 않겠지만 을유일을 조심하라. 과연 을유일 묘시에 죽었다.

역자예 9 유월 임진일. 자식의 병점. 택풍대과 / 오미공망

```
財未 ∥
官酉 ｜
父亥 ｜ 世伏午孫
官酉 ｜
父亥 ｜ 伏寅兄
財丑 ∥ 應
```

오화 자손이 세효 해아래 복되어 있는데 월건이 생조하기는 하지만 해수는 자손을 극하는데 지금은 용신이 순공되므로 그 극을 받지 않지만 갑오일에는 피할 수 없으리라! 과연 오일 오시에 죽었다. 이것을 일러 복신을 꺼내줌이 없다고 하는 것이다.

역자예 10 자월 을사일. 아우가 큰 호수에서 빠져 죽었는데 시체를 찾을 수 있을까? 지뢰복 / 인묘공망

```
孫酉 ∥
財亥 ∥
兄丑 ∥ 應
兄辰 ∥
官寅 ∥ 伏巳父
財子 ｜ 世
```

대개 시체는 귀효를 용신으로 삼는데, 지금 인목귀효가 순공되었고 해수는 득령의 수로 암동되어 합하고 있으니 시체가 큰 물 중에 분명히 있다만 단 인목이 순공되고 합되었으므로 순공이 충을 만나는 때를 기다려야 한다. 경신일에야 보리라! 후에 경신일에 보지 못하고 축월 갑자순내 임신일에 시체가 떠 볼 수 있었다.
이 뜻은 무엇인가?
종합하자면 인귀가 출순하고 해수가 태왕하니 자월에는 못 찾다가 축월로 바뀌자 축토가 수를 제하며 갑자순에 해수가 공을

만나 수가 공되면 수가 물러난 것과 같고 목은 수중에서 충이 안 되면 일어나지 못하므로 갑자순 임신일에 응했던 것이다.

■ 역자예 11 ■ 축월 갑오일. 부의 근병? 지뢰복→화뢰서합 / 진사공망

```
父巳 孫酉 ‖
     財亥 ‖
孫酉 兄丑 ‖ 應
     兄辰 ‖
     官寅 ‖ 伏巳父
     財子 ∣ 世
```

사화 부모가 용신이 되는데 순공되고 일진과 공拱되며 공망이니 근병에 공을 만나면 죽지 않는다.
단 불리한 것은 육합괘인데 육합되면 죽는다.

내가 생각하기를 공을 쓰는 것과 육합은 가히 상적한다 할 수 있으나 유독 세에 기신이 암동하고[81] 외괘는 사유축 합성금국 하여 수를 도와 용신을 극하는 것이 좋지 않다. 이 병은 필사하리라.
묻기를 "어느 날 흉하겠습니까?"
답하기를 "기해일도 사화를 충극하지만 순공에 있으므로 무방하고 순을 벗어나는 신해일은 위험하리라. 과연 그 날에 죽었다."
이것은 순을 벗어나자 충극을 당했기 때문이다.

---

[81] 축월은 수水의 여기餘氣의 달로 수가 상相하기 때문에 암동으로 본 듯하다.

역자예 12 미월 무술일. 큰 가뭄으로 어느 날 비가 오겠는가? 풍지관 / 진사 공망

```
財卯 |
官巳 | 伏申兄
父未 ∥ 世
財卯 ∥
官巳 ∥
父未 ∥ 應伏子孫
```

월건 미토 부모효가 용신이 되는데 일진이 비화比和로 도우니 반드시 큰 비가 있으리라!
단 사화 관효가 원신인데 순공에 안정하니 정할 때는 반드시 충돼야 하며 순공은 반드시 출순을 기다려야 하므로 신해일에 큰 비가 오겠다.
과연 그날 신·유시에 비가 오촌이나 왔다.

역자예 13 미월 무술일. 사귀는 소원한 사람이 어느 날 오겠는가? 수산건 / 진사공망

```
孫子 ∥
父戌 |
兄申 ∥ 世
兄申 |
官午 ∥ 伏卯財
父辰 ∥ 應
```

대개 사귀는 친구를 점할 때는 형제가 용신이 되는데 지금 소원한 사람과 교제하는 것이므로 마땅히 응효가 용신이 된다.
지금 응효가 순공에 있으니 일진의 충기를 얻으려면 반드시 갑진일을 기다려야 한다. 과연 맞았다.

역자예 14 미월 갑진일. 어느 날 큰 비가 오겠는가? 뇌산소과→택화혁 / 인묘공망

```
父戌 ∥
兄酉   兄申 ∦
       官午 | 世伏亥孫
       兄申 |
       官午 ∥ 伏卯財
財卯   父辰 ∦ 應
```

일진 진토 부모효가 용신이 되는데 발동하고 월건의 도움을 얻고 있으며 또 토가 용사하는 때이므로 그 진토는 왕이 비할 때 없다.
비가 반드시 적지 않으리라.
단 좋지 않은 것은 묘목 순공으로 화하고 회두극으로 화하는 것이다. 비록 신이 유금으로 화하면서 진신으로 극목해 토를 구한다하나 묘목이 순공되니 공되면 금의 극을 피하게 된다.
진토 부효에게 있어서 결국 묘목은 병이 되므로 반드시 갑인순 을묘일에 묘목이 출공하고 치일値日한 때는 출두出頭해 극을 피하기 어렵다. 그리고 술토가 암동하여 금을 도와 목을 극하므로 묘목은 이미 금의 극을 받아 진토를 해롭게 할 수는 없다. 반드시 갑인순 을묘일에 비가 있으리라! 그러나 그때는 비가 없었고 입추 후 신유일 신시에 비로소 비가 왔다.
입추 후 유일에 응한 것은 왜일까? 그것은 이미 괘에서 신이 유로 화하였은즉 신·유일임이 분명히 드러났던 것이다. 묘목이 출순하고 치일이 되었어도 완전히 철저하게 극을 당하지 않다가 신월로 바뀌자 극을 받으며 유일이 또 충하니 비로소 비가 왔다.
이 괘로 말미암아 나의 학문이 더 진일보 하였다.

27 생왕묘절 生旺墓絶

◆ 장생長生 목욕沐浴 관대冠帶 임관臨官 제왕帝王 쇠衰 병病 사死 묘墓 절絶 태胎 양養

내가 경험하건데 생·왕·묘·절만 맞았을 뿐이며, 그 나머지는 맞지 않았으니 쓸 필요가 없다.

生旺墓絶\五行	金	木	火	土水
長生	巳	亥	寅	申
旺	酉	卯	午	子
墓	丑	未	戌	辰
絶	寅	申	亥	巳

예를 들어 주사효가 목에 속하는데 만약 해일점괘라면 즉 주사효가 해일에 장생하며 만약 묘일의 점괘라면 목은 묘에 왕하고 만약 미일점괘라면 목은 미에 묘되고 만약 신일점괘라면 목은 신에 절된다.

나머지도 이와 같은 식으로 본다.

또 만일 주사효가 목에 속하는데 괘중에서 해효를 동출하였다면 역시 주사효가 장생을 만난 것이라고 하며, 미효를 동출하였다고 하면 주사효가 동한 묘動墓에 들었다고 하고, 신금을 동출했다면 주사효가 절을 만났다고 하며, 묘효를 동출했다면 주사효가 왕에 있다고 한다. 나머지도 이와 같이 한다.

또 예를 들어 주사효가 목에 속하는데 동하여 해수를 변출하면 장생으로 화한 것이라 하며 동하여 묘목으로 변출했다면 왕으로 화했다하고 동하여 미토로 변출하였다면 묘로 화했다고 말하며 동하여 신금으로 변출하면 절로 화했다고 하는데 나머지도 이와 같이 한다.

| 각자가 말하기를 | 금은 비록 사巳에 장생한다 하나 반드시 금효가 왕상해야 하는데 혹 일월동효의 생부가 있으면서 다시 사巳 일점괘를 만났거나 혹은 괘중에 사巳효를 동출하거나 금효가 동하여 사巳화를 화출하면 모두 장생을 만났다고 하나 만약 금효가 휴수무기한데 다시 사화를 많이 만나면 맹렬한 불에 금이 달구어지는 것이니 극이라고 논하지 생이라고 논하지 않는다.

금효가 비록 축에 墓가 된다고 하나 만약 미토의 충동을 받거나 혹 괘중에서 토가 많아 금을 생하면 생으로 논하지 墓로 논하지 않는다.

토효가 비록 巳효에 절되지만 반드시 휴수무기하고 또 巳를 만나야 절이라고 하지 만약 토효가 왕상하거나 혹은 일월동효의 생부를 얻는데 다시 巳효를 만나면 사화가 도리어 토를 생하는 것이니 생으로 논하지 절로 논하지 않는다.

巳효가 비록 寅에 장생한다지만 만약 일월동효와 변출한 효에서 申을 만나면 삼형이라고 해서 형으로 논하지 생으로 논하지 않는다.

◆ 고법에 토의 장생은 신이라고 하고 또 말하기를 토의 장생은 인에 있다

고도 해서 고증할 곳이 없었는데 내가 날씨를 볼 때 항상 토가 부모에 임할 때 신일이면 비가 오고 또 자일에도 비가 오며 또 토가 자손에 임할 때 신일이면 맑고 자일에도 맑은 것을 보면 토는 신에 장생, 자에 왕함을 알 수 있다. 그러므로 토가 신에서 생한다는 설이 실로 의심할 나위가 없는 이론이다. 예를 들어

| 예 65 | 오월 기묘일. 처의 병점. 중뢰진→뇌화풍

```
       財戌 ‖ 世
       官申 ‖
       孫午 |
   父亥 財辰 ‖ 應
       兄寅 ‖
       父子 |
```

진토재효가 용신이 되는데 근병에 충을 만나면 낫는다.
진일이면 나으리라. 그렇지 않으면 유일에나 나으리라. 후에 자일에야 비로소 나았다.
대저 진일에 나으리라고 판단한 것은 진토가 치일置日되었기 때문이고 유일이라고 판단한 것은 진과 유가 합되기 때문에 동하여 합한 일이기 때문이다. 지금 자일에 나은 것은 진토재효가 자에 왕했기 때문이다.

| 이야평이 말하기를 | 생·왕·묘·절의 논에서 금이 사에 생하고 목은 해에 생하며 수는 신에 생하고 화는 인에 생하는 사대장생은 바른 이치이나 유독 토의 장생함은 실증으로 고증할 수 없었다.
법에 말하기를 "화토장생은 인위에 있고 자에서 포태함을 알 수 있다." 했으니 이것은 토가 인에서 기생한다는 말로 지금 오행가들이 무토가 인에 생하고 기토는 유에 생한다 한다.

『역모』라는 책에서도 말하기를 "유독 토의 장생만이 한결같지 않다. 신중에 곤坤이 있어서 토가 신에 생한다 했는데 만약 음양으로 나눈다면 무토는 인에 생하고 기토는 유에 생한다" 했지만 종합하자면 어느 것이 진짜인지 알지 못하겠다.

그러나 여기서는 전적으로 천시로 고증했으니 토가 신에 기생한다는 것은 만고에 변치 않는 이론이 아니겠는가?[82]

| 역자예 2 | 65번 괘, | 역자예 10 | 334번 괘, |

| 역자예 11 | 338번 괘, | 역자예 12 | 439번 괘. |

| 역자예 1 | 사월 무인일. 어느 날 득재하겠는가? 중화리→뇌화풍 / 신유공망

```
孫戌  兄巳 ↯ 世
      孫未 ‖
      財酉 |
      官亥 | 應
      孫丑 ‖
      父卯 |
```

유금재효가 안정되었으니 내일 묘일에 반드시 얻으리라!
묻기를 "형제가 동하고 지세하였는데 어찌 득재하겠습니까?"
답하기를 "형제가 술묘에 임했으니 극할 수 없다."

내일 정한 용신이 충을 만난다. 과연 맞았다.

---

[82] 복서정종 십팔문답 12.
사생묘절四生墓絶

역자예 4 │ 자월 신미일. 자식 병의 길흉? 풍산점→풍택중부

```
官卯 │    應
父巳 │    伏子財
兄未 ║
兄丑  孫申 ⚊ 世
官卯  父午 ║
父巳  兄辰 ║
```

신금 자손이 지세하여 축토를 화출하였는데 축이 금의 庫가 되나 미일이 충개하고 있으며 또 일진과 동한 진토의 생을 얻으니 금일 오후에 나으리라.
과연 맞았다.

역자예 5 │ 진월 갑인일. 친구아버지의 병점. 수뢰둔→중뢰진

```
兄子 ║
父申  官戌 ║ 應
財午  父申 ║
     官辰 ║ 伏午財
     孫寅 ║ 世
     兄子 │
```

한사람이 이 괘를 가지고 나에게 묻기를 "신금 부모효가 용신인데 금은 인일에 절되니 절이 맞지 않은가?"
내가 말하기를 "절이다. (그가 말하기를) 그래도 술토 원신이 장생으로 화하여 부모를 생하니 절처봉생 아닌가?"
내가 말하기를 "맞다."
또 그 아버지의 병이 중한데 무방한가를 물었다.
답하기를 "오늘 오시를 넘기지 못하리라."
저가 믿지 않고 가더니 후에 과연 오시에 돌아가셨다.
이 사람이 또 내게 와서 묻기를 "절처봉생이라도 쓸모없는 것 아닌가?"

답하기를 "절처봉생은 항상 위험하다가도 구해졌지만 지금 신금이 인일에 절되며 인일이 오화를 생조하여 회두극하는 것은 좋지 않다.

술토가 금을 생하는 것은 길이라 할 수 있으나 술토는 월파되어 생부할 힘이 없으니 비록 신에 장생한다 해도 신이 일에 충당하고 또 인일에 절되었으므로 이렇게 흉으로 판단한 것이다.

역자예 6 신월 병진일. 아우의 병점. 수화기제→뇌화풍 / 자축공망

```
兄子‖ 應
父申 官戌 ⼳
午財 父申 ‖
      兄亥 ∣ 世伏午財
      官丑 ‖
      孫卯 ∣
```

자수가 순공되나 해수는 공되지 않으니 실을 버리고 공된 것을 써서 자수 형제가 용신이 된다. 자수용신이 일에 묘되나 신금 원신이 발동하고 또 술토가 동하여 원신을 반생反生하니 자수가 비록 입묘했다한들 병이 중할 뿐이다.

갑자일이면 용신이 출공하여 오화를 충거하니 원신이 다치지 않아 나으리라. 과연 맞았다.

대개 입묘하면 필사하며 등사가 동해도 죽고 백호가 동해도 상하며 가을에 술효는 또 목욕살이 되어 가장 꺼리는데도 이 병으로 죽지 않았으니 어쩐 일인가? 대개 괘를 볼 때는 용신을 위주로 추론하여 생이 있고 극이 없는 것이 가장 길하고 기신을 돕고 용신을 상하는 것이 가장 흉하기 때문이다.

역자예 7 신월 계축일. 자식이 어느 날 돌아오겠는가? 산택손

```
官寅 | 應
財子 ||
兄戌 ||
兄丑 || 世伏申孫
官卯 |
父巳 |
```

신금자손이 세효축토 묘고墓庫 아래 복된 것으로도 본래 좋지 않은데 일진에 묘까지 되는 것이 어찌 가하겠는가? 지금 아들이 대환이 있을까 싶다.

묻기를 "얼마 전에 소식이 있었는데 팔월에 출발하였다 하여서 오는가 여부를 점친 것입니다."

내가 말하기를 "이 괘로는 그 돌아올 시기를 판단하기 어렵다."

숙부가 말하기를 내가 조카가 재외에서 편안한가를 점치겠다.

역자예 8   신월 계축일. 숙부가 조카가 재외에서 편안한가를 점침. 천뢰무망
→산뢰이

```
財戌 |
父子 官申 ⼳
財戌 孫午 ⼳ 世
財辰 ‖
兄寅 ‖
父子 | 應
```

전괘에서 자손이 나타나지 않고 입묘하고 후괘는 화묘化墓로 나타났다. 항차 인목원신은 실파·진공되어 생조할 수가 없으며 또 신금 월건 관귀가 도로에서 발동하였으니 두 괘 다 상서롭지 못할 조짐이다.
ㄱ가 말하기를 "전해 듣기로 오월에 장강에서 배가 뒤집혀 죽었다고 합니다."
이 소식을 이미 듣고 괘를 얻었음이 분명하다.
그러므로 장난으로 점친 것이로고!

역자예 9   해월 병인일. 며느리가 고모의 병점. 택산함→수산건 / 술해공망

```
父未 ‖ 應
兄酉 |
兄申 孫亥 ⼳
兄申 | 世
官午 ‖ 伏卯財
父辰 ‖
```

고모는 남편의 자매이니 관귀효로 용신을 삼는다.
지금 오화 관효가 일에 장생하나 해수가 극하는 것이 좋지 않다.
해수가 자화장생하고 또 신금으로 동출하여 수를 도와 극하니 이 병으로 반드시 죽겠다. 후

에 을해일에 죽었다.

을해일에 응한 것은 해수가 순공되었으니 실공되는 날이 되기 때문이다.

역자예 10 　묘월 을미일. 제부가 만삭인데 병 때문에 평안할까? 택수곤→중수감

```
父未 ||
兄酉 |
兄申　孫亥 ↙ 應
官午 ||
父辰 |
財寅 || 世
```

제부弟婦는 아우의 처니 재효로 용신을 삼는다. 지금 인목 재효가 미일에 묘고되니 이것이 병이 나타났다. 해수가 신금으로 화하여 장생을 얻고 생합재효하니 평안하겠다.

묻기를 "어느 날 낳겠습니까?"

답하기를 "해수가 동하여 신으로 화하고 합세하니 내일에는 반드시 낳으리라."

과연 다음날 산모와 아이 다 평안하였다. 아이를 낳은 후에 구병도 다 나았다.

28 각 항목별 제목에 앞서 총괄하는 주註

◆ 후장에는 각 항목별로 나눴는데 쓴 글자가 번잡할까 염려스러워 다 쓸 수가 없어 제목의 머리만 쓰는데 그치는 것이니 지금 아래에 주를 하여서 보기 편하게 하였다.

◆ 용신의왕用神宜旺

사시만을 지정하여 왕한 것을 말한 것이 아니고 단지 용신이 일월에 임했거나 일월동효, 변효가 생부하거나 용효가 장생을 만나거나 제왕을 만나거나 하면 모두 왕이라고 한다.

◆ 용신화길用神化吉

대개 용신·원신이 동하여 회두생으로 화하고 장생으로 화하고 제왕으로 화하며 비조比助로 화하고 일월로 화하는 것은 모두 화길化吉, 즉 "길로 화하였다" 한다.

◆ 용신화흉用神化凶

모든 용신·원신이 동하여 회두극으로 화하고 절로 화하며 묘로 화하고 공·파로 화하며 귀로 화하며 퇴신으로 화하는 것을 모두 화흉 즉 흉으로 화한다고 한다.

◆ 세군歲君
  즉 당년의 태세를 말한다.

◆ 세오歲五
  세란 태세를 말하고 오란 괘에서 다섯 번째 오효를 말한다.

◆ 오위五位
  매괘의 제 오효는 군왕의 자리君位가 된다.
  역에 말하기를 "구오九五는 존尊이다"라는 것이 이것이다.

◆ 신身
  고법에 괘신·세신을 썼으나 내가 여러 번 시험해보니 맞지 않아 쓰지 않는다. 후장에 신身을 만났다는 말은 즉 세효를 말한 것이며 괘신卦身·세신世身을 말한 것이 아니다.[83]

◆ 삼묘三墓
  고법에서 말한 세묘世墓 신묘身墓 명묘命墓가 아니고, 용효가 일묘에 들고, 동묘에 들며, 동하여 묘로 화한 것을 말한 것이다.

◆ 주상主象 주사효主事爻
  자기 점괘에서는 세가 "주상"이 되는데 또 "주사효"라고도 하며 부모·형제점에서는 부모·형제효가 주사효가 된다.
  나머지도 이와 같이 한다.

[83] 괘신·세신 찾는 법은 34 수귀입묘(240쪽)에 있으니 참조하라.

노음老陰이 소양少陽이 되면 변變이라고 하고, 노양老陽이 소음少陰으로 되면 화化라고 한다.

고법에 말하기를 "변變이란 예를 들어 물物이 없어졌다가 자라는 것이고 퇴했다가 나아가는 것이며, 화化란 물物이 성했다가 패하고 나아갔다가 물러나는 것과 같다" 했는데 내가 여러 번 시험해봤으나 맞지 않았다. 진신으로 화하고 생왕으로 화하면 비록 화했다 해도 역시 길하고 귀로 변하고 회두극으로 변하면 변이라 해도 흉하다.

뒤에 변이라고 말한 것은 즉 화효化爻를 말하고 화라는 것은 즉 변효다.

29 각 항목별 응기應期에 대한 총주總註

◆ 정효靜爻에는 치値나 충沖을 만나야 한다.
 예를 들어 주사효가 자수에 임했지만 동하지 않았다면 후에 자일値日·오일沖日에 응한다. 나머지도 이와 같이 한다.

◆ 동효에는 합合이나 치値를 만나야 한다.
 예를 들어 주사효가 자수에 임하면서 발동했다면 후에 축일逢合·자일値日에 응한다. 나머지도 이와 같이 한다.

◆ 태왕자는 묘墓나 충沖을 만나야 한다.
 예를 들어 주사효가 오화에 임했는데 또 사오월일 점괘인데 혹 괘중에 사오화 효가 많으면 후에 해·자일逢沖에 응하거나, 또 술일逢墓에 응하기도 하는데 이것은 화가 입묘하기 때문이다. 나머지도 이와 같다.

◆ 쇠나 절되면 생왕을 만나야 한다.
 예를 들어 주사효가 금에 속할 때 점괘가 사오월일이면 즉 휴수무기하므로 후에 토의 월일이나 혹은 가을철로 제때가 되면秋合·當時 왕하게 된다. 나머지도 이와 같이 한다.

◆ 삼묘三墓에 들면 모두 충개를 좋아한다.

예를 들어 주사효가 오화에 임하면 화의 묘墓는 술이니 후에 진일을 만나면 응한다. 나머지도 이와 같이 한다.

◆ 육합을 만나면 역시 서로 때려주는 것이相擊 마땅하다.
　예를 들어 주사효와 일월이 작합하거나 혹 동하여 세효와 합하거나 동하여 합으로 화할 때 흉이 되든지 길이 되든지 간에 반드시 충개하는 월일을 기다려야 응된다.
　즉 예를 들어 주상이 자에 임하였을 때 축과 작합하면 후에 오·미일을 만나면 응한다. 나머지도 이와 같다.

◆ 월파는 전실·합을 만나는 것을 기뻐한다.
　예를 들어 자월 점괘인데 주사효가 오화에 임했다면 월파가 되며 후에 미일에 응되는데 파가 합을 만나는 것이라 하고 또 오일을 만나도 응하는데 이것은 전실의 일이 되어 불파되기 때문이다. 나머지도 이와 같이 한다.

◆ 순공은 전실·충을 가장 좋아한다.
　순공장을 자세히 보라.

◆ 대상大象이 길한데 극으로 변하면 반드시 극신이 극을 받는 때를 기다려야 한다.
　예를 들어 용신이 진토에 임했는데 일월의 생부를 얻으면 대상이 길한 것이 되고 만약 인·묘에 극해를 당했다면 후에 신·유일을 만나 극신을 충극하면 길하다. 나머지도 이와 같이 한다.

◆ 대상이 흉한데 극을 받으면 반드시 극이 생을 만나는 것을 주의해야 한다.

즉 전에 말했던 것과 같이 용신이 진토에 임했는데 일월 동효의 생부가 없으면 대상이 흉한 것이다. 다시 인·묘의 극제를 만나는데 후에 인·묘·해일을 만나면 흉하다. 나머지도 이와 같다.

◆ 원신이 내조·내부來扶하면 용신의 쇠왕을 보는 것이 귀하며 기신이 충해오거나 극해오면 반드시 원기元氣의 흥쇠를 살펴야 한다.

원신·기신장을 자세히 살펴라.

◆ 진신으로 화하면 치치値나 합슴을 만나야 한다.

예를 들어 신이 동하여 유로 화하면 진신이 되는데 복이 되기도 하고 화가 되기도 하는데 신申월일에 응하거나 사巳월일에 응하기도 한다. 나머지도 이와 같다.

◆ 퇴신으로 화하면 치치値와 충沖을 꺼린다.

예를 들어 유가 동하여 신으로 화하면 퇴신이 된다. 흉이 되든지 길이 되든지 신월일申月日에 응하기도 하고, 인월일寅月日에 응하기도 한다. 나머지도 이와 같다.[84]

◆ 간혹 독발獨發 독정獨靜에 응하는 경우도 있다.

독발장을 참고하라.

---

[84] 진신일 때와 퇴신일 때 응기가 각기 다름에 유의하자.

◆ 간혹 변효·동효에 응하는 경우도 있다.

예를 들어 효가 술토에 임한데 유금을 변출하면 그 길흉은 술일에 응하기도 하고 유일에 응하기도 한다. 나머지도 이와 같이 하라.

◆ 효가 맞지 않는다고 말하지 말고 원근을 마땅히 나눠라.

먼 일은 년·월로 정하고 가까운 일에는 일·시에 응한다. 다시 먼 일을 점 했는데 가까운 일에 응하고 가까운 일을 점했는데 먼 일로 응하기도 한다. 월을 점했는데 년에 응하고 일을 점했는데 시에 응함도 있다는 것을 마땅히 알아야 한다.

◆ 만일 괘가 불분명하다면 재점의 법이 있다.

괘가 황홀하면 한 괘를 재점하지 망단해서는 안 된다.

◆ 세가 공되고 원신이 동하면 반드시 원신이 치値를 만나야 한다.

```
    父未 ‖
    兄酉 |
兄申 孫亥 ✕ 應
    官午 ‖
    父辰 |
    財寅 ‖ 世
```

예를 들어 갑진순에 구재점을 쳤는데 택수곤이 중수감으로 변했다면(옆괘 참조) 주로 해일[85]에 득재한다.

나머지도 이와 같이 한다.

---

[85] 재인財寅이 용신이 되고 해수가 원신이 되는데 원신의 치일値日이 해가 된다.

◆ 세가 쇠한데 원신이 靜하다면 반드시 원신이 충을 만나야 한다.

```
父未 ‖
兄酉 |
孫亥 | 應
官午 ‖
父辰 |
財寅 ‖ 世
```

예를 들어 가을에 모사점을 쳐 택수곤을 얻었다면 후에 사일에[86] 성사된다. 나머지도 이와 같다.

---

[86] 인이 지세하므로 원신은 해가 되는데 해수가 사일에 충되어 동하기 때문이다.

30 귀혼괘歸魂卦 유혼괘遊魂卦 [87]

* 고법에 "유혼괘는 천 리를 가서 내가 이 일을 오래하고 싶은데 오래하지 못하고 마음에 일정한 방향이 없으며 옮기려고 하나 옮기거나 고치는 것이 한결같지 않고, 신명점에는 일생 가업에 안락할 수 없으며, 행인점에는 타향으로 떠돌아다니고, 출행점에는 출행에 정처가, 없으며 가택점에는 변천이 무상하며, 분묘점에는 망령이 편안치 못하다." 했다.

> 야학이 말하기를 : 반드시 용신을 위주로 해야 하며 그런 연후에 이것을 참고해야 한다. 만약 용신을 버리고 이것에 집착해 판단한다면 잘못된 것이다.

* 귀혼괘는 끝까지 가지 못하는 것으로 여러 가지 일에 구속되어 행하지 못하니 유혼괘와 반대로 판단하면 된다.

> 야학이 말하기를 : 역시 반드시 용신을 위주로 해야 한다.

---

[87] 유혼괘는 각궁의 7번째 괘다. 예를 들어 건금궁이라면 화지진괘다. 귀혼괘란 각궁의 8번째 괘다. 예를 들어 건금궁이라면 화천대유괘다.

31 월파月破

寅月	卯月	辰月	巳月	午月	未月	申月	酉月	戌月	亥月	子月	丑月
申	酉	戌	亥	子	丑	寅	卯	辰	巳	午	未

◆ 월건이 충하는 것을 월파月破라고 하는데 월마다 파되는 일日이 있다.[88]

제서諸書에 모두 "용신이 월파에 임하면 어그러지는 때라"고 하여서 뿌리가 마르고 나무가 이지러진 것 같아서 생을 만나도 일어설 수 없고 상傷을 만나면 상함이 더욱 중해지며 비록 괘에 나타났다 할지라도 있으나마나가 되며 괘중에 복신되어 있으면 끝내 드러나기 어려우니 일진의 생을 만난다 해도 역시 생할 수 없고 동하여 기신이 된다 해도 역시 해가 될 수 없다고 했으며 변효가 되도 역시 동효를 상극할 수 없다고 했다.

| 야학이 말하기를 | 내가 경험한 바로는 동하면 능히 효를 상하게

---

[88] 복서정종 십팔문답 8.
월파 : 파가 되어 무용하다고 볼려고 해도 도리어 파에 응하고 파가 안된다고 말했으나 또 철저한 파가 되어 무용한 경우가 있으니 어쩜인가?
답하기를 "신의 기미는 파에 드러나고 화복은 동을 기초로 하므로 동하여 생이 있고 극이 없으면 파된 효라도 출파·전실·합파合破해 쓰는 법이 있으나 안정되고 극은 있으나 생이 없는 파효라면 철저한 파가 된다."

할 수 있으며 변한즉 능히 동효를 상하게 할 수 있다. 어쩜인가?
  신의 조짐과 기미가 동에 있는 것이니 일에 길흉이 없는 것은 동하지 않기 때문이다.
  그러나 동하면 화복의 기틀이 있게 되는 것이니 지금은 비록 파되었다 할지라도 달을 벗어나면 불파不破하는 것이고 합되는 일을 만나도 불파하는 것이며 가깝게는 일·시에 응하고 멀게는 년·월에 응하는데 정靜하고 동하지 않은데 또 일진·동효의 생조가 없다면 정말로 철저한 파到底破가 된다. 예를 들어

예 66   해월 기축일. 장래 관이 있을 것인가? 중택태→천수송 / 오미공망

```
父戌   父未 ‖ 世
       兄酉 |
       孫亥 |
       父丑 ‖ 應
       財卯 |
財寅   官巳 ✕
```

관이 동하여 생세하고 세가 동하여 진신으로 화하니 분명히 관이 있을 상이다.
단 관이 월파를 만나고 세가 순공을 만났으나 이 공은 일진과 상충되므로 공이 충을 당하면 실實되게 되니 공이 되지 않는다.
그러나 이 파는 또 일진동효의 생이 없으므로 고법에 "일건이 생해준다 해도 일어나지 못한다" 했는데 항차 동효·일건의 생이 없음에랴! 내가 의심스러운 것은 이미 소용이 없는데 무슨 이유 때문에 동하여 생세하냐다. 재점을 명하였다.

예 67 해월 기축일. 재점. 수지비

```
財子 ‖ 應
兄戌 |
孫申 ‖
官卯 ‖ 世
父巳 ‖
兄未 ‖
```

명에 만약 관이 없다면 어찌하여 관이 세를 생하며 관성이 지세하는가?
지금 이미 전괘에서 관이 동하여 상생하고 있었으며 후괘는 관이 세에 임하고 있으니 왕가에서 식록이 있을 날이 있으리라.

후에 묻기를 "어느 날에 응하겠습니까?"
내가 말하길 전괘에 관이 월파에 임하였으니 정히 실파의 년에 응할 것이다. 과연 사년에 장방세직長房世職을 물려받았다.
만약 월파가 전혀 소용이 없었다고 한다면 어찌 천 리의 차가 나지 않겠는가?

예 68 진월 무자일. 아버지가 언제 돌아오겠는가? 중천건→택천괘

```
父未  父戌 ↓ 世朱
      兄申 |  龍
      官午 |  玄
      父辰 | 應虎
      財寅 |  蛇
      孫子 |  句
```

부모가 지세하고 월파되며 공으로 화하였고 이미 일건의 생도 없고 동효의 도움도 없으니 고법으로 판단한다면 용신이 무기한 것이기 때문에 그 아버지는 돌아올 수 없다 하겠으나 나는 그렇게 판단하지 않는다. 주작이 부에 임하고 동하여 지세하고 있으니 묘일에 소식이 있고 오미일에는 반드시 돌아오리라!

과연 묘일에 소식이 있다가 을미일에 집에 돌아왔다.
묘일에 소식이 있었던 것은 파가 합을 만나는 날이었기 때문이고 미일에 돌아온 것은 부가 미토 순공으로 화하였기 때문에 출공하는 날에 돌아온 것이다.
고법에 진신론進神論에 말하기를 "동하여 월파를 만나면 나의 위치를 이미 잃은 것이니 월건으로 화해도 역시 퇴하여 어쩔 수 없다" 했으나 이 괘에서는 부효가 파되고 공으로 화하였어도 공·파가 물러가자 귀가했다.

예 69 오월 계뮤일. 앞으로 공명의 우이 어떻겠는가? 중산간→풍지관

```
官寅 | 世
父巳 財子 ‖
    兄戌 ‖
官卯 孫申 ⼂ 應
    父午 ‖
    兄辰 ‖
```

인목관성이 지세하고 신금이 동해 극하고 있으니 금년 칠월에는 반드시 흉이 있으리라!
"무슨 일로 그렇습니까?"
내가 말하기를 "응이 동하여 세를 극하니 반드시 원수진 집일 것이다."
또 묻기를 "공명에 장애가 있겠습니까?"
내가 말하기를 "만약 자수가 동하지 않았다면 그 직위에서 물러나겠다만 다행히 자수가 있으니 접속상생이 되어서 강등될 뿐이다."
혹 말하기를 "이 자수가 이미 접속상생 되었으니 법에 말하기를 "기신과 원신이 같이 동하면 관과 세효가 둘 다 생을 얻는다"

했으므로 이번 겨울에 승진의 조짐이 있어야 하는데 어찌하여 도리어 이임離任한다고 말합니까?

내가 말하기를 "자수가 월파되고 공으로 화하였으니 복서에 말하기를 '비록 있으나 없는 것과 같다' 해서 원신이지만 무용하다고 하나 나는 지금 고법대로 판단하지 않겠다. 대개 신의 징조와 기미가 동에 있으니 동하면 반드시 원인이 있으므로 그래서 강등될 것이라고 판단했던 것이다. 명령이 떨어지는 날이 만약 동짓달이라면 비로소 응하리라!"

만약 다른 달이라면 자수는 파가 실實되지 못하므로 알 수가 없었을 것이다. 과연 칠월에 서로 간에 문제가 일어났다가 동짓달에 강등되었다.

| 예 70 | 인월 병진일에 저 사람이 또 점함. 지택림

```
孫酉 ||
財亥 || 應
兄丑 ||
兄丑 ||
官卯 | 世
父巳 |
```

내가 말하기를 "최근에 듣기를 복직이 보류되었다고 들었는데 허락받지 못할까 두렵다. 반드시 자년을 기다려야 기용되리라."
혹 말하기를 "해수가 관을 생하는데 어떻게 허락이 안 된다는 말입니까?"
내가 말하기를 "丑爻가 생해주고 있으나 지금 일에 의해 극되고 있으니 장래 자년이라야 해수가 자에 왕된다.
또 전괘와도 합하니 전괘 오효의 자수는 태세에 있어 불파하니 기용될 것이 틀림없다. 과연 갑자년 사월에 기용되었으나 묘년에 내가 사직을 권하였다.
묻기를 "왜 그렇습니까?"
내가 말하기를 "전괘로 판단한 것이다.
신금이 세를 극하니 자수가 비록 동하였어도 파에 임하고 공으로 화하였으니 세와 관을 생할 수 없어 되지 않다가 자월에 이르러 비록 실파되지만 그 힘이 아직 미약하니 삭탈관직에 이르지는 않았지만 강등되는 일이 있었던 것이고 후에 자년은 실파의 년이 되고 태세가 당권하니 기용된 것이며 내년 진년에는 또 자수가 입묘하는 해가 되고 태세가 자수를 극하니 신금이 다시 세를 극하므로 극은 있으나 생이 없으니 작년보다 더 화가 중하리라."
그 사람이 듣지 않더니 과연 진년 삼월에 죄를 얻어 해임되었다.

이상은 월파에 대해 살핀 것인데 파가 되었지만 동했을 때를 말한 것이지 동하지 않았다면 이렇게 판단하지 마라!

| 이아평이 말하기를 | 여러 책에서 월파에 대해 논하기를 "있어도 없는 것과 같아서 전혀 쓸모가 없다" 했는데 위의 중산간이 풍지관으로 변화한 괘를 보면 점할 때는 월파가 되어 접속상생을 할 수가 없어 왕정에서 송사에 걸렸으나 월건이 전실될 때는 그 힘이 그래도 가벼워 그냥 강등되는 것으로 그쳤지만 태세가 와서 당권한 때는 원래의 관에 기용되었다가 진년에 이르러 입묘되자 화를 얻음이 가볍지 않았다.

이렇듯 반생의 길흉이 일효의 월파에 달려있지 않은가? 그러니 어찌 있으나 마나하고 전혀 소용이 없다고 하겠는가?[89]

[89] 충하면 합을 기다리고 합하면 충을 기다리는 것이 치병治病의 대원칙인데, 월파가 되었을 때 단지 월이 충하는 효가 병든 것이므로, 합되는 일에 치료된다.

예를 들어 오월점인데 괘중에 자효가 있으면 월파를 만난 것이다. 그래서 축일이 되면 자축합되므로 자효는 무병無病하게 된다. 즉 이 말은 괘중에 효가 월건과 충하면 효가 병들었다고 할 수 있지 월건이 병들었다고는 할 수 없는 것이다.

위의 예처럼 자효가 오월을 충하면 자효가 병들었기 때문에 축과 합하면 治病되는 것이지 오가 병들었기 때문에 미를 써서 치병治病하는 것이 아니다.

또 월파에 극까지 된다면 치일置日을 만나야 한다. 이 말이 무슨 말이냐 하면 위는 단순히 괘중의 효와 월건이 충하는 것인데 반해서 이 말은 가령 신월점인데 괘중에 인효가 있어 인신충도 될 뿐 아니라 월건의 금이 괘중의 인목을 금극목하는 경우를 말한다.

반대로 인월에 신금이 괘중에 있다면 이것은 그냥 충으로 단순한 월파일 뿐이지 월의 인목이 신금효를 극하는 것은 아니다. 즉 신월점에 괘중에 인목이 있다면 비단 월파가 될 뿐만 아니라 金月에 의해 인목이 극을 당하는 것이기도 하므로 이런

| 역자예 1 | 29번 괘, | 역자예 2 | 66번 괘. | 역자예 3 | 68번 괘, |

| 역자예 4 | 69번 괘, | 역자예 6 | 441번 괘, | 역자예 7 | 428번 괘. |

역자예 5 인월 갑오일. 자식의 병점. 중산간→산수몽

```
官寅 | 世
財子 ‖
兄戌 ‖
父午 孫申 ⚊ 應
兄辰 父午 ‖
兄辰 ‖
```

신금 자손이 용신이 되는데 월파에 임했다.
일건이 극하고 동효가 극하며 또 회두극으로 화하는 것이 좋지 않은데 극은 있고 생은 없다. 빨리 집으로 돌아가라. 너의 아들이 죽었다.

이 사람이 미처 집에 도착하기도 전에 누군가가 이 사람의 자식이 신시에 죽었다고 알려줬다. 이것은 전실되자 극을 받아 죽은 것으로 응한 것이다.

경우는 즉 합이 아니라 치일置日을 만나야 된다. 즉 인일을 만나야 인효가 병이 없어지는 것이다.

32 비신飛神 복신伏神

◆ 모든 괘에 용신이 나타나지 않으면 일월로 용신을 삼고 만일 일월이 용신이 안 되면 반드시 본궁 수괘首卦(제일 첫괘)에서 찾아야 한다. 대개 본궁의 수괘는 육친이 모두 갖춰졌기 때문이다.[90]

가령 천풍구괘를 얻었다면

父戌 ㅣ	
兄申 ㅣ	
官午 ㅣ	應
兄酉 ㅣ	
孫亥 ㅣ	伏寅財
父丑 ㅣㅣ	世

만일 처재를 점하면 재효를 용신으로 삼는데 이 천풍구괘는 건금궁에 속하는 괘이기 때문에 인묘목효가 처재가 된다.
지금 육효에는 모두 인·묘가 없으니 즉 용신이 괘에는 없는 것이다. 만일 인묘 월일점이라면 일월이 용신이 되지만 만일 인묘월일이 아니라면 반드시 본궁수괘인 중천건괘 내에서 찾아야 한다.

살피건대 건괘에서 인목 처재는 이효에 있으므로 이 인재는 천

---

[90] 여기에서 용신이 나타나지 않으면 일월로 용신을 삼는다고 했는데 이는 어폐가 있는 문장이다. 왜냐면 일월로 용신을 삼는다면 응기를 어떻게 잡겠는가! 그러므로 괘중에 용신이 보이지 않는다면 당연히 복신으로 용신을 삼아야 한다. 복신이 있는데도 불구하고 일월로 용신을 취할 필요는 없음을 명심해야 한다.

풍구괘의 해수 아래 숨어 있는 것伏神이다.

그래서 천풍구괘의 이효 해수는 비신飛神이 되고, 인목은 복신 伏神이 된다. 해수가 인목을 생하니 이름하여 비신이 와서 복신 을 생飛來生伏하여 복신 인이 해에 장생을 얻고 있다고 할 수 있 다.

이것은 용신이 나타나지 않으면 복신을 찾는 것이고 생부를 만 나면 무용해도 역시 유용하게 되어 길로 판단한다.[91]

나머지도 이와 같이 한다.

```
父戌 |
兄申 | 應
官午 |
兄申 |
官午 ‖ 世伏寅財
父辰 ‖ 伏子孫
```

예를 들어 천산돈괘로 자손점을 친 다면 자손이 용신이 되는데 이 천산 돈괘는 건금궁에 속하는 괘이므로 해수 자효가 자손이 된다.

지금 육효에는 해와 자가 없으므로 용신이 나타나지 않은 것이다. 만일 해자 월일점이라면 일월이 용신이 되겠지만 만약 해자월이 아 니라면 반드시 본궁수괘인 중천건 안에서 찾아야 한다.

살피건대 중천건괘에서 자수 자손은 초효에 있으므로 즉 이 자 수자손은 천산돈괘의 진토 아래 복신되어 있는 셈이 된다.

천산돈괘 초효의 진토는 비신이 된다. 자수는 다시 복신이 되 고 진토가 자수를 극하니 이것을 일러 비신이 와서 복신을 극飛

---

[91] 만약 괘안에 동효가 있어 변효에 용신이 있다면 당연히 복신에서 용신을 찾 는게 아니라 변효에 있는 용신을 찾는다.

來尅伏하는 것이라 하여서 극해를 당하는데 복신이 수제당하는 것이라 하며 유용한 것이라도 역시 무용하게 되어 흉으로 판단한다.
나머지도 이와 같다.

* 복신이 유용한 경우가 여섯이 있다.
  ① 복신이 일월의 생을 얻는 경우
  ② 복신이 왕상한 경우
  ③ 복신이 비신의 생을 얻는 경우
  ④ 복신이 동효의 생을 얻는 경우
  ⑤ 일월동효에 의해서 비신이 충극당하는 경우
  ⑥ 비신이 공·파·휴·수·묘·절을 만나는 경우

이 여섯 가지를 모두 유용한 복신이라고 하여 비록 나타나지 않았으나 나타난 것과 같다고 한다.
『황금책』에 말하기를 "공 아래의 복신은 나오기 쉽다"고 한 것은 이치에 가까운 말이다.
그러나 비단 비신이 공망이라야만 복신이 나오기 쉬운 것이 아니라 비신이 파·절·휴수·입묘에 임해도 복신은 모두 나오기 쉽다. 어쩜인가? 복신은 아래에 있고 비신은 위에 있는데 비신이 이미 파·묘·쇠·공을 만났다면 있으나마나 한 것이므로 복신이 출현하기 쉬운 것이다.

* 복신이 끝내 나올 수 없는 경우가 다섯이 있다.
  ① 복신이 휴수무기할 경우

② 복신이 일월의 충극을 당할 경우
③ 복신이 왕상한 비신의 극해를 받을 경우
④ 복신이 일월이나 비신효에 묘·절될 경우
⑤ 복신이 휴수하고 순공·월파될 경우

이상의 다섯 가지는 무용한 복신이므로 비록 있으나 마나하여 끝내 나올 수 없다. 『황금책』에 말하기를 "복신이 공지空地에 거하면 일이 뜻에 어그러진다" 했는데 내가 경험한 결과 그렇지 않았다.
대개 용신이 왕상한 순공을 만나면 출공하는 일에 나오게 된다. 예를 들어

| 예 71 | 묘월 임진일. 문서를 어느 날 얻을 것인가? 산화비 / 오미공망

官寅 |
財子 ∥
兄戌 ∥ 應
財亥 | 伏申
兄丑 ∥ 伏午父
官卯 | 世

오화 부모가 용신이 되는데 공되고 이효축토 아래 숨어있으므로 눌려 나오지 못하고 있다. 갑오일에 출공하면 반드시 얻으리라.
과연 갑오일에 얻었다.

| 예 72 | 진월 정사일. 노복이 도망. 수산건

```
孫子 ‖
父戌 |
兄申 ‖ 世
兄申 |
官午 ‖ 伏卯財
父辰 ‖ 應
```

노복을 점할 때는 재효로 용신을 삼는데 묘목 재효가 이효 오화 아래 숨어있으니 오화는 비신이 되고 묘목은 복신이 된다.

수산건괘에 신금이 지세하여 묘목을 극제하니 끝내 도망갈 수 없겠으나 오화 아래 복된데다가 복신이 비신을 생하고 있는데, 이것을 설기라고 하여서 재물을 훔쳐 가서 화로火爐불이 있는 집에서 다 없앤 상이다. 혹 갑자일에 잡으리라!

과연 갑자일에 소식을 들었는데 철을 다루는 장인匠人의 집에서 도박을 하여 재물을 다 없애고 신시에 종을 잡아 그 장인과 같이 관에 넘겼다. 대저 자일에 응한 것은 자수가 오화의 비신을 충거해 묘목 복신을 일어나게 했기 때문이다.

『황금책』에 말하기를 "복신은 끌어주는 것이 없으면 끝내 나올 수 없고 비신도 열지 않으면 역시 그렇다" 함이 이것을 말함이다. 내가 의심스러웠던 것은 비신 오화가 그 장인이라면 복신묘목은 도망간 노복인데 자일에 오를 충하고 묘를 형하니 두 사람이 다 잡혀가 곤장을 맞고 질책을 당한 게 아닌가 한다.

| 예 73 | 유월 병진일. 자식의 병점. 지풍승 / 자축공망

```
官酉 ||
父亥 ||
財丑 ||  世伏午孫
官酉 |
父亥 |  伏寅兄
財丑 ||  應
```

『황금책』에 말하기를 "공 아래의 복신은 나오기 쉽다" 했는데 이 괘의 오화자손은 축토 아래 복되어 있고 축토가 순공이니 복신이 나오기 쉽다. 혹 오일에 자손이 출현하면 반드시 나으리라.

과연 그때 나았다. 이상 용신이 나타나지 않으면 모두 본궁수괘 本宮首卦에서 찾는다.

ㄱ법에 또 "대개 여덟 개의 수괘에서 용신이 만약 공·파되면 또 다른 궁에서 찾으라" 했는데 예를 들어 점쳐서 중천건괘를 얻었는데 그 안에 용신이 공·파쇠절되면 곤궁으로 가서 찾는 것이다. 이것을 일러 "건곤을 내왕하며 바뀐다"고 말하였으며 『역림보유』에서는 "귀혼괘는 반드시 친궁親宮의 네 번째 괘라" 했는데 내가 보기에 하필 이럴 것까지 있는가?

용신이 공·파쇠절되면 화복의 8~90%는 안 것이니 어찌 한 괘를 재점하여 합하여 판단하지 않는단 말인가?

용신이 스스로 있으면 나는 용신의 쇠·절을 가리지 않으나 다만 나타나지 않으면 비록 복신이 있더라도 역시 쓰지 않고 재점해서 두 괘를 비교하면 용신이 스스로 드러난다.

예 74 묘월 병진일. 아버지의 병점. 지뢰복

```
孫酉 ‖
財亥 ‖
兄丑 ‖ 應
兄辰 ‖
官寅 ‖ 伏巳父
財子 ∣ 世
```

부모용신이 나타나 있지 않으므로 사화가 부모임을 분명히 알겠다.
이효 인목 아래 복되어 있고 왕목이 사화를 생하고 있으니 비래생복하여 반드시 나을 병이지만 나는 이렇게 판단하지 않고 다시 재점을 명하였다.

예 75 묘월 병진일. 재점. 산택손

```
官寅 ∣ 應
財子 ‖
兄戌 ‖
兄丑 ‖ 世伏申孫
官卯 ∣
父巳 ∣
```

사화부모가 초효에 명현하고 봄에 친 점이니 목왕하고 화는 상相하니 낫겠다.
저 사람이 병세가 심히 급하여 주저주저하니 다시 아들이 또 점하였다.

예 78 무신일. 자식의 병점. 화지진→산지박

```
        官巳 |
        父未 ||
   父戌  兄酉 | 世
        財卯 ||
        官巳 ||
        父未 || 應伏子孫
```

그 책에서 판단하기를 "비신 복신이 변한 상이니 모두 용신이 없다. 호괘互卦는 수지 비괘가 되는데 외괘에서 감수 坎水를 보니 즉 자손이 되고 유금 동효의 생이 있어 뒤에 해일에 나았다.

내가 판단하기를 "'『해저안』에 용신이 복되어도 원신이 동하면 병점에서는 죽지 않는다' 했는데, 이 괘는 비단 원신이 사효에서 동하였을 뿐만 아니라 또 일건의 생까지 있다. 『복서대전卜筮大全』이라는 책에는 '용신이 복되도 일월의 생이 있으면 나온다' 했으니 이 괘의 자수자손이 초효에 복되어 비신이 누르고 있다 하나 일진의 생부를 얻었으니 10월에 이르러 해수가 당령할 때 자손이 출되어 살아난 것이 아주 분명하다. 어찌 호괘를 찾는단 말인가?"

| 예 79 | 자월 무인일. 관점. 택수곤→중택태

```
          父未 ‖
          兄酉 │
          孫亥 │ 應
          官午 ‖
          父辰 │
     官巳 財寅 ‖ 世伏官巳
```

저 책에서 판단하기를 "비효 오화관이 이미 파했으니 사관이 복신으로 인에 장생되니 인월에 승진하겠다." 했다.

내가 판단하기를, 『황금책』에 말하기를 "비효·변효에 모두 용신이 없으면 비로소 복신을 찾으라" 했는데 이 괘는 초효인목이 사화관성으로 변출하고 있으니 인월에 관이 장생을 만나고 또 재효가 독발해 관을 생하는데 어찌 변출한 관은 말하지 않으면서 복신을 말하는가?

다행히도 이 괘가 변효·복신이 모두 사화였기 망정이지 만일 후인이 다른 괘상을 가지고 이것에 집착하여 법을 삼는다면 변효를 써야겠는가? 복신을 써야겠는가? 이것은 세상 사람에게 가르칠 법이 아니다.

또 간화장干化章 중의 점험은 더욱 가소롭다.

아래를 보면

| 예 80 | 신묘년 병신월 병자일. 자식의 존망점. 풍지관→택지취

```
     財卯 |
     官巳 | 伏申兄
 孫亥  父未 ∥ 世
     財卯 ∥
     官巳 ∥
     父未 ∥ 應伏子孫
```

저 책에서 판단하기를 "수가 자손인데 나타나지 않았으므로 병월丙月 신년辛年으로 병신합 화수丙辛合化水하므로 후에 해월 갑진일에 신자진 합성 수국해서 해월에 돌아왔다."

내가 판단하기를 세효 미토가 발동하여 해수자손을 화출하였으니 해월에 자식을 본다. 또 세와 자손이 해묘미 삼합으로 성국하니 亥子가 상봉함이 분명한 것이거늘 어찌 간화干化를 취하는가?

즉 괘중에 해수가 나타나지 않았으니 자수일건도 용신이라. 첩첩한 용신은 취하지 않고 간화를 취한단 말인가? 사람을 그릇되게 함이 이렇듯 심하다.[92]

| 역자예 1 | 71번 괘, | 역자예 2 | 72번 괘,

| 역자예 3 | 73번 괘, | 역자예 4 | 74번 괘

---

[92] 복서정종 십팔문답 9.
용신이 나타나지 않는 경우?

역자예 5   진월 경신일. 뽕잎의 대체적인 가격의 귀천? 수화기제

```
兄子 ‖ 應
官戌 │
父申 ‖
兄亥 │ 世伏午財
官丑 ‖
孫卯 │
```

오화재효가 용신이 되는데 세효 해수 아래 복되어 있다.
그러나 신일이 해수를 생부하고 오화재는 또 해에 절되니 그 잎의 가격이 쌀 것임이 틀림없다.

옆 사람이 말하기를 "지금 가격이 삼전으로 싸지 않은데 만일 선생의 말대로라면 반드시 삼전의 가격으로도 싸다고 봐야 하는가?"

내가 말하기를 "아니다. 지금은 아직 이르다. 삼전의 가격은 사람들이 비쌀까봐 올해 정해놓은 가격이다. 지금 대체적인 가격을 물었으니 반드시 큰 도시를 기준으로 판단하여야 한다."

옆 사람이 말하기를 "대도시는 어느 날 비싸며 어느 날 싼가?"

답하기를 "갑자순으로 바뀌어 해수가 치공置空될 때 사·오일에 값이 좋을 것이며 갑술순으로 바뀌어 해수의 공이 메워지면 오화재효가 수에 극되니 점점 싸지리라."

과연 맞았다.

역자예 6 인월 무진일. 어떤 귀신의 화 때문에 병이 났는가? 풍천소축

```
兄卯 |
孫巳 |
財未 ‖ 應
財辰 | 伏官酉
兄寅 |
父子 | 世
```

대개 귀신을 점할 때는 관귀를 용신으로 삼는데 지금 관귀가 진효 아래 복되어 있으면서 비신과 작합하고 있고 또 일진과도 합되고 있어 내가 생각하기에는 복과 합되었으니 감추고 숨은 상이다.

유금은 정기正氣의 신이며 제 삼효는 방과 집이 되므로 판단하기를 "너의 집 방 안에 신상을 감춰두고 섬기고 있느냐?"
묻기를 "신선 같습니다."
과연 관세음보살을 주방에 숨겨 놓았는데 후에 절에 보내자 병이 나았다. 칠월 경진일에도 역시 이 괘를 얻었는데 내가 전과 같이 판단했다.
묻기를 "동으로 된 달마상을 상자 안에 숨겨놨습니다."
내가 절에 보내라고 해서 보내자 그 병 역시 나았다.[93]

---

[93] 복신에는 숨고 감추는 능력이 있어서 생·극·형·해의 작용을 할 수 있으니 위기危機·전기轉機·심지어는 양기良氣가 될 수 있다. 비신이 충을 받아 복신이 노출되면 세응·비신·변효·용신 등에 서로 다른 정도의 영향을 미치게 된다. 기본적으로 복신이 괘중에 출혈할 때 예를 들어 일진·변효 혹은 기타 동효의 충동을 받으면 응기의 때가 됨을 여러 번 봤다. / 잠보계의 복서금론 **107p**

아래 복서정종의 내용을 참조하라.[94]

---

[94] 복서정종의 「비복생극길흉가 飛伏生剋吉凶歌」가 있어 아래에 전재한다.

· 원문
伏剋飛神爲出暴 飛來剋伏反傷身 伏去生飛名泄氣
飛來生伏得長生 爻逢伏剋飛無事 用見飛傷伏不寧
飛伏不和爲助伏 藏出現審來因

· 해석
복신이 비신을 극하면 사납게 나오는 것이 되고 비신이 복신을 극하면 도리어 몸을 상하게 한다.
복신이 가서 비신을 생하면 설기라고 하며 비신이 와서 복신을 생하면 장생을 얻은 것이 된다.
효에서 복신을 극해도 비신은 무사하지만 용신이 비신을 상하게 하면 복신이 편치 않으며 비신, 복신이 불화하면 복신을 도와야 하고 감춰진 복신이 출현될 때 그 까닭을 살필 수 있다.

33 진신進神 퇴신退神

◆ 진신·퇴신은 효가 동하여 화하는 것으로 진으로 화하거나 퇴로 화함에 따라 길흉화복이 각기 희기에 따라 나눠지는 것으로 희한다면 진신으로 화하는 것이 좋고 기한다면 퇴신으로 화하는 것이 좋다.

◆ 진신進神 : 해화자亥化子 인화묘寅化卯 사화오巳化午 신화유申化酉 축화진丑化辰 진화미辰化未 미화술未化戌

◆ 퇴신退神 : 자화해子化亥 묘화인卯化寅 오화사午化巳 유화신酉化申 진화축辰化丑 미화진未化辰 술화미戌化未

 진신이란 여기서부터 전진하는 것으로 예를 들어 춘목의 영화로움이 뿌리에 물이 있어 구원하고 장구한 것과 같은 상이고 퇴신은 여기서부터 점점 퇴하는 것으로 예를 들어 가을에 풀이 순식간에 말라비틀어지는 것과 같다. 예를 들어

예 81　신월 계묘일. 향시점. 뇌풍항→택풍대과

```
       財戌 ∥ 應
酉官   官申 ⚊
       孫午 ⚊
       官酉 ⚊ 世
       父亥 ⚊ 伏寅兄
       財丑 ∥
```

유금관성이 지세하고 있고 왕상한 당시에 묘일의 충으로 암동해 있으며 또 오효의 관이 진신으로 화하여 공부·방조함을 얻는데 비단 지금 가을에 합격할 뿐만 아니라 내년 봄에는 대과에 합격하리라.

예 82　유월 경술일. 어느 해에 자식을 낳을 것인가? 수뢰둔→수택절 / 인묘 공망

```
       兄子 ∥
       官戌 ⚊ 應
       父申 ∥
       官辰 ∥ 伏午財
孫卯   孫寅 ⚊ 世
       兄子 ⚊
```

인목자손이 지세하고 진신으로 화하는데 인목이 순공에 묘목까지 공에다 월파를 만났으니 인묘년에 실공·실파되면 일정하게 연달아 낳으리라.

과연 그때부터 그 처와 노비로부터 같이 아홉 자식을 얻었다. 고서에 일월이 동하여 공·파로 화하면 진進되지 않는다 하였으나 이 괘는 순공에 공·파로 화했음에도 능히 진進하였다.

예 83 묘월 을축일. 구혼(求婚)의 성사여부. 화뢰서합→천지비

```
父子  孫巳 ◦
財戌  財未 ‖ 世
官申  官酉 ◦
      財辰 ‖
      兄寅 ‖ 應
財未  父子 ◦
```

재효가 지세하고 진신으로 화하였으며 사화손이 동하여 생세하나 사화가 자수로부터 회두극을 당하니 반드시 오일에 자수를 충거하면서 오화가 세효와 합세하여야 그 혼인이 성사되리라.

혹 묻기를 "간효 유금귀가 동하였으니 어찌 장애가 없겠습니까?"

내가 말하기를 "귀가 퇴신으로 화하였으니 비록 장애가 있다 해도 무력하다."

이 괘의 세효 미토재가 순공으로 화하였으니 고서에 재가 순공으로 화할 때 일월이 동하여 공으로 화해도 進할 수 없다 하나 지금 동산動散하고 공으로 화하였어도 역시 進하였다.

예 84 유월 갑진일. 탄핵을 당해 스스로 진정하려는 점. 지수사→지화명이

```
      父酉 ‖ 應
      兄亥 ‖
      官丑 ‖
兄亥  財午 ‖ 世
官丑  官辰 ◦
孫卯  孫寅 ‖
```

세가 회두극으로 화하고 관이 퇴신으로 화하며 자손이 진신으로 화해 삼효가 다 길상이 아니니 대흉의 징조다.

과연 다음해 이월에 형법을 맡은 관리에게 잡혀 하옥되었다.

고서에 "일월이 동하여 공·파로 화하면 不退라"고 하였으나 이 괘는 관이 동하고 일진에 임하였으며 또 "일월이 동하여 공·파로 화하면 부진이라" 하였으나 이 괘 자손은 동하고 휴수하며 공·파로 화하였음에도 진할 것은 진했고 퇴할 것은 퇴하였다.

예 85 | 축월 병술일. 아버지의 편지를 받았으나 그 벼슬자리에 계시겠는가? 내가 마중 가면 만날 수가 있겠는가? 수산건→화산려 / 오미공망

```
官巳  孫子 ∥
父未  父戌 ⼁
兄酉  兄申 ∥世
      兄申 ⼁
      官午 ∥ 伏卯財
      父辰 ∥ 應
```

부가 퇴신으로 화하였으니 부가 이미 돌아오고 있고 세가 진신으로 화하였으니 이쪽에서 가려고 한다.

부효가 세를 생하고 있으니 일정하게 상봉한다. 미일이면 반드시 상봉하리라. 과연 미일에 만났다.

미일에 응한 것은 술부가 미로 화하고 또 파되고 공되었는데 미일이 되자 실공·실파의 일이 되었기 때문이다.[95]

만약 고법에 집착한다면 일월이 동하여 공·파로 화하였으니 불퇴不退한다 하겠으나 그렇다면 그 아버지가 어찌 미일에 돌아왔겠는가?

---

[95] 술부용신이 퇴신되었기 때문에 위의 각항목별 응기에 관한 주에서 퇴신일 때는 퇴신되는 신의 置나 沖일에 응기 된다는 법칙에 의해 미일에 만난 것으로 해석할 수 있다.

예 86 술월 계사일. 본년 겨울에 통관업무의 자리를 얻을 수 있겠는가? 수택절→수천수

```
    兄子 ∥
    官戌 丨
    父申 ∥ 應
官辰 官丑 ∦
    孫卯 丨
    財巳 丨 世
```

축토관이 진신으로 화하니 축월에 반드시 얻으리라!
과연 축월에 얻었다.
고법에 "일월이 동하여 공·파로 화하면 不進한다" 하였으나 이 괘는 동하여 일월이 아니면서 파로 화하였어도 역시 능히 進하였다.[96]

예 87 미월 정묘일. 공명점. 죽을 때까지 出仕할 날이 있겠는가? 천화동인→택화혁

```
孫未 孫戌 ∦ 應
    財申 丨 伏子財
    兄午 丨
    官亥 丨 世
    孫丑 ∥
    父卯 丨
```

만약 고법대로 판단한다면 자손이 동하여 관을 극하니 종신 벼슬을 못하리라 하겠으나 나는 진년이면 얻으리라고 본다. 왜 그런가? 술토자손이 비록 동하였으나 다행히 퇴신으로 화하여 관을 극할 수 없다. 진년이 되면 술토를 충거하니 될 수 있는

[96] 이 예 역시 위의 각항목별응기에 대한 종주에서 말한 것처럼 진신이 되면 치置나 합숨에 유의해야 한다는 법칙대로 진신되는 축월에 응했던 것이다.

것이다. 과연 진년에 출사했으니 어찌 동공動空으로 화한 일월이라고 불퇴한다 하겠는가?

예 88 신월 신묘일에 병점(근병). 택천쾌→뇌천대장

```
         兄未 ‖
    孫申 孫酉 ⚊ 世
         財亥 ⚊
         兄辰 ⚊
         官寅 ⚊ 應伏巳孫
         財子 ⚊
```

자손이 지세하니 내일 진일에 반드시 좋은 의사를 만나리라. 과연 다음날 침을 써 치료하였다.
혹 묻기를 "자손이 퇴신으로 화하였는데 어찌하여 약으로 효험이 있었습니까?"
내가 말하기를 "동動 변變 모두 가을의 금에 속하였으니 당권득령하였다. 가까운 일에 대한 점이니 어찌 퇴라고 할 수 있겠는가?
만약 먼 일로 점했다면 휴수한 때가 되면 退했을 것이다.
고법에 "동하여 파산破散하며 일월로 화하면 출로가 없다" 했지만 틀린 말이다.

예 89 술월 계미일. 병점(구병). 중천건→택천쾌

```
父未  父戌 ∦ 世
      兄申 |
      官午 |
      父辰 | 應
      財寅 |
      孫子 |
```

구병에 충을 만나니 어찌 치료가 되겠는가?
또 부효가 지세하니 묘약이라도 고칠 수 없다. 비록 퇴신으로 화하였으나 병이 물러가지 않으리라. 정수精髓가 점점 말라가는 상이로다. 축월에 미토를 파하는 것을 조심하라. 길이 없어지리라. 과연 축월에 일어나지 못하였다.

예 90 술월 기묘일. 어머니가 자궁출혈로 일년여 남짓 됨. 천화동인→뇌수해

```
孫戌  孫戌 ∦ 應
財申  財申 ∦ 伏子財
      兄午 |
兄午  官亥 ∦ 世
孫辰  孫丑 ∦
父寅  父卯 ∦
```

묘목부모가 일건에 있고 상효 술토가 신금을 생하고 신금이 해수를 생하니 만약 축토가 진신으로 화하여 그 수를 막지 않았다면 이 부모효가 접속상생을 얻어 災가 비록 험할지라도 어찌 장애가 있겠는가? 그러나 지금 부모목효가 축토에 의해 이미 수가 고갈되고 퇴신으로 화하여 정혈精血이 대패하고 있으며 축월이 되면 왕토가 그 근원을 끊으니 위험을 방비하라! 과연 축월에 돌아가셨다. 이것은 부가 일건에 있고 공·파로 화하지 않았어도 역시 퇴했던 것이다.

예 91 묘월 계유일. 아버지의 근병점. 택지취→천지비 / 술해공망

```
        父戌    父未 ⚋
                兄酉 ⚊ 應
                孫亥 ⚊
                財卯 ⚋
                官巳 ⚋ 世
                父未 ⚋
```

미토부가 동하여 진신으로 화하고 술이 순공에 있으니 근병에 공을 만나면 낫게 되므로 다음 날 재앙이 물러가리라!
과연 갑술일에 출공하니 나았다.
이것은 부효가 휴수하고 공으로 화하였는데 만약 고법대로 일월이 동하여 공·파로 화하면 부진不進하다고 한다면 지금 휴수·화공化空 했는데도 어찌 나을 수가 있었겠는가?

예 92 진월 계축일. 유년점. 택수곤→뇌수해 / 인묘공망

```
                父未 ⚋
        兄申    兄酉 ⚊
                孫亥 ⚊ 應
                官午 ⚋
                父辰 ⚊
                財寅 ⚋ 世
```

세효 인목이 순공에 있고 유금기신이 오위에서 요동하고 있으니 고법대로 하자면 공을 피했다고 하겠으나 나는 출공되면 일정하게 상하게 되리라고 판단하겠다. 후에 6월에 사망하였다. 미월에 응한 것은 상효미토가 세효의 墓가 되는데 이미 축일의 충개를 당했으니 이름하여 墓가 열리기만을 기다린다는 것이다. 극당하고 입묘하였으니 죽지 않고 어찌 편안히 있겠는가?
혹 말하기를 "유금이 퇴신으로 화하였으니 어찌 목을 극한단 말

인가?"

내가 말하기를 "삼토가 유금을 생하니 왕하여 퇴하지 않은 것이다."

예.93 진월 을축일. 장모의 병점. 택뢰수 / 술해공망

```
財戌  財未‖應
     官酉│
     父亥│伏午孫
     財辰‖世
     兄寅‖
財未  父子╱
```

자수 부효가 미토로 화하여 회두극부하고 있고 상효미토는 또 진신으로 화하여 극부하고 있으니 반드시 술일을 조심하라! 과연 갑술일에 사망했는데 술토가 출공하는 날이었기 때문이다.

고법에 '산散하면 없는 것과 같다' 했으나 이 괘는 미토가 축일에 충을 당하고 또 순공·월파로 화하였음에도 결국 산散하지 않았지 않은가?

| 예 94 | 신월 을묘일. 출행점. 수뢰둔→수택절

```
        兄子 ‖
        官戌 ｜ 應
        父申 ‖
        官辰 ‖ 伏午財
孫卯 孫寅 ‖ 世
        兄子 ｜
```

세가 인목에 임하고 진신으로 화하였으니 당연히 가도 되리라.
그러나 월파로 인해 지금은 갈 수 없고 이 달을 벗어나야 가하리라.

후에 해월에 길을 떠나 연燕에서 오奧에 갔다가 다음해 팔월에 돌아왔다.

내가 "도중에 편안했는가?" 물으니 묻기를 "왕래에 귀인의 도움에 의지하여 대략 편안했습니다."

내가 말하기를 "자손이 진신으로 화하였으니 그 평안함을 알겠기에 물었던 것이다.

대저 해월에 가는 것으로 응했던 것은 파가 합을 만나는 달이기 때문이다. 이것도 동파動破가 일진으로 화하였으나 어찌 진進할 수 없다 하겠는가?

예 95 진월 기미일. 형이 언제 돌아오겠는가? 천택리→중택태

```
兄未  兄戌 ✕
      孫申 │世伏子財
      父午 │
      兄丑 ║
      官卯 │應
      父巳 │
```

형이 동하여 퇴신으로 화하였으니 이미 돌아올 뜻이 있다. 단 술이 월파를 만났으니 밖에서 모든 일이 뜻과 같지 않다. 6월에나 바랄 수 있으리라! 후에 술월에 이르러 돌아왔는데 실파된 달로 응한 것이다. 동파動破가 일월로 변하였다고 어찌 퇴하지 않는다 하겠는가?

예 96 진월 을미일. 자식의 병점. 화천대유→화택규

```
        官巳 │應
        父未 ║
        兄酉 │
父丑  父辰 ✕世
        財寅 │
        孫子 │
```

동시에 할아버지가 또 손자를 염려하여 점을 쳤는데 역시 이 괘를 얻었으니 마치 한 사람이 친 것 같았다.
부가 월건에 임하였고 퇴신으로 화하였어도 이 자식이 다음 날 죽었다.[97]

---

[97] 월일의 兩土, 辰丑兩土 도합 네 개의 토가 자손을 극하고 있다.

예 97 묘월 병신일. 근위병이 관부에 승진될 수 있을까? 뇌수해→택수곤

```
   財戌 ∥
官酉 官申 ∥ 應
   孫午 |
   孫午 ∥
   財辰 | 世
   兄寅 ∥ 伏子父
```

관이 동하여 진신으로 화하였으니 가을이 오면 반드시 옮기리라. 후에 사월에 승진되었는데 사월에 응한 것은 동효가 합을 만난 달이기 때문이고 신금이 또 사에 장생하기 때문이다. 이것으로 보건데 일월이 동하여 공·파로 화하였다지만 어찌 부진 不進하다 말할 수 있겠는가?

예 98 유월 을축일. 향시에 붙을 수 있겠는가? 중택태→천수송

```
父戌 父未 ∥ 世
   兄酉 |
   孫亥 |
   父丑 ∥ 應
   財卯 |
   財寅 官巳 ㇾ
```

미부가 진신으로 화하고 사화관이 동하여 생세하니 시험에 붙으리라. 인일에 발표가 났는데 8번째로 합격하였다.
고법에 동하여 파산破散하면 일월로 화한다 할지라도 진進할 수 없다고 했는데 이 괘를 보면 동하여 산散하고 공으로 화하였어도 능히 붙었다.

예 99 | 미월 정축일. 어머니가 천리나 떨어진 곳에서 오시는데 언제나 오시겠는가? 화천대유→지풍승

```
孫子 官巳 ⚊ 應
父戌 父未 ⚋
兄申 兄酉 ⚊
      父辰 ⚊ 世
      財寅 ⚊
父丑 孫子 ⚊
```

초효 자수가 축토부로 화하고 자와 축이 합되었으니 합되면 오지 못한다. 미부는 진신으로 화하였으니 역시 오지 못한다.
다행히 미토가 유금형효를 생하나 형이 퇴신으로 화하여 세와 합세하니 반드시 어머니가 오지 못하고 형제가 오리라!
묻기를 "자매는 있어도 남동생은 없습니다."
과연 다음해 삼월 자매가 왔다. 이것은 형제효가 공되고 공으로 화하였지만 능히 퇴退했던 것이다.

예 100 | 미월 신미일. 금은 그릇가게를 열려고 함. 화뢰서합→수뢰둔

```
父子 孫巳 ⚊
財戌 財未 ⚋ 世
官申 官酉 ⚊
      財辰 ⚋
      兄寅 ⚋ 應
      父子 ⚊
```

재효가 지세하고 진신으로 화하였으니 오래도록 풍성할 상이다. 갑술일을 택하여 가게를 열면 정히 대발하리라.[98]
과연 술일에 가게를 열어 항상 풍

[98] 갑술일이라고 한 것은 미토 재효가 술토로 진신되었는데 술토가 공망이다. 그러므로 술일이 되면 공망이 전실되어 온전히 재가 진신되므로 술일로 택일을 해준 것이다.

성하였다. 이것으로 보아 일월이 동하여 공된다고 어찌 不進하
다 하겠는가?

| 야학이 말하기를 | 대저 진신의 법에는 넷이 있다.
① 왕상한 효가 동하여 왕상한 것으로 화하는 경우로 그 세勢를 타고 진進한
  다.
② 휴수한 효가 동하여 휴수로 화하는 경우는 때를 기다려 진進한다.
③ 동효·변효 중 하나가 휴수하면 역시 왕상한 일을 기다려 진進한다.
④ 동효·변효 중 하나가 공·파에 있으면 전실되는 일을 기다려 진進한다.

또 퇴신의 법에도 역시 넷이 있다.
① 왕상한 효가 동하여 왕상한 것으로 화하거나 혹 일월동효의 생부가 있는
  경우로 가까운 일의 점에서는 때를 얻었으므로 불퇴한다.
② 휴수한 효가 동하여 휴수로 화하는 경우는 바로 퇴한다.
③ 동효·변효 중 하나가 왕상하면 역시 휴수한 때를 기다려 퇴한다.
④ 동효· 변효 중 하나가 공·파에 있으면 전실되는 일을 기다려 퇴한다.

| 이아평이 말하기를 | 처음에 『역모』라는 책을 보면 대진大進·부
진不進·불능진不能進이 있어 언뜻 보기에 이치에 가깝게 보이나
뒤에 "일월이 동하여 공·파로 화하면 길이 없는 것과 같아서 부
진不進한다"고 말한 것을 보고 그 잘못됨을 알았다.
　대저 동효가 일월에 임하면 공을 만나도 공이 안 되고 파를 만
나도 파가 안 되는데 항차 공파로 화하는 것이랴!
　일월은 하늘과 같아서 공·파로 화할지라도 마치 뜬구름이 잠시
가린 것과 같아 실공·실파의 아침을 기다리면 구름은 열리고 안

개는 흩어져 의연히 도로 사령당권하게 되는 것이니 어찌 부진不
進한다고 하겠는가?
 또 말하기를 "동효가 파산破散되면서 일월로 변하면 나의 위치
를 이미 잃었으니 어찌 진進하겠는가?" 하나 그것은 이미 동하여
파되어도 실파의 때가 되면 스스로 쓰임이 있게 되고 이미 동하
여 산하고도 전실의 일日에는 스스로 쓰임이 있게 됨을 몰라서
하는 말이다.
 일월로 화하는 것을 화왕化旺한다고 하는데 후일에 전실되면
더욱 더 강왕하게 되니 어찌 부진不進한다 하겠는가?
 그 책의 점험의 예를 들어보면

예 101 신월 묘일. 형제점. 중택태→뇌화풍

```
      父未 ‖ 世
  申兄 兄酉 ㇒
      孫亥 |
  亥孫 父丑 ‖ 應
  丑父 財卯 ㇒
      官巳 |
```

거기서 판단하기를 "유효 형제가
묘일의 충을 당해 산散했으니 비
록 신월건으로 화했으나 퇴에 이
르지 못했다." 했는데 대저 불퇴
라고 한다면 맞지만 퇴에 이르지
못했다라고 한 것은 틀린 말이
다.
 또 그 책의 월장장에 말하기를 "효가 월장에 임하면 산散을 만
나도 불산不散한다"고 했으니 위 칠월의 유금은 비록 월장은 아
니라도 왕하지 않다고 말하기 어려운데 항차 월건으로 화하며
동효·변효가 다 견금堅金에 속해 방조·공부하고 있으니 산과

같고 언덕과 같다.

그러니 묘일이 어찌 능히 충산시킬 수 있겠는가?

그 책의 다른 장에도 모두 점험이 남아 있으나 유독 이 장에서는 몇 가지 예로 그친 걸 보면 나는 그것이 경험에서 우러나온 것이 아닌 추측에 그친 설이라는 것을 알겠다.[99]

| 역자예 1 | 81번 괘, | 역자예 2 | 82번 괘, | 역자예 3 | 83번 괘, |

| 역자예 4 | 84번 괘, | 역자예 5 | 87번. |

아래 복서정종의 내용을 참조하라.[100]

---

[99] 복서정종 십팔문답 10. 진신·퇴신

[100] 복서정종에 위의 진퇴신과 관련된 육친변화가 있어서 아래 전재한다.
○ 육친변화가六親變化歌
• 부모가 부모로 화하여 진신이 되면 문서를 얻으며 자녀로 화하면 어른은 상하지 않으며 관귀로 화하면 관에서 이동하거나 천거된다.
재로 화하면 집의 어른에게 근심이 있고 형제로 화하면 설기가 된다.
• 자손이 퇴신으로 화하면 사람과 재가 정이라 할 것이 없고 부모로 화하면 밭과 양잠이 패하며 재로 화하면 영화로움이 배가 된다. 귀로 화하면 생산生産점에는 근심스럽고 형제로 화하면 상생이라 할 수 있다.
• 관이 진신으로 화하면 작록이니 관을 구하는 점에는 응답이 있고 질병점에는 질병이 계속된다. 재로 화해도 병점에는 흉하고 문서로 화하면 문서가 뜻대로 된다.
• 자녀로 화하면 반드시 관을 상하며 형제로 화하면 집안이 화목하지 못하다.
• 처재가 진신으로 화하면 전재가 집에 들어오며 관으로 화하면 친척에게 근심이 있고 자녀로 화하면 미소가 떠나지 않으며 부모로 화하면 가장家長에게 마땅하고 형제로 화하면 파재한다.

- 형제가 퇴신으로 화하면 모든 점에 꺼리는 바가 없으며 부모로 화하면 첩과 노비에게 놀랄 일이 있고 재로 화하면 재가 뜻대로 따라주지 않고 관으로 화하면 동생에게 재앙이 있으며 자손으로 화하면 여의롭게 된다.

34 수귀입묘隨鬼入墓

◆ 고법에 일묘日墓 동묘動墓 화묘化墓가 있어 이것을 삼묘三墓라고 했으며, 또 세효 수귀입묘·본명 수귀입묘·괘신卦身 수귀입묘·세신世身 수귀입묘라는 것이 있다.

각자가 말하기를 이 몇 가지 이론을 집착한다면 만약 진술축미일을 만날 땐 결국 점치지 말란 말인가?[101]

이런 날은 세가 귀에 임하지 않으면 괘신이 귀에 임하고 세신이 귀에 임하지 않으면 즉 본명이 귀에 임하는데 딱히 진술축미일 뿐만 아니라 다른 날에도 역시 점칠 수 없을 것이다.

왜인가?

괘 열 개 중 두세 개의 묘효가 발동함을 면치 못하게 되니(확률적으로) 세명世命이 들어가지 않으면 이신二身이 묘에 들어가게 되고, 또 동하여 화묘化墓할 때는 세효가 동하여 화하지 않으면 이신二身이 동하여 화하게 되고 다시 그렇지 않으면 그 본명이 화묘化墓하지 않기가 어려워진다.

또 한 괘중에서 형충·극해·파산·절공을 볼 필요도 없이 모든 질병이나 흉하고 위험한 일을 점할 때 수귀입묘된 것만으로 길흉

[101] 진술축미일 자체가 묘고가 되므로 어떤 사항을 가지고 점을 친다해도 입묘될 소지가 많기 때문이다.

을 안다 했으나, 내가 여러 번 질병점을 쳤는데 괘마다 신神이 머물러 용신이 왕함을 보면, 이신二身이 수귀입묘해도 죽지 않았고, 본명이 수귀입묘해도 죽지 않았으며, 화묘化墓해도 죽지 않고, 동묘動墓되도 역시 죽지 않았다.

그래서 맞는 점험은 남기고 맞지 않는 것은 또 쳐보고 쳐봐도 맞지 않는 것은 다시 쳐보고 그래도 맞지 않을 때라야 비로소 다 버렸다.

종합하자면 세효·용신효가 귀를 따라 일에 입묘隨鬼而入日墓하고 동묘動墓에 들거나, 혹 동하여 묘로 화해도化墓 반드시 휴수·무기해야 비로소 흉하거나 위험함을 보았으며 만약 왕하고 도움이 있다면 구해져 풀어졌다.[102]

---

[102] 위에서 언급한 세신世身과 괘신卦身은 고법에서 많이 사용하는 방법으로, 야학노인은 이 두 신을 배격하고 있다. 이 책 전체를 통해서 세신과 괘신을 씀이 불가함을 여러 곳에서 설파하고 있기 때문에, 세신과 괘신 찾는 법을 부득이 알아야 문장을 이해할 수 있겠기에, 여기에서 찾는 법을 설명하고자 한다.

① 세신世神

世	子午	丑未	寅申	卯酉	辰戌	巳亥
世身	초효	이효	삼효	사효	오효	육효

즉 세가 자나 오에 지세하면 세신은 초효가 된다는 것이다. 아래 천화동인괘로 말하면 세가 해에 있으니 세신은 육효 술戌이 되는 것이다.

② 괘신卦身

괘신을 "월괘신月卦身"이라고도 한다. 이 책에서는 괘신으로 부르고 있다. 고서의 구결을 보면 "음세는 오월부터 일으키고(陰世則從五月起) 양세는 자월부터 생한다(陽世還從子月生)"라고 되어 있는데, 이는 세가 음효에 지세하면 초효부터 오·미·신·유·술·해를 붙여가다 세효의 위치에 해당하는 곳이 괘신이 되고, 세가 양효에 지세하면 초효부터 자·축·인·묘·진·사·오를 붙여가다가 세효의 위치에 해당하는 곳이 괘신이 된다. 아래 표로 보면 이해가 빠르다.

예 102 신월 무진일. 계해생 남편의 질병점. 천화동인→중화리

```
        孫戌 | 應
   孫未 財申 ⚊
        兄午 |
        官亥 | 世
        孫丑 ‖
        父卯 |
```

처가 남편을 점하였으니 해수관 귀가 용신이 되는데 진일에 묘되어 남편성·남편 명[103]이 모두 입묘되었다.

고법에 의해 판단한다면 반드시 죽는다 하겠으나 나는 이래도 죽지 않는다고 판단하겠다. 내일 새벽에 나으리라! 왜 그런가? 진일이 술토를 충동하고[104] 신금을 생하니 세효 해수가 공망으로 인해 그 생을 받지 못하고 있다가 내일 기사일에는 해수를 충기시키므로 금의 생을 만난다. 그 병이 다음날 완치되었다.

괘신\위치		초효	이효	삼효	사효	오효	육효
卦	陽爻持世	자	축	인	묘	진	사
身	陰爻持世	오	미	신	유	술	해

천화동인괘로 말하자면 세가 양효로 양효지세에 해당되고 삼효에 세가 있으므로 인寅이 이 괘의 월괘신, 즉 괘신이 되는 것이다.

[103] 남편 명(夫命) : 남편이 계해생으로 남편의 띠인 해가 일진에 입묘된다는 뜻.

[104] 술토가 진일과 같은 토이기 때문에 충해도 암동으로 본 듯함.

예 103 술월 갑인일. 회시會試에 거듭 합격하겠는가? 뇌산소과→중산간

```
財寅  父戌 ‖
      兄申 ‖
父戌  官午 ⼃ 世伏亥孫
      兄申 |
      官午 ‖ 伏卯財
      父辰 ‖ 應
```

세효가 관으로 삼묘三墓에 들었다.
동효의 묘에 들고 화하여 묘에 들었으며 월건에 묘에 들었다. 내년 진년에는 묘고를 충개하므로 시험에 합격할 때이며 또 진월을 만나면 삼묘三墓를 충개하게 되니 비단 거듭 합격할 뿐만 아니라 정히 일 등을 하겠다.

그것은 일월과 합성관국하고 왕상해 당시하여 괘가 전미한데 지나치게 이런 적이 없었기 때문으로 과연 세 차례나 합격하였다고 들었다.

예 104 신월 기축일. 임신생의 병점. 뇌풍항

```
財戌 ‖ 應
官申 ‖
孫午 | 世身
官酉 | 世
父亥 | 伏寅兄
財丑 ‖
```

이 괘에서 신명[105]이 수귀입묘하고 세효가 수귀입묘하고 있으며 世身이 또 순공[106]에 떨어졌고 卦身도 또 월파를 만났으니[107] 고법

---

[105] 신명(申命) : 임신생의 신을 말함

[106] 위의 세신표에서처럼 世가 酉에 해당하므로 세신은 4효 수가 세신이 되는데 이 오는 기축일의 공망에 해당된다.

에 의한다면 백에 하나도 살지 못하겠지만 나는 세효가 왕상하니 미일에 나으리라고 본다. 과연 미일에 병상에서 일어났다. 미일에 응한 것은 축묘를 충개하는 날로 입묘에서 벗어났기 때문이다.
고법에 "묘는 침체 혼미의 상"이라고 했으니 정말 그렇다.
이 사람이 병으로 혼침하여 탕약을 생각할 수도 없었는데 미일이 되자 갑자기 나았으니 어찌 일괄해서 수귀입묘라 말하겠는가?

예 105 미월 무진일. 중죄가 정해졌는데 구해질 수 있겠는가? 산풍고→산택손

```
        兄寅 | 應
        父子 ‖ 伏巳孫
        財戌 ‖
財丑  官酉 ⚊ 世
        父亥 |
孫巳  財丑 ‖
```

세효가 수귀입동묘隨鬼入動墓하고 있고 또 동하여 묘로 화하고 있으니 고법대로 판단하면 흉하다 하겠으나 나는 길하다고 본다.
일월이 생세하고 축묘는 월파되어 그물을 파하니 쉽게 나온다. 내년 유년에 정히 사면되리라. 과연 그 酉年 진월에 사면되었다.

---

[107] 위의 표에서처럼 세가 양효에 있고 삼효에 있으므로 괘신은 寅이 되는데 이 寅이 신월에 의해 월파되었다는 말.

◆ 내가 여러 번 시험하여 맞았던 것은 세효가 입묘하는 것으로, 세 가지가 있으니 하나는 세효가 수귀입일묘隨鬼入日墓하는 것이요, 또 하나는 세효가 동묘動墓에 드는 것이며, 나머지 하나는 세효가 동하여 화묘化墓되는 것이다.

이 삼묘는 자점에는 세효를 보니 세효가 왕상하면 진정한 묘가 안 되며 대점에는 용신을 보아서 용신이 왕상하면 진정한 묘가 안 되는 것이나 만약 세효나 용효가 휴수피극되고 또 입묘되었다면 진정한 묘가 되는 것이다.

묘신이 일월동효에 의해 충파돼도 역시 진짜 묘가 안 된다. 대개 묘를 파하면 그물을 찢는 것과 같아서 쉽게 나온다.

공명점에서 세가 왕하고 득지하면 묘고를 충개하는 년월에 공명을 이루나 세가 만약 휴수·공·파되면 시종 이룰 수 없다.

신명점에서 세가 왕하고 득지하면 충개하는 년월에 영화롭고 세효가 휴수·공·파되면 일생 적막하다.

출사出仕나 출행점에 세가 왕하고 득지하면 묘를 충하는 월일에 뜻을 이루나 세가 만약 공·파·휴수되면 갔다가 돌아오지 않은 경우가 많으며 구재나 도모하는 점에서 세가 왕하면 묘를 충하는 월일에 이루고 공·파·휴수되면 끝내 이루지 못한다.

혼인점에 세가 왕하고 재효가 유기하면서 생세하면 묘를 충하는 일월에 반드시 이루어지나 공·파·휴수되면 이뤄지기 어렵다.

질병점에 세가 왕하면 충개하는 월일에 낫지만 휴수·공·파되면 충개되는 월일에 위험하다. 근병이면 공돼도 무방하여 출공할 때 낫는다.

송소나 감옥에 관한 점에 세가 왕하면 벗어나지만 휴수·공·파되면 흉을 면치 못한다.

행인점에 용신이 묘로 화하거나 동묘에 들 때 용신이 왕하면 반드시 돌아오나 용신이 공·파·휴수되면 타향에서 병들지 않으면 필경 유랑하게 된다.

출산점에는 재효·자손효가 동묘·화묘에 들어가면 왕하면 묘를 충하는 월일에 낳고 재효가 공·파·휴수하면 처가 산액을 만나며 자손이 공·파·휴수되면 자식이 반드시 위태롭게 된다.

공문公門에 들어가는 점에 세가 왕하면 묘를 충하는 년월에 뜻과 같이 되고 공·파·휴수되면 수갑을 차고 감옥에 간다.

가택점에 세가 왕하거나 재효가 생세하면 충개하는 년월에 흥가하며 공·파휴수하면 신身이 쇠하고 집이 바뀌며 조상의 묘를 점하는 것도 가택점과 동일하게 판단한다.

새로운 묘를 쓰려고 아직 땅에 묻지 않을 때 휴수되면 좋지 않고 왕상해도 역시 좋지 않다. 밀입국하거나(또는 몰래 국경을 넘거나) 험한 곳을 통과할 때 세효가 왕상하면서 또 생부를 얻으면 위험이 없으며 그렇지 않으면 걱정스런 마음을 벗기 어렵고 귀鬼가 신변에 있게 된다.

송사점을 할 때 세가 왕하면 뜻대로 되고 공·파·휴수·피극되면 반드시 감옥 간다.

제점諸占에 세효가 만약 왕하고 묘효墓爻가 공·파에 있으면 묘효가 전실되는 일월을 기다리면 길이 되고 세효가 공·파휴수되면 세효가 전실되는 월일에는 흉하다.

고법에 "세가 파귀破鬼(귀가 월파되는 것)에 임하면 예를 들어 우환을 염려하는 점에는 화가 반드시 없어진다" 했으나 나는 그럴

지 않았다.

월파가 되면 이미 큰 백호와 같은 귀鬼이니 지금은 비록 무방하다 할지라도 실파되는 년월에는 길이 되지 못한다.

예 106 신월 기미일. 도적이 오겠는가? 산천대축→지천태

```
孫酉  官寅 ╱
     財子 ‖ 應
     兄戌 ‖
     兄辰 ｜ 伏申孫
     官寅 ｜ 世伏午父
     財子 ｜
```

세가 파귀破鬼에 임하고 [108]또 일에 입묘되었으며 상효 귀도 자손으로 변하였으니 부자가 상서롭지 못할 상이다. 점을 친 후에 홀연히 도적이 오는 소리를 듣자 이 사람이 딸을 엎고 피하였는데 같이 도적을 만나 해를 당하였다.

이러하니 어찌 세가 파귀에 임하면 화환이 없어진다 하겠는가? 그러나 귀가 월파에 임해도 동하지 않으면 맞지 않았다.

이아평이 말하기를 여기서 말하는 수귀입묘의 이치는 특별하고 진실로 정확하다.

대저 매 괘의 동묘·화묘는 많이 보는 것이니 만일 다시 진술축미일을 만난다면 첩첩한 묘효가 되고 다시 세·명·二身까지 겸해 본다면 이것 아니면 저것이라도 입묘에 걸리게 되니 어찌 그것이 말이 되겠는가?

---

[108] 신월에 의해 인세가 월파되는 것을 말함.

항차 제서에서 쇠왕은 말하지 않고 무조건 수귀입묘만 되면 불길하다고 판단하는데 예를 들어 공명점을 할 때는 어찌 왕한 관이 신身에 임하는데 벼슬을 할 수 없다 할 수 있으며 우환을 염려하는 점에서 세가 월파에 임하고 또 수귀입묘되는 데도 어찌 근심이 없다하며 길흉을 바꿔 말한단 말인가? 부득불 바르게 하는 것이다.

35 독발獨發

다섯 효가 모두 동하고 한 효만 동하지 않는 것을 독정獨靜이라 하고, 다섯 효가 다 동하지 않고 한 효만 홀로 동하는 것을 독발獨發이라고 한다.[109]

일의 성패는 용신에 있는 것이며 응기의 늦고 빠름도 역시 용신으로 말미암는다. 독발·독정에 대해서 고법에 점험이 있고 내가 시험해봐도 역시 맞는 것이 있었지만, 모두 일이 응한 뒤에 비로소 신의 기미를 알 수 있었을 뿐으로, 처음부터 확실히 화복과 응기를 판단하기 어려웠다.

항차 괘가 독정을 얻는 것이 비록 적고 독발이 많다고 해도 용신을 버리고 이것에만 집착하여 일을 판단해서는 안 된다.

예를 들어

---

[109] 복서정종 십팔문답 15
반음의 경중 : 만약 괘 중에서 한 효는 명동하고 한 효는 암동한다면 이것은 독발이라고 하지 않고, 만일 육효가 안정한데 한 효가 일진과 충동하면 이것도 독발이라고 한다. 그러나 독정·독발이란 단지 일의 성패지속을 볼 뿐 길흉은 당연히 용신을 살펴야 한다.

예 107 진월 갑오일. 아버지의 영구를 청해 맞으려는데 왕이 윤허할까? 화천대유→중화리

```
       官巳 | 應
       父未 ||
       兄酉 |
       父辰 | 世
父丑 財寅 ✕
       孫子 |
```

혹 말하기를 "인목 일효가 독발하여 축부를 화출하였으니 정월에 아버지의 영구를 얻으리라" 하겠으나 나는 그렇게 보지 않는다. 부효가 지세하였으나 인목에 의해 극제되니 신身도 움직일 수 없고 아버지의 영구도 역시 움직이지 않는다.

신身이 동해야 아버지의 영구를 볼 것이니 반드시 인목을 충개하는 년월을 기다려야 할 것이다. 몇 순이 지나서 다시 점하였다.

예 108 사월 정묘일. 택화혁→수화기제

```
          官未 || 龍
          父酉 | 玄
父申 兄亥 ✕ 虎世
     兄亥 | 蛇伏午財
     官丑 || 句
     孫卯 | 朱應
```

이 괘도 정히 전괘와 상합한다. 전괘는 인목을 충개하는 신에 응한다 했고 이 괘는 세가 신금으로 화하여 회두생하고 있으니 역시 신월에 응하겠다. 세가 백호에 임해 동하니 상사喪事로 인해 행하는 것이다. 묘일이 오효(九五)를 충동하고 또 생세하고 있으니, 금년 신유申酉월에는 반드시 성은을 입

으리라! 지금은 월파되어 단연코 할 수 없으나 후에 신년에 청하여 유년에 영구가 돌아왔다. 이 양괘 모두 독발이나 어찌 집착할 수 있겠는가?

예 109 오월 갑신일. 물이 넘쳐 보리를 휩쓸까봐 걱정으로 어느 날 비가 개겠는가? 천화동인→택화혁

```
孫未  孫戌 ⚊ 應
      財申 ⚊
      兄午 ⚊
      官亥 ⚊ 世
      孫丑 ⚋
      父卯 ⚊
```

혹 의심하여 말하기를 "술토자손 일효가 독발하였으니 다음날 병술일에 정히 크게 맑겠다 하겠으나 어찌하여 지금까지 비가 오는가?"

내가 말하기를 "저 사람이 점을 칠 때 보리가 물이 넘칠까 하는 걱정을 하는 것으로 점을 치니 신이 자손을 발동케 하여 신변의 귀를 극거하게 해서 지금 저 사람으로 하여금 걱정을 하지 않게 보이신 것이지 날씨가 맑음에 응한 것이 아니다. 그러니 지금은 맑지 않을지라도 결코 물이 넘치지 않으리라."

즉 이 괘로 날씨를 판단한다면 묘일에나 비로소 크게 맑겠다.
혹 말하기를 "왜 그러합니까?"
내가 말하기를 "동이 합을 만나는 날이기 때문이다."
과연 묘일에 매우 맑았다.

| 예 110 | 진월 갑오일. 탄광을 개발하려고 함. 풍화가인→풍뢰익

```
兄卯 |
孫巳 | 應
財未 ||
財辰 父亥 ∤ 伏酉官
財丑 || 世
兄卯 |
```

축토 재효가 지세하고 오일의 생을 받으니 개발할 수 있겠다.
"어느 때쯤 석탄이 보이겠습니까?"
내가 말하기를 "축토재가 정靜하고 있으니 미월에 충개하면 6월에나 응하겠다."
그러나 6월이 되어도 석탄을 보지 못하고 탄광을 쉬었다 열고 열었다 쉬면서 결국 미년 점괘에 해년 진월에야 비로소 석탄을 볼 수 있었으니 이것은 독발에 응한 것이다.
해수가 진토로 화하여서 년월에 다 응했지만 사후에야 비로소 신의 기미를 알 수 있었지 점칠 때 누가 감히 해년 진월이라고 판단할 수 있었겠는가?

예 111 인월 경술일. 딸의 병점. 화수미제→수산건

```
官子  兄巳 ⚊ 應
孫戌     未 ⚋
財申  財酉 ⚊
財申  兄午 ⚋ 世伏亥官
兄午  孫辰 ⚊
      父寅 ⚋
```

고법대로 독정한 효의 응기로 판단한다면, 이 괘는 인목이 독정하고 있으니, 용신을 보지 않는다고 한다면 인일에 산다고 판단해야 할 것인가? 인일에 죽는다고 판단해야 할 것인가?

나는 이 괘에서 토가 자손이 되니 비록 휴수되었으나 사화·오화가 동하여 생하고 있고 미토자손도 진신으로 화하였으며 진토자손도 회두생으로 화하였으니 혹여 인일에 나으리라!

그러나 감히 확실히 판단하지 못하겠으니 그 어미더러 재점을 하라 하였다.[110]

---

[110] 복서정종 십팔문답 16

진정盡靜 진발盡發 : 육효가 안정한데 일의 생도 없고 효를 충함도 없는 것을 진정盡靜이라고 하며, 육효가 다 동한 것을 진발盡發이라고 한다.

진정이란 봄꽃이 봉우리를 맺어 그 묘함을 보지 못하다가 한 번 우로를 적시면 활연히 점점 피는 것과 같고, 진발이란 백화가 다 피어 사람마다 다 그 요염함을 보나 한 번 광풍을 만나면 떨어져 버리는 것과 같다.

그러므로 정靜은 아름다움이 오래가고 동하면 항상 허물이 있다.

| 예 112 | 인월 경술일. 딸의 병점 재점. 천풍구→천뢰무망 / 인묘공망

```
  父戌 |
  兄申 |
  官午 | 應
父辰 兄酉 ⚊
財寅 孫亥 ⚊ 伏寅財
  孫子 父丑 ⚋ 世
```

해수자손이 인목공망으로 화하니 근병에 공망을 만나면 낫는다. 출공하는 일도 역시 인일로 전괘와 합한다.
내가 말하기를 "인일에 나으리라."

지금은 비록 병이 중해도 무방하다. 과연 인일에 침상에서 일어났다.
이것은 비록 전괘 일효독정에 응한 것이지만 반드시 용신이 왕상한 것으로 인한 것이며 다시 후괘를 얻어 보니 더욱 분명해졌기 때문에 비로소 인일이라고 판단하였던 것이다.

| 이아평이 말하기를 | 세상에 전해 내려오는 책들이 꼭 한 글자가 후인을 막히게도 하고 한마디로 천고의 의심덩어리를 깨뜨리기도 하니 이로 말미암아 세상을 일깨울 수 있다.

| 역자예 2 | 300번 괘, | 역자예 3 | 109번 괘. | 역자예 5 | 111번 괘.

> 역자예 1 오월 병오일. 자기가 가서 아버지를 찾으려 함. 화천대유→중화리

```
     官巳 │ 應
     父未 ‖
     兄酉 │
     父辰 │ 世
父丑  財寅 ╳
     孫子 │
```

역을 아는 친구가 아버지를 묻는 이 괘를 가지고 나에게 묻기를 "인목 한 효가 독발하였으니 정월에 볼 수 있지 않겠는가?"

내가 말하기를 "아니다. 괘중에 부 효가 지세하고 인목의 극제를 받았으니 자네 자신도 동할 수가 없고 아버지 역시 볼 수 없으리라. 몸을 움직여 아버지를 보려면 반드시 인목을 충개하는 연월을 기다려야 한다."

그에게 한 괘를 재점하여 합하여 결정하자 해서

| 오월 병오일. 재점. 택화혁→수화기제

```
          官未 ‖
          父酉 │
父申  兄亥 ╳ 世
          兄亥 │ 伏午財
          官丑 ‖
          孫卯 │ 應
```

이 괘가 정히 전괘와 합한다. 전괘는 인목을 충개하는 신에 응한다 하더니 이 괘도 지세하여 신금으로 회두생하였으니 역시 신申에 응할 것이다. 과연 신년 팔월에 아버지를 찾아 집에 모시고 왔다. 신년에 응한 것은 전괘에서는 기신을 충거한 때문이고 후괘에서는 신금부모용신을 화출해 생세했기 때문이다.

역자예 4 신월 갑오일. 광산을 열려하는데 어느 때 석탄을 보겠는가? 풍화
가인→풍뢰익

```
兄卯 |
孫巳 | 應
財未 ||
財辰 父亥 ᄼ 伏酉官
財丑 || 世
兄卯 |
```

진토재효가 용신이 되는데 이 괘를 보니 해수가 독발하여 화출하였으니 진월에 볼 수 있으리라. 과연 다음 해에 청명후에 비로소 석탄을 볼 수 있었다. 이것은 독발이 화출한 용신에 응한 것이다.

역자예 6 인월 갑진일. 아버지가 먼 곳에 갔는데 어느 날 돌아오겠는가? 천
산돈→뇌택귀매

```
父戌 父戌 ᄼ
兄申 兄申 ᄼ 應
官午 |
兄申 兄申 ᄼ
財卯 官午 || 世伏寅財
官巳 父辰 || 伏子孫
```

외괘복음이니 밖에서 걱정근심이 있는 상이다.
묻기를 "해가 없겠습니까?"
답하기를 "내괘 진토 부모가 사화를 화출하여 회두생되고 세효 오화는 묘목을 화출하여 화를 돕고 있으니 무해하리라! 제 사효 오화가 독정하였으니 오월이면 반드시 돌아오리라."
삼사 개월 후에 아버지가 호광에서 장사하시다가 예기치 않은 성의 병란으로 오월에 돌아오셨다.

역자예 1 오월 경진일. 최근 종이 나갔는데 어느 날 돌아오겠는가? 중화리

```
兄巳 | 世
孫未 ||
財酉 |
官亥 | 應
孫丑 ||
父卯 |
```

유금 재효가 용신이 되는데 월이 극하고 일은 생하니 상적할 만하며 달리 생극을 더한 것이 없다.
일괘 중 비록 유금용신이 순공되고 일과 합되었으니 신의 기미가 여기에 드러나 있다. 단 순공은 반드시 출순·합공됨을 기다려야 한다. 비록 반용半用하더라도 반드시 충발을 기다려야 하니 소서로 바뀌는 신묘일에 유금이 치순値旬하고 불공不空하니 충발해 반드시 돌아오리라! 과연 신묘일에 집에 돌아왔다.
이것은 정靜한 것은 충을 만나고 합에는 충을 만나며 공은 출공을 기다려 응한 것이다.

역자예 2 진월 기묘일. 오늘 은을 갖고 돌아오는 사람이 있겠는가? 중지곤

```
孫酉 || 世
財亥 ||
兄丑 ||
官卯 || 應
父巳 ||
兄未 ||
```

유금 원신이 순공되고 일진의 충을 만났다.
정효가 일에 의해 충기되었고 항차 일진이 응에 임하며 충세하므로 저가 반드시 오늘 사시에 송환하리라! 과연 본일 사시에 반이 왔고 을유일 사시에 반이 왔다.

정공靜空을 충기한 힘이 반밖에 되지 않아 재 역시 반반에 오지 않았던 것이다. 을유일에 말끔히 청산된 것은 이미 충기를 거친 신의 치일置日이 되었기 때문인데 이것은 이것으로 재의 원신이 충분히 메워졌기 때문이다. 자손은 희열의 신이니 깨끗이 돌려 받은 것이 어찌 희열이 아니겠는가?

| 역자예 3 | 자월 임신일. 아버지가 난군 가운데 계시는데 길흉점. 산천대축→택지취.

| 兄未 官寅 ⚊ |
| 孫酉 財子 ⚋⚋ 應 |
| 財亥 兄戌 ⚋⚋ |
| 官卯 兄辰 ⚊ 伏申孫 |
| 父巳 官寅 ⚊ 世伏午父 |
| 兄未 財子 ⚊ |

육효가 난동했으니 정히 난군 중의 상이다.
화출된 사화부효를 용신으로 삼는데 월건이 극하고 인목원신은 또 일진에 충극 당하므로 목숨을 보전하지 못하리라! 후에 과연 죽었는데 종적이 없었다.

역자예 4 진월 갑자일. 묘를 만들어 부모님을 묻으려 함. 중천건→중지곤

```
兄酉  父戌 ╱ 世
孫亥  兄申 ╱
父丑  官午 ╱
財卯  父辰 ╱ 應
官巳  財寅 ╱
父未  孫子 ╱
```

이 괘가 심히 흉하니 자세히 말할 필요도 없다.

묻기를 "묘를 이미 조성했는데 때에 맞춰 장사하려는데 점쳐서 내방의 안부를 결정하려고 합니다."

내가 극력 말려 묻지 못하게 했는데, 그 자리를 판단한 사람이 있어 소식을 전하기를 혈장 아래가 모두 커다란 돌무더기가 그 수를 헤아릴 수 없으며 또 점혈點穴할 곳도 없다고 했다.

후에 지관이 보더니 배수주석背水走石하니 묻을 땅이 될 수 없다 하였다.

36 양현兩現

용신이 두 개가 보이는 것을 양현兩現(이하 양현이라고 표시함)이라고 한다. 예를 들어 부모점을 하는데, 괘 중에 두 개의 부모효가 있는 것을 말한다.

살피건대 고법에 휴수한 효를 버리고 왕상한 것을 쓰고 정효를 버리고 동효를 쓰며 월파를 버리고 불파를 쓰며 순공을 버리고 불공을 쓰며 피상한 것을 버리고 상하지 않은 것을 쓴다 했으나 나의 경험으로는 순공·월파에 응함이 많았으니 그러므로 항상 불공된 것을 버리고 순공을 쓰며 불파된 것을 버리고 월파를 쓴다. 예를 들어

예 113 미월 경자일. 구재점. 풍천소축 / 진사공망

```
兄卯 |
孫巳 |
財未 ‖ 應
財辰 |  伏酉官
兄寅 |
父子 |  世
```

응이 월건의 재로 극세하고 있으니 반드시 얻으리라.
어느 날 "얻겠습니까?"
내가 말하기를 "다음 날 신축일에 미토를 충동하니 반드시 얻으리라."
후에 도리어 진토가 출공하는 날에 얻었다. 이것은 그 불공된 것을 버리고 순공을 쓴 것이다.

예 114 미월 갑오일. 승진점. 지수사→풍수환 / 진사공망

```
孫卯 父酉‖ 應
財巳 兄亥‖
     官丑‖
     財午‖ 世
     官辰|
     孫寅‖
```

세효가 극왕하다.
이미 일건에 임했을 뿐 아니라 월령이 관성이 되면서 세와 합한다. 단 괘중에 관성이 양현하고 있으면서 하나는 공되고 하나는 파되었다. 진년에 진토관이 출공하니 정연히 크게 옮기리라.
외괘가 반음이 되면 항상 경험하건데 갔다가 다시 왔으니 인년 점에 과연 진년 5월에 하남으로 갔다가 또 10월에 초楚로 돌아왔으니 일 년에 두 번이나 움직였다. 모두 실공의 년에 응했다.

예 115 해월 병오일. 어미가 자식이 어느 때 위험에서 벗어나겠는가? 뇌지예→뇌택귀매

```
     財戌‖
     官申‖
     孫午| 應
     兄卯‖
兄卯 孫巳‖
孫巳 財未‖ 世伏子父
```

내가 보니 괘중에 자손이 세 개나 보인다.
모두 생세하고 오화는 일건을 만나 정靜하고 있으며 양효 사화는 월파를 만났다. 사년에나 위험을 벗어나리라! 그것은 실파되는 년이 되기 때문이다. 과연 사년에 위험에서 벗어났다. 이것은 괘중에 용신이 세 개나 나타났을 때 월파를 쓴 것이다.

> 야학이 말하기를

내가 월파로 결국 년을 판단한 것은 이 괘 때문이 아니다. 본인이 자점하여 위험에서 언제 벗어나겠는가를 점할 때 신금자손이 발동하고 동하면 합을 만나야 하니 당연히 사년에 응된 것이다.

그 아우가 형을 위해 점쳤을 때도 신금형이 동했으니 역시 사년에 응한 것이다. 지금 이 괘는 어머니가 자식을 위해 점친 것으로 사화자손이 회두생세하고 있으나 월파를 만났으니 전 이괘와 합한다. 그러므로 감히 사년이라고 판단한 것이다.

그래서 점을 치는 사람은 첫째 통변을 할 줄 알아야 하고 둘째는 유심留心해야 하는데, 만약 유심히 전괘를 기억하지 않았다면 이 괘에서 오화가 일건이고 생세하니 어찌 오년이 되지 않겠는가?

항차 오세午歲가 오면 또 합세의 년이니 어찌 감히 사년이라고 판단하겠는가? 사년이라고 판단한 것은 전괘와 합해서 판단했기 때문이다.[111]

| 역자예 1 | 113번 괘, | 역자예 2 | 114번 괘, | 역자예 3 | 115번 괘, |
| 역자예 5 | 299번 괘. |

---

[111] 복서정종 십팔문답 17
용신다현用神多現 : 용신이 많이 나타나 있을 때는 여러 번 경험한 결과 그 한가한 효를 버리고 지세한 것을 쓰며 그 무권無權한 것을 버리고 일월을 쓰고 그 안정한 것을 버리고 동요한 것을 쓰며 그 불파한 것을 버리고 월파된 것을 쓰며 불공된 것을 버리고 순공된 것을 쓴다.
천기가 병있는 것에 다 드러나니, 판단하는 법은 모두 의약의 처處에 있는 것이다.

> **역자예 4** 미월 정축일. 자식이 나간 지 오래됐는데 어느 날 돌아오겠는가?
> 화풍정→수천수

```
官子 兄巳ㅣ
孫戌 孫未ㅐ應
財申 財酉ㅣ
     財酉丨
     官亥丨世
官子孫丑ㅐ伏卯父
```

미토가 진신으로 화하고 일진에 의해 충되며 축토는 화한 자수와 합주되었으며 사화 원신이 동하여 용신을 생하고 있으나 사화가 자수를 화출하여 회두극제당하고 있으므로 지금은 오지 않는다.

묻기를 "종내 오겠습니까?"

답하기를 "오년에 반드시 오리라."

과연 오년 오월에 집에 도착하였다.

오년월에 응한 것은 미토가 동하였으나 일충되었으니 동충에 봉합의 연월이 되었기 때문이며 또 축토는 자수와 합하고 있으니 합에는 충개하는 연월이 와야 하기 때문이고 사화는 자수의 극을 받고 있었으므로 자수를 충거해 거살류은怣然留恩했기 때문이다.

왕호응王虎應이라는 학자가 쓴 글 중에 주목할 만한 견해가 있어 여기에 싣는다.[112]

---

[112] 『육효예측질병신탐六爻豫測疾病新探 / 中國哲學文化協辰會 刊』 81p에 보면 용신양현에 관한 내용이 있다.
"괘중에서 용신이 두 개 출현함을 보면 일반적으로 하나는 버리고 하나는 남겨둬야 한다. 흔히 쓰는 방법은 왕상한 효는 취하고 휴수한 효는 버리며 정효는 버리

예 사월 을묘일. 처의 병점에 택천쾌→수천수 자축공망

```
兄未 ‖
孫酉 │ 世
孫申  財亥 ╱
兄辰 │
官寅 │ 應伏巳父
財子 │
```

처의 병점을 치는 것이니 재효로 용신을 삼는다. 괘중에서 재효가 두 개 나타나 있으며 하나는 동하고 하나는 정하니 동한 해수재를 용심으로 삼는 게 마땅할 것 같으나 해수는 월파되고 자수재는 순공되어 있다. 만약 자수를 쓰지 않고 버린다면 동효 해수를 용으로 삼아야 하므로 해일이나 인일에 그 병이 나을 것이다.

단 자수가 공망되었으니 마땅히 참고해야 한다. 고로 오월에 낳는다고 판단한다. 이것은 해수가 월파되었기 때문에 월을 벗어나면 파되지 않고 자수가 순공되었기 때문에 오월의 충을 받으면 전실되어 공되지 않기 때문이다."

고 동효를 쓰며 세응에 임하지 않은 효는 버리고 세응에 임한 효는 쓴다. 혹 세효와 비교적 가까운 효를 쓴다. 월파, 일파되지 않은 효는 버리고 파된 효를 쓰며 공되지 않은 것은 버리고 순공된 것을 취하며 충이나 합, 입묘된 효를 취하고 충,합,입묘가 안 된 효는 버린다. 그러나 만약 하나는 공되고 하나는 파되거나 하나는 동하고 하나는 공되었다면 어떻게 할 것인가! 이때는 겸해서 판단해야 한다. 즉 두 효 모두 용신으로 삼아야 한다."

37 성살星煞

◆ 귀인貴人

갑무경甲戊庚은 축미丑未   을기乙己는 자신子申
병정丙丁은 해유亥酉   임계壬癸는 묘사卯巳
신辛은 오인午寅

가령 갑무경일甲戊庚日의 점괘일 때 효爻가 축미丑未에 있으면 귀인이 있는 것이다. 나머지도 이와 같이 한다.

◆ 록신祿神

日干	甲	乙	丙戊	丁己	庚	辛	壬	癸
祿	寅	卯	巳	午	申	酉	子	亥

가령 갑일점괘라면 효 중에 인을 보면 록신祿神이 되며, 을일 점괘일 때 효 중에 묘를 보면 록신이 된다. 나머지도 이와 같다.

◆ 역마驛馬

日干	申子辰	巳酉丑	寅午戌	亥卯未
驛馬	寅	亥	申	巳

가령 자일·신일·진일 점괘에 효 중에서 인을 보면 즉 역마가 된다. 나머지도 이와 같이 한다.

◆ 천희天喜

계절	春	夏	秋	冬
天喜	戌	丑	辰	未

가령 봄에 정월·이월의 점괘에 효중에 술을 보면 천희가 되며 삼월은 비록 술이 천희가 된다 해도 또 월파가 되며 만약 괘중에서 발동하고 부조하여 왕상한 용신이라면 희가 되지만 그렇지 않으면 파가 된다. 나머지도 이와 같이 한다.

여러 책에 성살이 아주 많지만 내가 40년을 유심히 살펴보건대 유독 귀인·록신·역마·천희만 맞았을 뿐이며 그렇다고 성살 단독으로 화복의 권한을 쥐고 있는 게 아니라 용신이 왕할 때 성살을 보면 더욱 길하지만 용신이 실함할 때라면 있어도 없는 것과 같았다.

<u>이아평이 말하기를</u> 복희가 홀수와 짝수奇耦를 보고 음양을 판단했으며 문왕은 효사로 길흉을 판단했고 주공 이후에는 오행으로 화복을 결정하였다.

역의 도가 이제 다했는가! 지금 길흉성살을 겸하니 누구에서부터 비롯되었는지 모르겠다.

상문·대살大殺 등 험한 말로 사람을 놀라게 하니 왕왕 전혀 맞지 않는다. 이 책에서처럼 귀인·녹·역마·천희만 맞을 뿐이나 그래도 반드시 용신이 왕상하면 길조가 되는 것이지 (성살이) 홀로 화복의 권을 쥐고 있는 것은 아니다. 나 역시 쓰지 않는 것이 맞다고 본다.

　유성의劉誠意의 천금부에 말하기를 "길흉신살이 많지만 어찌 생극제화의 일리만 하겠는가? 한마디로 없애야 한다." 하였다.

4장. 증산책부 增刪策賦

1 증산增刪 『황금책』 천금부千金賦 上

◆ 동하고 정한 것, 음양은 반복해서 변천한다.[113]
 앞 권의 동변장을 상세히 보라!

◆ 지나친 것은 덜어내야 이뤄진다.
 옛 주석 : 주사효主事爻가 중첩하면서 지나치게 많으면 일이 전일치 못하기 때문에 더는 것이 마땅하다.
 예를 들어 토가 주사효일 때 효 중에서 진술축미를 많이 보면 이것을 태과라고 하여 반드시 인묘월일을 기다려 토효를 극제한 연후에야 성사될 수 있다.
 혹 점할 때 인묘월일을 만나는 것도 역시 좋다.

 야학이 말하기를 비단 뒤에 인묘월일을 만나는 것뿐만 아니라 후에 진월·진일을 만나도 역시 성사될 수 있다. 왜 그런가? 진은 토의 묘고가 되기 때문이다.
 이것을 두고 "용효가 중첩되면 반드시 묘고로 수장시켜야 한다고 하는 것이다. 나머지도 이와 같이 하라!

---

[113] "여기서 동이라 함은 극極의 의미로 해석할 수 있다. 옛 말에 물物이 끝난 데 까지 가면 변하고 그릇도 차면 기운다(物極則變 器滿則傾)고 했는데, 가령 날씨가 극히 더우면 하늘은 바람과 구름을 일으키고, 만일 풍우風雨가 극심하면 맑아지게 되는 것과 같다."(복서정종)

◆ 모자라면 보태야 이롭다.

만약에 주사효가 단지 하나에 그칠 뿐이고 또 왕상하지도 않는다면 모자란다고 하여서 그 일을 이루기 어렵다.

예를 들어 금이 주사효인데 만약 여름에 점을 쳐서 얻었다면 휴수무기하게 되는데 만약 일진동효의 생이나 혹은 후에 생조하는 월일을 기다리면 모두 이익이 있고 그 일 역시 이뤄진다.

나도 이 이론에 이치가 있다고 생각한다.

단 주사효는 뿌리가 있는 것이 귀한데 쇠한데 생을 만나면 마치 마른 묘목이 비를 만나는 것 같아서 바야흐로 흥하는 것과 같기 때문에 유조有助·유부有扶함이 있다고 하며 이런 경우에는 쇠약휴수해도 역시 길한 것이다.

그러나 쇠약한데 무근하며 휴수실함하였다면 비록 생합을 만났더라도 역시 살기 어렵다. 정히 소위 허약한 주인을 정통으로 제하면 유지하기 어렵다는 것이다.[114]

◆ 생부生扶·공합拱合되면 때에 맞게 비가 묘목을 적시는 것과 같고, 극해형충되면 가을의 서리가 풀을 죽이는 것과 같다.[115]

---

[114] "사람에게 중용은 덕의 지극함이 되고 괘에서도 중화의 상이 미덕이 된다. 대개 괘리에서는 단지 중화의 도를 논할 뿐이다.

그러므로 괘중의 동정·생극·합충·공·파·왕쇠·묘·절·현복 등의 태과불급에는 동하면 합을 기다리고 정하면 충을 기다리며 극처에는 생을 만나야 하고 충에는 합을 만나야 하는 법들은 태과한 것은 덜어서 이루고 모자란 것은 더해서 이롭게 하는 것을 말하는 것이다."(복서정종)

[115] "생은 금생수 같은 것, 扶란 해를 자가 扶하는 것과 같은 것, 拱이란 자에 해가 拱하는 것과 같은 것, 合이란 자축합 같은 육합, 해묘미와 같은 삼합, 괘가 육합

이미 오행의 생극장·삼합·육합장·월장·일진·삼형장에서 말했다.

♦ 장생·제왕은 금곡金谷의 정원과 같고 사묘·절공은 지옥의 땅과 같다.[116]

생왕묘절장·공망장을 자세히 보라!

♦ 일진은 육효를 주재하고 월장은 만 가지 점의 제강이 된다.[117]

일진·월장장을 자세히 보라!

♦ 가장 나쁜 것은 세군歲君으로 정靜하는 것이 좋지, 동하는 것은 좋지 않다.

세군歲君이란 당년의 태세로 혹 명동·암동하면서 충극세효하면 관사점에는 반드시 조정과 관계되고, 년운점에는 일년이 시끄러운 괘를 이루고 있는 것 같은 것을 말한다."(복서정종)

[116] "여기서 장생·제왕은 일진기준이라는 것을 알아야 한다. 대개 용신이 일진에 제왕되면 주속主速하고 일진에 장생이 되면 주지主遲하는데, 그것은 장생은 사람이 처음 태어나 점점 자라나는 것과 같고 제왕은 사람이 장성하여 그 힘이 바야흐로 예리한 것과 같으니, 장생은 늦고 제왕은 빠른 것이다. 만약 용신이 본래 약해도 변해서 일진에 생왕이 된다면 이와 같이 논한다."(복서정종) 여기서 금곡金曲이란 진나라 대부호였던 석숭의 별장이 있던 곳을 말한다.

[117] "대개 월건의 화복은 그 달안에서만 사권司權할 뿐 그 일을 시종할 수 없지만 일진은 멀고 가까움을 막론하고 모두 유권有權한다.

장생·관대 등 십이운은 일진과 관계가 있으며 월건은 단지 월파·왕상휴수·생극만 논할 뿐이다. 오늘날 어떤 사람들은 월건에 쇠·병·사·묘·절되면 좋지 않고 월건에 장생·제왕되면 좋다고 그릇 전하니 믿을 수 없다."(복서정종)

러우며 향시·회시점·관과 임금에게 상서를 올리거나 쟁간· 작위를 봉해주기를 청하거나 세습직을 청하는 일에는 모두 태세가 세효와 생합하는 것이 좋고 동하여 세를 생하면 더욱 길하나 세효를 형·충·극·해하는 것을 가장 꺼린다.

이 몇 가지 점을 제외하고는 다른 효와 다를 바가 없다.

왜 그런가? 태세란 비록 일년의 존령尊令이라지만 가깝지 않고 높아서 바라보기 어려우니 길흉 모두에 일월만 하겠는가?

고법에 "태세는 가정의 자잘한 일에는 관계치 않는다" 했는데 이치가 있는 말이다. 그러므로 태세가 효를 충하면 세파歲破가 되지만 흉이 안 되며, 효와 합하는 것을 세합이라고 하지만 길이 안 되고, 효가 쇠해도 태세는 생할 수 없고 효가 강왕해도 태세는 제할 수 없으나, 월파를 만나야 파되고 순공을 만나면 공이 되니 월건·일건의 힘 있는 것에 비할 바 아니다.

| 야학이 말하기를 | 당년의 화복에는 중하게 작용하지 않으나 시간이 경과한 뒤의 길흉은 기실 가볍지 않다.

예를 들어 주사효가 목에 속한데 효 중에서 유·신금이 동하면 목이 금에 의해 피상되었다고 하는데 만약 목왕금쇠한 때라면 당장은 염려가 없겠지만 후에 신년·유년을 만나면 그 재앙을 면치 못하게 된다. 예를 들어

예 116 사월 임자일. 향시점. 수지비 / 인묘공망

```
財子 ‖ 應
兄戌 |
孫申 ‖
官卯 ‖ 世
父巳 ‖
兄未 ‖
```

사화부효가 월건에 있어 문성이 왕하나 꺼리는 것은 관성이 지세했지만 묘목이 순공한 것이니 묘년의 시험에 비로소 득의하리라!
자년에 점을 쳤는데 과연 묘년의 중시中試에 합격하였다. 묘년에 응한 것은 태세가 전실되어 공되지 않았기 때문이다.

◆ 맞지 않는 것은 신위身位이니 마땅히 없애고 남겨두지 않아야 한다. 옛 글에 "신위身位를 가장 긴요한 것으로 봐서 생부를 좋아하고 상하는 것을 좋아하지 않는다" 했는데 원주에 말하기를 "옛날에는 세신世身을 썼으나 맞지 않으니 괘신卦身을 써야 한다"고 되어 있다.

| 야학이 말하기를 | 괘신 역시 맞지 않으니 세효를 쓰는 것에 그쳐야 한다. 혹 묻기를 "맞기도 하지 않는가?" 하나 내가 말하기를 "간혹 맞기도 하나 그것은 우연에 불과한 것이니 법으로 삼기에는 부족하다." 어찌 용신효의 백발백중함 같겠는가?[118]

[118] 야학이 이렇게 괘신도 맞지 않으니 법으로 삼지 않아야 한다고 했음에도 불구하고, 야학노인보다 후대 사람인 왕홍서가 쓴 복서정종에는 버젓이 이 부분을 실어놓고 주를 달아놓으므로, 후인들로 하여금 다시 혼란에 빠뜨리고 있다. 마땅히 야학의 경험을 쫓아야 할 것이다. 아래 참고로 복서정종의 내용을 싣는다.

◆ 세는 자신이 되고 응은 다른 사람이 되니 계합되는 것이 아주 마땅하다.

　세는 자기가 되고 응은 타인이다. 모든 피차의 일을 점할 때 겸하여 쓴다.

　다른 사람이 나를 부조해야 하는 경우라면 응효가 세효를 생합하는 것을 좋아하고 내가 다른 사람을 대신해서 모사하는 경우라면 세효가 응을 생하는 것이 좋다. 그러나 피차간의 문제를 점하지 않는 경우라면 이 법을 쓰지 않는다. 예를 들어

예 117 묘월 신사일. 내가 어떻게 되겠는가? 뇌풍항→지풍승

```
財戌 ‖ 應
官申 ‖
財丑 孫午 丶
官酉 ｜ 世
父亥 ｜ 伏寅兄
財丑 ‖
```

　유관이 지세하고 월파에 또 공되었으며 또 오화가 동출하여 상극하니 비단 삭탈관직될 뿐만 아니라 5~6월에 흉재凶災를 보리라.

　혹 묻기를 "다행히 세응이 상생되고 또 지풍승괘로 변했으니 반드시 구해지지 않겠습니까?"

　내가 말하기를 "자기문제로 점을 쳤으니 응과 무슨 상관이 있는

"가장 중요한 것은 신위身位로 부扶하는 것을 좋아하며 상하는 것을 싫어한다."
왕홍서 해설 : 신身이란 월괘신月卦身이다. 양세陽世면 자월에서부터 일으키고 음세陰世라면 오월에서 일으킨다. 점사에서는 사체事體가 되고, 점하는 사람에는 인신人身이 되며 생부와 공합을 좋아하고 극해형충을 싫어한다.
모든 점에서 괘신은 점사의 주가 되므로 가장 중요하다고 하는 것이다.

가?" 오월에 과연 삭탈관직되고 감옥 갔다.

◆ 동은 시작이요, 변은 마침이니 교쟁하는 것을 가장 꺼린다.[119]
동효는 일의 시초가 되고 변효는 일의 끝이 되니 생합하는 것이 좋고 충극하면 좋지 않다.

◆ 응위가 상하면 타인의 일에 불리하고 세효가 극제 당하면 어찌 자기 일에 좋겠는가?
자점에는 세효가 왕상하거나 일월이 임하거나 일월동효의 생부나 동하여 길로 화하는 것이 마땅해 제점에 여의롭다.
타인을 점할 때는 응효가 용신이 되니 타인이 왕하는 것이 좋다면 왕상한 곳에 임하는 것이 좋고 또 일월동효의 생부가 있는 것이 좋으며 타인이 쇠하는 것이 좋다면 묘·절·공·파의 향에 임하는 것과 일월동효의 충극이 있는 것이 좋다.

◆ 세응이 다 공되면 사람이 진실함이 없다.[120]
세가 공되면 자기가 참되지 않고 응이 공되면 타인이 진실치 못하며 세응이 다 공되면 피차 모두 진실함이 없으니 하려고 하는 일에 장애가 있고 일이 황당해진다.

---

[119] 여기서 교쟁交爭이라 함은, 동한 효가 극으로 변하거나 충으로 변한 것을 말한다.

[120] 이 구절에 대해 왕홍서의 주에 "세응이 공되면서 합되면 헛된 약속으로 인해 성의와 믿음이 없게 된다." 하였다.

◆ 내외가 다 발하면 일에 반드시 번복이 있다.[121]

괘중에 동효가 적으면 길흉에 스스로 조리가 있어 쉽게 매듭지을 수 있으나 만약 내괘·외괘가 각기 분분히 난동하면 길흉이 어지러워 사람의 뜻이 안정되지 못하고 일의 핵심이 반복되어 전혀 정성이 없는 상이니 반드시 한 괘를 재점하여 합하여 판단해야 한다.

◆ 세가 혹 교중하면 양눈으로 말머리를 살펴야 하는 부담이 있고 응이 만약 발동하면 한마음을 원숭이에게 매달리는 것과 같다.[122]

옛 주석에 "세응은 모두 동하면 좋지 않다. 동하면 반복이 일정치 않아 마치 말머리가 가만있지 않는 것과 같고 원숭이의 마음이 안정되지 않은 것과 같다" 했다.

야학이 말하기를   나는 감히 그렇다고도 말하지 못하고 그렇지 않다고도 말하지 못하겠다.

이것은 용신이 왕하지 않으면 대상大象이 이루어지지 않는다는 말로 만약 용효가 득지하면 대상이 마땅히 이루어지는 것이니 세가 동해도 극제를 받지 않고 응이 동하여 세효를 생합하면 모사가 더욱 빨리 이루어진다.

---

[121] 복서정종의 주에는 "內外競發"에서 競은 충극을 의미하고 발은 발동을 의미한다고 주를 달고 있다.

[122] 자기 일을 점하는데 세효가 변하면 자기의 마음이 변화하고 정해지 않아서 두 눈으로 여기저기 보는 상이며, 응효가 동하면 상대방에게 변화가 있어 정국定局할 수 없는 상황이라 할 수 있다. 그것이 길인지 흉인지는 전체 괘상을 살펴 판단해야 한다.

◆ 용신효가 유기하고 다른 일이 없으면 하는 일을 다 이루고, 주상主象이 존재해 있지만 다시 피상되면 모든 일이 뜻처럼 되지 않는다.[123]

용신효와 주상이란 즉 주사主事하는 효를 말한다.

왕상하거나 생부하거나 유기하거나 하고 다른 효에서 극제함이 없다면 일이 반드시 이뤄지고 만일 쇠약하고 무력하며 또 극제를 당한다면 비록 출현했다 손치더라도 역시 무용하다.

◆ 공이 충을 만나면 유용하고 합이 파를 만나면 공功이 없다.

효가 순공을 만났는데 일진의 충을 만나면 충공한즉 실하게 됐다 하여(하지만 공망이 안 되는데 그렇게 하는 것은 마땅치 않다.) 비단 공이 되지 않을뿐더러 도리어 유용하게 되며 만일 동하여 공되면 일진의 충으로 더욱 실하게 된다.

옛 주석에 "효가 상합相合을 만나면 마치 두 사람이 한마음인 것 같아서 일이 반드시 원만하지만 만일 일월동효의 충극이 있으면 또 합처에 봉충이 된 것이니 반드시 소인을 조심해야하며 좋

---

[123] 복서정종의 주에는 이 부분을 병약적인 관점으로 봐서 용신이 형·충·극·해되면 병이 든 것으로 해석했다. 예를 들어 용신이 왕상한데 병을 만났다면 병을 거하는 시기에 일이 성사되며 용신이 쇠약·무기한데 일월의 형충. 극해를 만나면 선천적으로 원기가 부족한 사람이 또 병이 든 것과 같아서 범사에 헛수고만 할 뿐 일을 이루지 못한다고 했다.

복서정종의 위 구절 뒤의 "상하면 반드시 구함이 있어야 한다"의 해석에서(야학은 이 구절을 빼버렸다) 예를 들어 신금이 용신인데 오화가 발동해서 극한다면 신금효가 상한 것이므로 일진에서 자가 있거나 동효에 자가 있어서 오화를 충거시키거나 해일이나 해효가 오화를 제복시키면 오화를 구하는 것이 된다고 하면서 이렇게 상함이 있는데 구함이 있는 경우는 항상 먼저는 어렵다가 뒤에 편해진다든지 먼저는 흉했다가 뒤에 길해진다든지 한다고 했다.

은 일이라도 도리어 의심과 시기가 생기는데 만약 자기의 일을 점한다면 역시 주위사람들에게 장애를 받아 내일이 이뤄지기 어렵다."했다.

내가 경험하기로는 대개 삼합·육합이면 목하의 일월동효의 충극은 마땅치 않고 뒤에 오는 일월의 충개는 마땅한데 정히 소위 합주合住를 만날 때 충파하면 성공하는 것이며 또 예를 들어 효 중에서 인과 해가 합이 되는데, 만약 신사월일점申巳月日占이라면 신이 인을 충하고 사가 해를 충하니 이름하여 합처봉충이 되는데 만약 신사월일점이 아니라면 반드시 후에 신사월일을 기다려야 비로소 그 일이 성사된다.

나머지도 이와 같이 한다. 고법에 "동하지 않아도 역시 합이 된다" 했으나 틀린 말이다. 양효가 모두 동하여야 비로소 합이 된다.[124]

[124] 순공이 정효에 있는데 일월에 극파되면 도저한 공이 되어 무용한 공이 되므로 설사 출순出旬·치일値日을 만난다 해도 길흉이 생기지 않으며 만약 순공의 효가 발동하거나 월건·일진의 생부, 공합하거나 일진이 충기하거나 동효가 생합하면 출순出旬·일日·득령得令될 때 다시 회복된다.(복서정종)
충은 동하는 기이므로 공망된 효도 능히 동하며 동하면 왕해지고 왕하면 공망이 되지 않는다. 단 그 중에도 차이가 있는데 공이 극을 받으면 진공이 된다. 예를 들어 오가 공인데 자가 와서 충하면 오화가 자수에 의해 피극되므로 병에 병을 더한 것이 되지만 공이라해도 그냥 충만 만나고 극되지 않으면 충실沖實하다고 말한다. 예를 들어 자가 공될때 오와 충하면 충실하지 공이 되지 않는다.

◆ 동공動空 화공化空은 모두 길흉이 이뤄진다.[125]

　옛 글에 "반드시 흉이 된다" 했으나 내가 얻은 경험으로는 동하면 공이 안 되고 동하여 공으로 화해도 역시 공이 안 되며 길흉 모두 충공·실공하는 일에 응했다.

◆ 형합·극합은 끝내 음란함을 본다.[126]

　옛 주석에 "합이란 화합으로 보아 길하다" 했으나 합중에도 형이 있고 극이 있어 필경 합되지 않음을 알지 못한다.

　예를 들어 오를 재효로 용하는데 미未가 복신福神이라면 오는 자형을 띠고 있기 때문에 이름하여 형합刑合이라고 하여 합이 되는 것이 아니라 형이 된다.

　┌─ 야학이 말하기를 ─┐ 오午는 자형自刑으로 스스로 형해의 화가 있는데 미未 복신福神을 얻어 작합하면 그 화가 풀어지니 도리어 불길하게 된다 했으나 그렇지 않다. 내가 시험한 결과 세효오화가 미로 화하여 상합하면 이미 중형이 정해졌더라도 후에 결국 사면되었다.

---

[125] 복서정종의 원문에는 "자공화공自空化空, 필성흉구必成凶咎"라고 되어 있다. 이 뜻은 용신효가 공망인데 변해서 공으로 화하면 반드시 흉하게 된다는 말이다.

[126] 복서정종의 주에는 오미합의 형합 외에 극합의 예를 들고 있다. 즉 자子가 재효로 한다면 자와 축은 자축합이 되는데 축토는 능히 자수를 극하므로 극합이라고 한다. 만일 처첩점을 친다면 처음에는 화목했다가 나중에는 어그러지며 모든 일이 끝내는 어그러진다 한다.

◆ 동한데 합을 만나면 묶인다.[127]

옛 주석에 "기신이 동하여 일월의 상합을 만나면 흉이 되지 않고 원신이 동하여 일월에 의해 합주하면 좋지 않다" 했는데 이치가 있는 말이다. 단 내가 얻은 경험으로는 후에 충개하는 월일에 길흉이 의연히 나타났다.

예를 들어

예 118 자년 미월 경인일. 관운점. 택화혁→수화기제

```
官未 ‖
父酉 |
父申  兄亥 | 世
       兄亥 | 伏午財
       官丑 ‖
       孫卯 | 應
```

세가 해수에 임했고 금년이 자년으로 태세가 공부拱扶하고 있으며 오효 유금 역시 생세의 뜻이 있다.

세효가 또 회두생으로 화하였으며 또 일진의 상합[128]을 얻

---

[127] 동효가 합되어 버리면 묶이므로 동할 수 없으며 동할 수 없으면 어떤 것을 생하거나 극할 수 없다.
　일진과 합되면 반드시 그 본효를 충하는 날에 응사應事하고, 주변의 효가 동하여 합되면 반드시 그 주변 효를 충개하는 날을 기다려 길흉이 응사한다. 즉 동효가 축인데 또 주변에서 자효가 동하여 자축합이 되었다면 이 주변효 자를 충하는 오일에 길흉이 응기된다는 것이다. 가령 축토재를 용하는데 자일과 합되었다면 미일에 응사하거나 축일에 자효가 합되었다면 오일을 기다려야 응사한다.
　또 예를 들어 자손효가 동한데 일진이 합해 버리면 재를 생할 수가 없다. 그러므로 자손효를 충동하는 때라야 재財가 있게 된다.(복서정종)

[128] 인해합.

었고 또 상효 미토관성이 당권득령하니 벼슬길이 평탄할 것이다. 단 형효가 지세하고 재가 복신伏神되어 피극되니 이것이 미중부족이라 하겠다.
묻기를 "뒤에 어떻게 되겠습니까?"
내가 말하기를 "사년을 조심하라! 태세가 해를 충하고 신을 刑하니 벼슬길에 지장이 있으리라."
그때까지 영화스럽다가 과연 사년에 문제가 되어 벼슬이 물에 씻기듯 하였다. 사년에 말썽이 난 것은 세효가 합을 만나고 기반되었는데 충을 만나는 연월이 되자 열렸기 때문이다.

◆ 정효靜爻가 충을 얻으면 암흥暗興한다.[129]
　암동장을 상세히 보라!

[129] 여기서 암흥暗興이란 암동을 말한다.
　예를 들어 오효가 안정하고 있는데 자일점이라고 한다면 자오충이 되어 오효가 암동하는데 미일이 오면 충으로 동한 오효를 합해서 충을 풀므로 미일에 응험된다.
　충이든지 합이든지 모두 효의 병病인데 효가 병들면 치효治爻하는 것이 가하다. 일진은 병들 수 없으므로 일진이 병들었으니 일진을 치료하는 날에 길흉이 나타난다고 할 수 없다. 이 점은 헷갈리지 않아야 한다.
　야학은 고인들이 암동은 화복이 오고 가는 것을 깨닫지 못한다는 이론에 대해서 어찌 부지불각하겠는가? 하면서 그렇지 않다는 것을 말하고 있는데 왕홍서는 이 부분에 대한 주에서 고인들의 견해를 뒷받침하는 해석을 가하고 있다.
　즉 암동은 마치 사람이 은밀하게 일을 하는 것과 같아서 암동한 효가 만약 나를 생한다면 반드시 은밀하게 한사람의 도움을 얻을 수 있으며 암동한 효가 나를 극해한다면 반드시 암중暗中으로 음모와 손해를 당하는데 그 일이 응기되는 때는 일과 합이 되는 때라고 하였다.(그때가 되면 진상이 명백해진다는 뜻)

◆ 입묘하면 극하기 어렵다.

옛 주석에 "묘墓란 막히는 것이다." 했는데 기신이 입묘하면 용신을 극할 수 없다. 예를 들어 목이 용신이면 금이 기신인데 만약 축일점이라면 금이 입묘하니 어찌 능히 목을 극할 수 있겠는가?

또 괘 중에 축효를 동출하거나 금효가 동하여 축자丑爻로 화해도 모두 이렇게 판단한다. 나머지도 이와 같다.

| 야학이 말하기를 | 맞는 것은 맞다. 그러나 내가 여러 번 경험하여 보건데 후에 묘고를 충개하는 일을 만나면 의연히 목은 금에 의해 상하였다.[130]

◆ 왕함을 띠면 공이 안 된다.

왕이란 왕상한 효로 순공을 만나도 공으로 논하지 않는다.

만일 본일本日의 일진이 충하면 공이 충을 만났다 하여 유용하다 한다. 일후日後의 일진의 충을 만나면 충기라 하여서 이 일순一旬을 지나야 출공하게 되니 이름하여 전실塡實이라고 하며 이 모두 공이 되지 않는다. 만약 발동하면 더욱 공이 되지 않는다.

---

[130] 동효가 입묘해 있으면 다른 효를 극할 수 없고 또 다른 효가 입묘하면 동효의 극을 받지 않음을 말한 것이다.

가령 인목이 발동하면 토를 극하는데 미일 점괘라면 그 목은 미일에 입묘되며 또는 미로 화출하거나 미효에 입묘하면 토를 극거할 수 없다. 또 인이 동하면 토를 극하는데 토효가 진일을 만나고 일진에 입묘되거나 진효로 화하거나 변효에 입묘하면 모두 인목의 극을 받지 않는다.(복서정종)

◆ 도움과 지지有助有扶가 있다면 쇠약휴수해도 역시 길하다.[131]
　이것은 주사효를 말한 것이다.
　예를 들어 주사효가 무기하면 본래 불미한데 만약 일진과 동효의 생부生扶 공합拱合을 얻으면, 즉 득조得助가 되는데 전에 "모자란 것은 더해주면 이롭다"는 것과 같은 말이다.

◆ 탐생貪生 탐합貪合되면 형충·극해 모두 잊게忘 된다.[132]
　이것 역시 주상主象을 지칭한 말이다.
　예를 들어 주상이 묘목에 임하였는데 신효가 동하여 극할 때 괘중에서 또 해수가 동출되면 신금은 수를 탐하여 목을 극하려는 것을 잊어버리는데 이렇게 되면 탐생망극이 된다.
　또 예를 들어 주사효가 자수에 임했는데 묘목의 동을 만나면 상형이 되는데 만약 주위 효가 술토를 동출하였다면 묘와 술은 합合이 되니 자자子字를 형하지 못하게 되는데 이것을 탐합망형貪合忘刑이라고 하고, 또 예를 들어 세가 사효巳爻에 임하는데 괘중에서 인자寅字를 동출했다면 본래 인이 사를 형하는 것이지만 도리어 인목이 사화를 생하니 이것도 탐생망형貪生忘刑이 된다.
　또 예를 들어 용효가 사자巳字에 임하고 있는데 괘중에서 해수

---

[131] 예를 들어 봄에 점쳤는데 용신이 토라면 쇠약·휴수하므로 본래 불미하지만 만일 일진·동효의 생부·공합을 얻으면 비록 무기하나 약하다고 보지 않는다. 비유하자면 빈천한 사람이 귀인의 도움을 얻는 것과 같다. 기신이 무기해 있다면 돕지 않는 것이 좋다.(복서정종)

[132] 또 괘중에서 해가 동해 사를 충극할 때 또 묘가 동해 있으면 해가 묘를 탐생하고 사를 극하는 것을 잊어버리며 또 인이 동하면 해가 인을 탐합하므로 사를 충하는 것을 잊어버린다.(복서정종)

를 동출하고 있으면, 해수가 사화를 충극하게 되는데, 만약 묘미가 같이 동하면 해묘미 합성 목국이 이뤄져 도리어 화를 생하게 되는데 역시 이것도 탐합망극·망충이 된다.
　나머지도 이와 같이 하라.

◆ 쇠왕을 구별하고 극합을 분명히 하며 동정을 살펴 형충을 정해야 한다.
　쇠왕극합은 전에 오행생극과 사시왕상장을 보고 동정형충은 전에 동변장을 보라!

◆ 병倂이나 병倂이 안 되고 충이나 충이 안 되는 것은 중요한 글자가 많음으로 말미암고, 형이나 형이 안 되고 합이나 합이 안 되는 것은 한 자가 부족하기 때문이다.[133]
　옛 주석에서 말하기를 "괘효가 이미 이뤄졌으면 형충병합이 있음을 면치 못하지만 한 자가 많아도 그 명분을 얻지 못하고 한 자가 적어도 역시 그 형충병합의 명분이 이뤄지지 않는다."

---

[133] 병倂이란 괘 중의 효가 일진에 임한 것을 말한다. 충이란 괘중의 효가 일진의 충을 만난 것을 말한다.
가령 자일점괘에 괘중에서 子효가 용신이면 일진과 병倂되는 것인데 만약 자효가 쇠약하다면 이미 일진과 병되었기 때문에 왕하다고 논한다. 그러나 자효가 묘,절,극으로 화했다면 이것을 일진이 나쁘게 변해 것에 좋다고 할 수 없게되어 흉함을 당일날 보게 된다. 그러므로 이런 경우를 병이나 병할 수 없는 것이라한다.
　또 예를 들어 자일점괘에 괘중에 오자午字가 용신인데 일진이 충했으나 또 자효가 괘중에서 동하여 괘중의 오효를 충극하고 있을 때 이 자효가 묘절극으로 화하고 있다면 이는 일진이 나쁘게 화한 것이니 오를 해롭게 할 수 없어 오히려 그 길함을 당일날 보게 된다. 그러므로 이런 경우를 충이나 충할 수 없다고 하는 것이다. (복서정종)

예를 들어 자일 점괘에 괘중에 하나의 자가 있으면 병併이라고 하지만 만약 두 개의 자가 있으면 태과로 나눠진다. 그래서 비록 병이 된다고 하나 기실 병이 될 수 없으며, 이오二午와도 충하지 못하고 이축二丑과도 합하지 못하며 이묘二卯와도 형하지 못하고 이사二巳와도 극하지 못하는데 이것은 한 자가 많아서 형합극해의 명분을 얻지 못하는 것이다." 했다.

| 야학이 말하기를 | 만약 효중에 하나의 자가 두 개의 축과 합하지 못하는 것은 妬合이 되기 때문에 합이 이뤄지지 않는다고 하는데 이치는 있다.[134] 만약 일진이 효중의 二子와 併할 수 없고 효중의 二午와 충할 수 없다고 한다면 이것은 잘못된 말이다.

일월은 하늘과 같아서 우로를 적시지 않는 곳이 없는데 그렇지 않다면 어찌하여 육효의 선악을 순찰한다 하였겠는가?
즉 예를 들어

---

[134] 야학은 여기서 투합, 즉 하나의 자가 두 개의 축과 합하지 못하는 것 같은 것은 인정하는 듯 하다.

| 예 119 | 축월 임자일. 송사점. 천산돈

```
父戌 |
兄申 | 應
官午 |
兄申 |
官午 ‖ 世伏寅財
父辰 ‖ 伏子孫
```

세가 오화에 임하고 자일의 충을 만났는데 휴수하므로 일파가 되지 암동이 되지 않는다. 오늘 만약 재판한다면 반드시 책벌이 있으리라.
과연 본일에 관에서 곤장을 맞았다. 이렇게 괘중에 二午를 봤음에도 어찌 자 하나가 두 개의 오를 충할 수 없다 할 것인가?

그 옛 주석에 또 말하기를 "인사신은 삼형이 되는데 만약 인사 寅巳 두 글자만 있고 신申 자가 없거나, 혹 인신寅申 두 글자만 있고 사巳가 없으면 단지 한 자字가 적으므로 삼형이 이뤄지지 않는다"고 하였고 또 말하기를 "해묘미는 삼합인데 괘에 그 중 둘이 있을 때 하나가 부족하다고 삼합이 이뤄지지 않는다"고 하였다.

| 야학이 말하기를 | 이상의 두 가지 설도 상세하지 않다. 결국 뒤에 허일대용虛一待用(모자라는 한 글자를 기다려 씀) 하는 월일에는 전실됨을 알지 못한 것이다. 예를 들어

예 120 사월 기미일. 오래된 병점. 택수곤→중택태

```
父未 ||
兄酉 |
孫亥 | 應
官午 ||
父辰 |
官巳  財寅 || 世
```

세효 인목이 사화를 화출하니 인이 능히 사를 형한다.
삼형에 신자가 없으나 신일이 위험하다. 과연 신일신시에 죽었다. 이것은 한자가 없지만 후에 오는 신일이 보충해준 것이니 어찌 한자가 적다고 삼형이 이뤄지지 않는단 말인가?

예 121 유월 을사일. 승진점. 택지취→천지비

```
父戌  父未 ||
      兄酉 | 應
      孫亥 |
      財卯 ||
      官巳 || 世
      父未 ||
```

사화관성이 지세하고 또 일건에 임하였으니 법에 말하기를 "관이 일월에 임하였으니 승진한다" 하였다.
또 사일이 해수를 충동하여 발동한 미효와 삼합을 이루려 하나 묘자가 부족하여 명년 묘월에는 반드시 승진하겠다. 이것은 허일대용虛一待用을 쓴 것이다.
과연 묘월에 승진하였으니 어찌 한 자가 적다 하여 합이 이뤄지지 않는다 하겠는가?

- 효가 영성슈星을 만나면 물物이 나를 해하기 어렵다.[135]
  일진·월장장을 보라!

- 복伏이 공지空地에 거하면 일이 뜻대로 안 되고 어그러진다.
  복伏이란 복신伏神을 말한다. 복이 또 공이 되면 모든 일을 이루기 어려운 상이다. 옛날 책에 점험이 있는데 아래와 같다.

예 122 병신일. 문서점. 지천태

| 孫酉 ‖ 應 |
| 財亥 ‖ |
| 兄丑 ‖ |
| 兄辰 ｜ 世 |
| 官寅 ｜ 伏巳父 |
| 財子 ｜ |

저 책에서 판단하기를 "부모효가 용신이 되는데 이 괘 육효에는 부모가 없고 사화부모가 이효 인목 아래 복伏되었으며 또 순공되었으니 문서를 이루지 못하겠다."

야학이 말하기를   복되고 또 공이 되면 일이 이뤄지지 않는다는 말은 맞다. 단 이 괘에서 문서를 잡지 못한 것은 공 때문이 아니며 비신 인목이 사화를 생하지만 신일과 삼형이 되었기 때문이다.
왜 그런가? 신일이 인목을 충동하고 사화를 생하니 비래생복

---

[135] 영성은 월건, 물物은 동효를 말하므로 용신이 월건과 같으면 동효가 극해도 어찌 상하겠는가?(복서정종)

으로 장생을 얻었다 할 수 있으며, 복신이 이미 장생을 얻었으므로 유기하니 불공한 것이다.
　삼형이 아니라면 어찌 비신이 충개했는데도 헛되다 하겠는가? 그러므로 공 때문이 아니고 삼형 때문이라고 말하는 것이다.

◆ 복伏은 끌어줌이 없으면 끝내 헛수고가 되고, 비飛는 충개해서 열어주지 않으면 역시 헛되게 된다.
　대개 용신이 나타나지 않으면 괘중에 복되어 있기 마련인데 반드시 일진·월건이 비신을 충개하거나 복신을 생합하거나 도와서 일어나도록 도와야 복신이 비로소 유용해지는 것이다. 예를 들어

예 123 문서점. 산화비

```
官寅 |
財子 ‖
兄戌 ‖ 應
財亥 | 伏申
兄丑 ‖ 伏午父
官卯 | 世
```

부모가 용신이 되는데 오화부모가 축토 형효 아래 있으니 문서를 가진 사람이 가버렸다고 판단할 수 있다. 만약 미월일 점이라면 축토비신을 충거시키면 오화복신을 합해 일으키므로(合起) 문서가 유용하게 된다고 판단할 수 있다.
만약 인묘월일점이라면 축토를 극거하고 오화를 생하므로 역시 문서가 유용하다고 판단한다. 나머지도 이와 같이 한다.

♦ 공空 아래의 복신은 나오기 쉽다.
복신이 공이 안 되고 비신이 공되면 복신이 출현하기 쉽다. 왜 그런가? 비신이 공되면 위에 누르는 효가 없는 것과 같기 때문이다. 복신이 다시 일진·월건의 생부生扶 공합拱合을 얻으면 튀어나오게 된다.

♦ 약한 주인(즉 주사효)을 정통으로 제制하면 유지하기가 어렵다.[136]
용효가 휴수한데다 다시 월건·일진이 제복해버리면 생부를 만난다 해도 어쩔 수 없다. 예를 들어

예 124 진월 병진일. 지하에서 홀연히 오색의 광채가 나서 고대의 굴이 아닌가 의심이 나서 점침. 화택규→산풍고

```
      父巳 |
      兄未 ‖ 伏子財
 兄戌  孫酉 ⼁世
 孫酉  兄丑 ‖
      官卯 |
 兄丑  父巳 ⼁應
```

재가 복되고 공되었으니 전혀 영향이 없다. 열어봤자 재가 없다. 그러면 어째서 오색의 빛이 나옵니까?
내가 말하기를 "요사한 기운이다."
저 쪽에서 사람마다 재를 바라 의논이 분분해 어려움이 있자 내가 말하기를 "동효 중 형제가 교중하니 바램과 어긋날 것이다."

---

[136] 마치 마른 가지와 썩은 나무에 단비가 내린다 한들 새로운 뿌리가 자랄 희망이 없는 것과 같다.(복서정종)

"이 괘에 형이 동하여 자손을 생하고 자손이 동하여 재를 생하며 또 내괘가 합성금국해 금생수왕하니 어찌 재가 없다합니까?" 내가 말하기를 "그것은 하나는 알고 둘은 모르는 말이다. 자손이 왕하기는 하지만 뿌리도 없는 재財를 생하기 어렵고 또 자수는 복되었으며 또 공되고 다시 일월비신의 극제를 당하고 있으니 재가 어찌 오겠는가?"
후에 과연 굴을 파보니 깨진 항아리 하나와 그 안에 기와조각과 흙만 있었을 뿐이었다.

◆ 일이 효를 상하면 참으로 그 화가 두렵고 효가 일을 상하면 이름만 극을 받을 뿐이다.[137]

일월은 하늘과 같고 임금과 같으며 육효는 신민·만물과 같으니 일진이 능히 괘효를 형·충·극·해할 수 있으나 괘효는 일월을 형·충·극·해할 수 없다.

◆ 묘墓 안에 있는 것은 충하지 않으면 불발한다.

옛 주석에 "용효가 입묘入墓하면 모든 일에 힘만 쓸 뿐 이루기 어렵고 괴로움이 많으며 지체가 많으니 반드시 일진 동효의 충파나 혹은 그 묘를 극파해야 비로소 유력해진다"고 했다. 예를 들어

---

[137] 월건도 마찬가지다.(복서정종)

예 125 무인일. 재점. 천화동인→중천건 / 신유공망

```
孫戌 | 應
財申 |
兄午 |
官亥 | 世
父寅 孫丑 ‖
     父卯 |
```

용효가 입묘하지만 일진에 의해 극파당한 것을 좋아하니 득재한다. 만약 용이 공되고 입묘하면 무재할까? 그렇지 않다. 대개 공이 충을 만나면 충공으로 인해 실이 된다. 묘도 극파되면 파묘破墓되니 열리게 된다.

야학이 말하기를 | 이 말은 지극히 일리가 있는 말이다. 여러 번 시험해서 다 맞았다. 단 용신이 유기해야 비로소 그렇다. 만약 용신이 휴수하고 도움이 없으면 비록 충개일을 만난다 해도 발하기 어려운 것이다. 예를 들어

예 126 미월 무진일. 년운점. 지뢰복→지산겸

```
     孫酉 ‖
     財亥 ‖
     兄丑 ‖ 應
孫申 兄辰 ‖
     官寅 ‖ 伏巳父
     兄辰 財子 ‖ 世
```

세효자수가 비록 신자진 삼합수국이 되었지만 일월이 세를 극하는 것은 좋지 않다. 세효가 또 묘로 화하고 또 회두극으로 화하며 동효 진토도 또 극한다. 그러므로 이 세효는 휴수무기하니 년운年運이 불리할 징조다. 묘년에 점쳤는데 오년에 죽었다.

대저 오년에 응한 것은 세가 세파歲破의 년에 임했기 때문이다. 이것을 두고 묘중인墓中人은 충하지 않으면 불발한다 하겠는가?

◆ 신상身上의 귀鬼는 없애지 않으면 불안하다.[138]
　제점에 가장 꺼리는 것은 극세하는 것이지만 유독 관귀지세한데 만약 벼슬에 있는 사람이 아니라면 일월동효가 서로 충극해주면 도리어 길조가 된다. 왜 그런가? 세효를 극하는 것 때문이 아니라 신변의 귀를 극거하기 때문이다. 예를 들어

예 127　오월 계축일. 아내병. 택지취→수지비 / 인묘공망

```
父未 ‖
兄酉 │ 應
兄申　孫亥 ╱
財卯 ‖
官巳 ‖ 世
父未 ‖
```

묘목재가 공되니 내일 출공되면 나으리라!
이 괘는 해수손이 독발하여 세효의 귀를 극거하고 있으며 내일 인일에 응한 것은 인과 해가 합하여 자손을 합해서 일으키기 때문이니 자연히 약을 쓰지 않아도 나은 것이다. 과연 다음날 災가 물러갔다.

---

[138] 왕홍서는 귀뿐만 아니라 기신이 지세하고 있어도 귀처럼 극거하면 좋으나, 단 지나치게 극해서는 안되는데 그러면 내가 상할 수 있기 때문이라고 주를 달고 있다.

| 예 128 | 진월 무자일. 작은 배를 가지고 관문을 통과하려는데 막힐까 대비하여 치는 점. 수지비→택산함

```
      財子‖ 應
      兄戌 |
   財亥 孫申 ╫
   孫申 官卯 ╫ 世
      父巳 ‖
      兄未 ‖
```

세에 귀가 붙어 있으니 온통 걱정과 근심이 있을 상이다.
다행히 신금이 첩첩이 있어 신변의 귀를 극하니 근심이 없으리라. 점친 후에 묘일에 국경을 지났는데 막힘이 없었다.

◆ 덕德이 괘에 들어 있으면 도모하지 않아도 자연히 된다.

 옛 주석에 "덕德이란 덕德이다. 천지와 합하는 것이 그 덕이다." 즉 예를 들어 주사효와 세효의 천간지지가 상하로 상합하는 것이 그것이다. 남아있는 점험을 보자.

| 예 129 | 술월 기유일. 문서점. 풍천소축→산풍고

```
        兄卯 | 句
   父丙子 孫巳 ↙ 朱
        財未 ‖ 龍應
        財辰 | 玄伏酉官
        兄寅 | 虎
   財辛丑 父子 ↙ 蛇世
```

그 책에서 말하기를 "오효가 병자 문서를 동출하여 신축을 변출한 세효와 간지 상합하니 무자일에 그 문서를 얻었다." 했다.

| 야학이 말하기를 | 이것은 쓸데없는 이론이다.

귀곡자가 삼재론三財論에서 효사를 버리고 오행으로 화복을 정할 때 지지를 썼는데 이미 지지를 쓰면서 부득불 천간을 배합하기는 했지만 천간으로 길흉을 정한다는 말은 들어보지 못했다.

천간을 지지에 배합하는 것은 육십갑자를 다 쓰기 위함이니 괘가 사십팔효四十八爻에 그칠 뿐이기 때문에 부득불 나누기 위함에서다.

그래서 건乾의 내괘는 갑을 쓰고 坤의 내괘는 을을 써 십간의 머리가 됨을 알게 하고 건의 외괘는 임을 쓰고 곤의 외괘는 계를 썼으니 모두 십간의 꼬리가 됨을 알게 한 것이다.

건乾의 내괘에 자를 써 곤의 외괘와 상합하게 하고 곤의 내괘에 미를 써 건의 외괘와 상합하게 하여서 이로二老가 상하로 두루 통하게 하며 음양을 서로 엇갈리게 하였으니 그 중에 육자六子를 포함하고 있다. 갑甲·을乙 다음의 병정은 소남小男 소녀少女에 쓰니 간艮과 태兌에서 그렇고, 무기는 중남中男 중녀中女에 쓰니 감坎과 리離에서 그렇다.

경庚·신辛은 장남長男 장녀長女에 쓰고 진震과 손巽에서 그렇다.

이렇듯 상하간지를 다 붙인 것은 이러한 배우配偶의 법 때문에 그러하며 이것을 혼천갑자라 한 것이다.

그러나 화복길흉은 모두 지지의 생극제화·극합·형충으로 판단했던 것이다.

지금 만약 천간으로 길흉을 판단한다면 매 괘마다 모두 써야할 것이지 어찌 여기에서만 쓰는가? 항차 풍천소축이 산풍고로 변한 이 괘에서 오효 주작이 문서가 되니 유일의 생을 받고 화한 축과 합하였으며 문서가 첩첩하면서 괘중에서 왕동하니 간지상합이 아니라도 역시 이루지 못한다고 말하기 어려운 것이다. 그래서 내가 쓸데없는 이론이라 했던 것이다.[139]

◆ 기忌가 신身에 임하면 장애가 많고 이루지 못한다.

기忌란 기신이다. 모든 점에 지세해서는 안 된다.

예를 들어 관점官占을 친다면 자손이 기신이 되니 자손지세하면 이름을 얻지 못하고, 재점財占을 한다면 형제가 기신이 되므로 형제지세하면 구재하지 못하는 류다.

| 야학이 말하기를 | 이 이론도 아주 맞는 말이다. 그러나 나에게 다른 점험도 있으니 형제효가 지세해도 재효를 화출하면 득재했

---

[139] 왕홍서는 이러한 덕합을 위의 관점이 아니라 용신과 일진이나 용신과 세가 합하는 걸로 본다. 즉 용신이 동하여 합세하거나 용신이 화하여 생합되거나 일진이 용신에 임하면서 합세하거나 일진이 용신과 생합하거나 하면 모두 덕입德入한 것이 된다는 것이다.

고 세가 재효에 임했어도 부모로 화하면 부(즉 문서)를 보았다.

예 130 사월 병신일. 재점. 화수미제→화풍정

```
兄巳 | 應
子未 ‖
財酉 |
財酉  兄午 ‖ 世伏亥官
       孫辰 |
       父寅 ‖
```

이것은 기신이 세위에 임한 것이지만 유재를 화출하였으므로 유일에 득재하리라.

예 131 신월 무오일. 문서 수령점. 풍뢰익→풍화가인

```
兄卯 | 應
孫巳 |
財未 ‖
父亥  財辰 ‖ 世伏酉官
       兄寅 ‖
       父子 |
```

이 역시 기신이 세위에 임했지만 해일에 문서를 얻었다. 같은 날 자식이 아버지를 점했을 때도 이 괘를 얻었는데 역시 해일에 아버지를 보았다. 그 이유가 무엇일까? 동효가 변효를 극하지 못하기 때문이다.
그러나 역시 많이는 볼 수 없었지만 내가 이미 얻은 경험이므로 부득불 사람들에게 알려주는 것이지만 후인을 가르칠 법은 아니다. 제점에 반드시 기신이 지세하면 막힘이 많고 이루지 못한

다 함은 맞는 말이다.

예 132 오월 기유일. 구재점. 화수미제→화택규 / 인묘공망

```
兄巳 | 應
孫未 ||
財酉 |
兄午 || 世伏亥官
孫辰 |
兄巳 父寅 ||
```

모든 구재점에는 형제가 지세하는 것을 가장 꺼리는데 이 괘는 세위에 기신이 임했으니 당연히 무재한다.
다행히 인목 부모가 동하여 생세하니 부모효는 금은이 아니고 화물貨物이다. 금은을 구하는 것은 불가능하지만 화물은 반드시 얻으리라!
과연 인일에 잔과 비단 등의 화물을 얻었다.
인일에 응한 것은 부효가 출공하는 날이기 때문이다.

◆ 괘가 흉성을 만나면 피하는 것이 길하다.
옛 주석에 "대개 용신이 공망에 있으면 일월동효의 충극을 만나야 하는데 이것을 피공避空이라 하고 반대로 충극을 만나지 않으면 해롭다." 했다. 남아있는 점험을 보자.

예 133 미월 임신일. 자식의 병점. 천풍구→택풍대과 / 술해공망

```
父戌 ↙
兄申 |
官午 | 應
兄酉 |
孫亥 | 伏寅財
父丑 ‖ 世
```

그 책에서 "말하기를 부모가 왕동하고 용효 해수자손은 무기하니 본래 흉조다. 다행히 용효가 순공을 만나 피하였는데 병자일에 나왔다. 대개 병자일이란 이미 공을 벗어나고 또 해수자손이 자일이 되자 제왕에 임했기 때문이다."

야학이 말하기를 이 말은 이치가 아니다. 제점에 가장 꺼리는 것은 기신인데 이 괘중에서 기신이 이미 동하였으니 화가 목전에 있는 것이다.

용신이 정하면 충을 만나는 날에 해를 당하며 용신이 동하면 합되는 일을 만나면 용신이 상하게 된다.

용신이 파되면 실파하는 일에 그렇게 되고 용신이 공되면 출공하는 날에 상봉하게 되는 것이다.

이 괘에서는 출공도 안 되었으니 피할 수 있었으나 출공하게 되면 반드시 그 해를 만나게 되는 것인데 어찌 출공했는데도 도리어 화를 당하지 않았는가?

내가 얻은 경험으로는 원신이 괘중에서 동하고 용신이 공되면 출공하는 날에 복을 얻고 기신이 괘중에서 동할 때 용신이 공하면 출공하는 날에 재앙을 만났으니 여러 번 점쳐도 여러 번 맞았으나 유독 근병에 공을 만나면 그렇게 논하지 않는다.

대개 근병을 점할 때 용신이 순공을 만나면 일월동효의 극해에

관계치 않고 용신이 출공하는 날에 나았다.

오직 이 한 가지 일에서 공만을 논하고 출공한다 해도 극을 당하지 않는다고 논할 뿐 다른 점에서는 모두 꺼리는 것이다.

이 괘는 정히 자식의 근병이니 근병에 공을 만나면 낫는다는 것을 깨닫지 못해서 이렇게 판단한 것이다. 그러니 이런 예외를 두고 모든 일에 다 피하는 것이 가하다고 싸잡아 말하는 것은 마땅치 않으니 삭제하는 것이 옳을 것이다.

◆ 효가 살(기신발동)을 만나는 것을 꺼리는데 대항할 수 있으면 상하지 않는다.

옛 주석에 "기신효가 발동하면 범사에 불리한데 만약 일월동효가 용신을 도우면 대적(혹 相敵)할 수 있게 되어 상대(기신)보다 약하지 않기 때문에 역시 바라는 바를 이룰 수 있다." 했는데 내가 보기에도 이 이론은 이치가 있다. 단 거기에 실린 점험은 마땅치 않은 면이 있다. 예를 들어

| 예 134 | 신월 을미일. 노역勞役에서 벗어나겠는가? 산택손→수택절

```
財子 官寅⚊應
兄戌 財子⚋⚋
     兄戌⚋⚋
     兄丑⚋⚋ 世伏申孫
     官卯⚊
     父巳⚊
```

저 책에서 말하기를 "세가 축토에 임했는데 자수재가 동하여 인목의 귀를 생조하면서 동하여(즉 인목) 극세하고 있으나 기쁘게도 일진 미토를 얻었고 5효는 또 술토로 변출하여 세효를 부조해 그 인목의 귀를 대적할 수 있으니 상신傷身할 수 없다."

| 야학이 말하기를 | 이 판단은 타당하지 않다. 대저 한두 개의 미토가 세를 돕는다고 어찌 귀를 돕고 상신傷身하는 악살에 맞설 수 있겠는가?

실은 인목 귀가 동하지만 월건에 의해 파되고 미일에 묘가 되니 이 인목의 귀가 파되고 입묘되어 그 자수가 비록 생한다 해도 생할 수 없어 무근의 목이 되었기 때문에 그런 것이다.

항차 자수는 또 회두극으로 화하였으니 수목이 다 마른 것이다. 후에 무사했던 것은 다 이 때문이다. 저 책에서 술미 이토가 도왔다고 본 것은 잘못된 것이다. 항차 변효술토는 정괘의 효를 방조할 수 없다. 내가 하나의 예를 들어 비교해 보겠다.

|예 135| 진월 을미일. 그달의 신수점. 지천태→뇌화풍

```
孫酉 ‖ 應
財亥 ‖
父午 兄丑 ㄨ
    兄辰 丨 世
兄丑 官寅 ㄨ 伏巳父
    財子 丨
```

세효 진토가 월건의 도움을 받고 축토는 회두생으로 화하며 또 비조하니 비록 인목귀가 동했을지라도 세효가 왕상하고 부조하므로 상적할 수 있다. 그러나 신축일이 이르면 흉한 시비를 볼 것 같다. 후에 과연 말 한 마디로 송사가 일어났으나 몇 차례 심한 꾸지람을 당하더니 다행히 풀어져 잠잠했다. 대저 풀어졌던 것은 일월의 토가 도왔기 때문이다.[140]

◆ 주상이 휴수하면 형·충·극·해를 보는 것을 꺼린다.

주상主象이 왕상해도 형·충·극·해하는 효를 대적하기가 버겁거든 항차 휴수한 것이랴? 전편에서 말하기를 "극해형충은 가을의 서리가 풀을 죽이는 것과 같다" 함이 이것이다.

◆ 용효가 동해서 변할 때 사·묘·절·공을 만나는 것을 꺼린다.

옛 주석에 "사·묘·절·공은 함정의 지地로 만약 용효가 동하여 묘로 화하거나 절로 화하거나 공으로 화하거나 사로 화하면 공사 대소사를 막론하고 모두 이루지 못하며 병점에서 만나면 필사한다." 했다.

---

[140] 예를 들어 재효가 용신인데 목이라면 금효가 동하면 극재하므로 흉하다. 그런데 이때 火효가 발동하면 금을 극하므로 금효가 자기 추스르기도 바쁠 것이니 어찌 극목할 것인가?(복서정종)

내가 얻은 경험으로는 묘로 화하거나 절로 화해도 만약 동효가 왕상하거나 일월에 임하거나 일월의 방부를 얻으면 큰 해가 없었다.

묘로 화하면 충개하는 월일에 이뤄지고 절로 화하면 생왕하는 월일에 얻으며 공으로 화하는 것에 대해서는 더욱 많은 경험이 있으니 모사점에는 실공되는 날에 반드시 이뤄지고 근병점에는 출공하는 날에 나았다.

◆ 용이 용으로 화해도 유용한 경우가 있고 무용한 경우가 있다.

옛 주석에 "이미 용효가 있으면 동해서 화출돼서는 안 되는데 그렇게 되면 화거化去라 하며 혹 주변의 효가 화출해도 모두 좋지 않다. 그러므로 비록 유용한다 해도 무용한 효와 같다. 병점에서는 더욱 꺼린다." 하였다.

| 야학이 말하기를 | 이 이론은 맞지 않다.[141]

대저 용효가 용효로 화출할 때 만약 진신으로 화한다면 제점에서 모두 길하고 다른 효에서 동출되었다면 더욱 비조比助 방부幇扶함을 얻을 것이거늘 어찌 무용하다고만 말하고 태과자는 덜므로 이룬다는 것은 알지 못한단 말인가?

또 말하기를 "용효가 중첩되면 묘고를 얻어 수장한다"고 했는데 만약 용신이 태다하면 손상시켜주는 날, 묘고되는 날에 이뤄지게 되는데 도리어 무용하다고 말하니 잘못된 말이다.

[141] 용신이 용신으로 화할 때 유용한 용신이란 용신이 진신으로 화한 것이고 무용한 경우란 용신이 퇴신으로 화하거나 복음괘同字가 되는 것이다.(복서정종)

그러므로 이것은 삭제하는 것이 마땅하다.

◆ 공이 공으로 화하면 비록 공이라도 공이 안 된다.[142]
　내가 경험하건데 공이 공으로 화하는 것만 공이 되지 않는 것이 아니라 동해도 공이 되지 않았으니 복이든 화든 충공·실공하는 월일에 반드시 응했다.

◆ 양養은 여우와 같은 의심을 주하고, 묘墓는 암매함이 많았다.[143]

---

[142] 이 말은 자칫 오해의 소지가 있다. 위에서 "동공動空·화공化空은 모두 길흉이 이뤄진다自空化空 必成凶咎"라고 했는데 이 말과 같은 걸로 생각되기 쉽다. 그러나 위의 말은 그런 뜻이 아니다. 동효가 공을 만나면 공으로 논하지 않지만 공으로 또 변해서 화해서는 안 된다.
　이 말의 진정한 뜻은 만약 공된 동효가 변해 공이 안 되었다면 쓸 수 있으며 출순하면 공이 되지 않고 동효가 공이 아닌데 화해서 공이 되었더라도 역시 공이 되지 않아서 역시 출순하면 쓸 수 있다는 말이다.

---

[143] 복서정종 십팔론 8.
　여기에 대한 해석이 있다. 가령 화의 십이운의 예를 들어보자.
　寅(生)-卯(浴)-辰(帶)-巳(官)-午(旺)-未(衰)-申(病)-酉(死)-戌(墓)-亥(絕)-子(胎)-丑(養) 이 십이운 중에서 생·묘·절은 쓰기 때문에 나머지 목욕부터, 살펴보면 목욕 卯는 화가 용신이라 할 때 상생, 관대인 辰, 쇠인 未, 양인 丑은 모두 토로 설기된다. 화의 임관 巳는 사화라면 복음이 되고 오화라면 같은 화니 용신이 된다.
　또 화의 왕旺 오는, 사화라면 진신이 되고 오화라면 복음이 되며 또 미쇠未衰는 오화가 용신이라면 오미합되고 申병病, 酉死는 오화가 용신이라면 구신이 되며 사화가 용신이면 신병申病은 사신합되고 자태子胎는 상극되고 오화午火가 용신이면 극충·반음이 된다.

　그래서 이 십이운은 생묘절生墓絕 셋만 중요하게 보고 나머지는 모두 생·극·충·합·

이 역시 장생·목욕 등 12개의 성을 말함인데 나의 경험으로는 생·왕·묘·절만 쓸 수 있을 뿐이고 그 나머지는 맞지 않았으며 화출할 때 생·왕묘·절에도 응했다. 묘란 막히는 것을 말한다.

용신이 동하여 묘로 화하면서 근병·구병에 만나면 모두 혼미의 상이 있는데 용신이 왕하면 묘고를 충개하는 일에 편안해지고 용신이 휴수한데 또 형·충·극·해당하면 낫기가 어려우며 공을 만나면 근병에는 낫고 구병에는 흉하며 포획점을 칠 때 묘를 만나면 깊이 감춰져 볼 수 없게 되고 신명점에서 묘를 만나면 우매부진하며 실물점에서 만나면 암장돼서 찾지 못하고 혼인점에서 만나면 막혀 이뤄지지 않는다.

대저 모두 암매하고 밝지 못하는 상이 된다.

예를 들어 만약 동효가 묘로 화할 때 묘신이 동효를 회두극하면 암매暗昧 혼체하니 흉조라 논해서는 안 되며 나를 회두극하는 것을 꺼린다고 하는 것이 맞는 말이다.

만일 묘신이 귀인데 용신효를 회두극하면 더욱 흉하고 양으로 화하거나 병으로 화하거나 태로 화하는 것과 목욕으로 화하는 것은 모두 맞지 않았으니 다 없애야 한다.

◆ 생왕으로 화하면 화복이 셋이 있다.[144]

생이란 동효가 장생으로 화하는 것이다.

예를 들어 해수가 동하여 신금을 화출하는 것으로 이렇게 되면 진신·퇴신·복음·반음으로 논해야 한다는 것이다.

[144] 흉신이 장생으로 화하면 그 화가 시작되니 묘·절일이 와야 비로소 그 흉세가 감해진다. (복서정종)

장생으로 화하였다하고 또 회두생으로 화했다 하며 해수가 유금으로 화했다면 목욕으로 화했다고 하지 않고 역시 회두생으로 화했다고 말하는 것이다.

이 두 가지 생은 동효가 유기하고 화한 효에 왕상하게 되니 모든 점에서 길하다. 왕이란 장생(명리에서 십이운)의 다섯 번째를 말한다.

즉 금목수화가 왕으로 화하면 즉 진신으로 화하는 것이다.

예를 들어 신금이 유금으로 화하고 해수가 자수로 화하며 인목이 묘목으로 화하고 사화가 오화로 화하는 것으로 모든 점에서 길을 누리지 않음이 없다.

그러나 토는 신에서 기생寄生하고 자에 왕하므로 진신은 되지 않으나 진술미토가 동하여 자효子爻를 화출하면 왕으로 화하는 것이며 축토가 자효를 화출하면 이미 왕으로 화한데다가 또 화합까지 되니 모든 점에서 다 길하다.

◆ 관귀로 화해도 길흉이 두 가지로 나뉜다.

동효가 관귀를 변출하면 길흉이 두 가지가 있다.

왜인가? 공명점을 할 때 세효가 왕상하거나 혹 일월에 임하거나 일월이 생부하거나 동하여 관성으로 변출하고 또 파손되지 않으면 관을 얻을 징조가 되고 세가 만약 휴수피극한데 동하여 관성으로 변출되면 귀로 변하는 것이니 좋지 않다. 식록에 애로가 있을 뿐 아니라 반드시 죽음이 곧 임박하게 되는 근심이 있게 될 것이다. 예를 들어

예 136 술월 갑인일. 어느 때 관직에 선발되어 빈자리를 얻을 수 있겠는가?

| 풍뢰익→수산건

```
父子  兄卯⚊應
      孫巳│
      財未⚋
官申  財辰⚋ 世伏酉官
      兄寅⚋
財辰  父子⚊
```

세가 월파에 임하고 인일의 상극을 당하며 또 상효 묘목이 동출하여 극하여 극은 있으나 생은 없으니 세효가 관성으로 변출하였다고는 하나 귀로 변해버린 것이다. 필경 선발되지는 못하리라! 다음 해 인월에 죽었다.
신이 고해주기를 수명이 다되었으므로 위험하다고 가르쳐주신 것이니 공명을 바랄 수 없었던 것이다.

예 137 사월 임신일. 무역 점포를 열려 함. 중지곤→산지박

```
官寅  孫酉⚋ 世
      財亥⚋
      兄丑⚋
      官卯⚋ 應
      父巳⚋
      兄未⚋
```

장사점에는 재효를 보는데 이 괘는 재가 월파되어 손이 동하여 생재하나 생해도 재가 힘을 쓰지 못한다.
항차 세와 자손이 같이 귀로 변하였으니 운영이 좋지 않을 뿐만 아니라 올 가을에는 반드시 자녀로 인해 관재를 초래하리라.
과연 팔월에 그 자식이 도박으로 관에 잡혀갔다가 자식이 곤장을 맞는 형을 받아 죽었다.

이것은 유금자손이 귀로 변한 것에 응한 것이다.

◆ 나를 회두극하는 것을 꺼린다.

효가 동하여 극으로 화하는 것을 말하는 것으로 예를 들어 금효가 동하여 화로 변하면 화가 금을 극하고 목효가 동하여 금으로 변하면 금이 목을 극하는 경우 등을 이름하여 회두극아回頭剋我라고 한다. 나머지도 이와 같이 한다.

<u>각자가 말하기를</u> 나에게 점험이 남아 있으니 대개 회두극을 볼 때 병점·수명점·연운점에는 십에 구는 죽었고 역시 명리를 점하거나 가정의 자잘한 일細務을 점할 때도 역시 위망危亡함을 보았다.

왜 그런가? 대개 그 사람의 정한 목숨이 이미 다다랐으니 명리를 구하려 해도 신이 고해주기를 이미 네 목숨이 다함을 알지 못하고 어찌 다른 것을 구하는가라고 경계케 하여 욕심 부리지 말라고 말해주는 것과 같으니 사람들이 그러한 전철을 밟지 않으면 설사 회피하지 못할지라도 역시 그 정종正終을 보증할 수 있으니 신의 고해줌이 혹 이런 뜻에 있는 것은 아닐까 한다.

<u>야학이 말하기를</u> 관귀지세하고 자손이 회두극으로 화할 때의 점험이 넷이 있으니 현재 관에 있는데 관귀지세를 얻으면 자식이 상하는 것으로 응하거나 삭탈관직에 응하거나 요수夭壽에 응하거나 하며 선비나 서민이 얻으면 자신의 목숨을 다치거나 자식을 상하는 것으로 응하거나 하는데 대개 이런 괘를 얻으면 반드시 재점을 명하여 합해서 판단해야 한마디로 정한 판단을 할 수 있

다.

그러나 우환을 염려하는 점에서 만일 자손으로 화출해 신변의 귀를 극거하면 반드시 근심이 없어지니 좋다 할 수 있다.

대개 육친점에서는 회두극으로 화하는 것을 꺼리는데 예를 들어 부모점에 부가 사오에 임하는데 만약 해자수로 화하면 회두극 부하게 되니 부모가 오래 살지 못할 징조다.

나머지도 이와 같이 하라.

예를 들어

예 138 유월 기축일. 스승의 관재점. 수뢰둔→중뢰진

```
    兄子 ‖ 句
父申 官戌 ⼑朱應
財午 父申 ‖ 龍
    官辰 ‖ 玄伏午財
    孫寅 ‖ 虎世
    兄子 | 蛇
```

신금부모가 용신인데 이미 일에 입묘하고 또 회두극으로 화하였으니 현재 중죄가 이미 정해졌다.

묻기를 "능히 감등 되겠습니까?"

내가 말하기를 "어찌 단지 감등만 되겠느냐? 반드시 형을 만나지 않으리라. 지금이 진년이니 오효가 상생하고 극하지 않으며 항차 부효가 또 청룡을 만났으니 형을 받지 않으리라고 판단할 수 있다. 단 오화가 순공에 있으니 오년에 출공될 때 편히 죽지 못할까 두렵다."

후에 들은 바로는 이미 중죄가 정해졌지만 명확하지 않은 부분을 바로잡느라 판결이 늦어지다가 병오년 병월 병일에야 폐질

肺疾痰厥을 얻어 죽었다.

이것은 정확히 오화가 실공된 해가 되니 이로 보건대 육친을 대점해도 회두극을 꺼림이 이와 같았다.

◆ 도와주는 사람의 덕을 배반해서는 안 된다.[145]

고법에 "상생할 때는 반드시 다른 쪽에서 나를 생해줘야 하며 상극에는 내가 타를 극하는 것이 마땅하다. 예를 들어 피차 양가의 일을 점할 때는 응효가 생세하는 것이 좋으며 재점에는 재가 생세하는 것이 좋고 관점에는 관이 세를 생하는 것이 좋다." 했다.

만약 세가 타효를 생하면 자기의 기를 다 빼는 것이다.

---

[145] 대개 용신이 동출하여 세효와 생합하면 나에게 유정한 것이니 도모하는 바를 쉽게 이루지만, 용신이 발동하면서 세와 생합하지 않고 도리어 응효와 주변효와 생합하면 모두 도와주는 사람의 덕을 배반하는 것이니 모든 점에서 만나면 구하는 바를 이루기 어렵고, 자기는 손해를 보고 남은 이롭게 하는 상이다.(복서정종)

2 증산 『황금책』 천금부 하

◆ 악성惡曜은 고한孤寒해야 하는데 일진과 같이 있는 것을 꺼린다.[146]
   형·충·극·해하는 효가 악성이지 여러 성살 중의 흉살을 말함이 아니다. 대개 이러한 효가 동하여 용신을 충극할 때 만약 이 성들이 고립무조하거나 휴수무력하면 비록 용신을 상해한다 해도 용신이 왕상하면 상적할 수 있으니 거리낌이 없고 화가 있다 손치더라도 가볍다.
   그러나 가장 꺼리는 것은 일진 동효가 그 악함을 돕는 것으로 (동효가 일진과 같은 자가 되는 것) 그렇게 되면 반드시 호가호위[147]하여 세력을 믿고 악을 행하니 화를 당함이 적지 않게 된다.
   앞서 말한 월장·일진장내에서 "가장 꺼리는 것은 타효가 극제를 더하는 것이다"라는 것과 같은 뜻이다.

◆ 용효가 중첩하면 묘고墓庫로 수장하는 것을 좋아한다.
   옛 주석에 "용효가 중첩할 때 만약 일진·동효가 손損해주지 않으면 반드시 묘고를 얻어 수장시켜야 모든 점에 좋다."고 했다.

---

[146] 여기서 악성은 기신을 말하며 고한孤寒의 고孤는 생부,공합이 없는 것을 말하고, 한寒은 쇠약무기함을 말한다. 그런데 이런 기신이 일진과 같은 오행이거나 하면 득세해서 결국 손해를 면치 못하게 된다.(복서정종)

[147] 호가호위狐假虎威 : 남의 권세를 빌려 위세를 부림을 비유한 말.

옛날의 점험이 남아 있는데 예를 들어본다.

예 139 정축일. 구재점. 풍뢰익→택지췌

```
財未 兄卯 ╱ 應
     孫巳 │
父亥 財未 ║
     財辰 ║ 世伏酉官
     兄寅 ║
財未 父子 ╱
```

저 책에서 판단하기를 "괘에 양재兩財가 있는데 초효·상효에 또 양재로 화출하고 일진이 또 재가 되니 본래 태과하다.
세에 진을 얻어 재고가 되니 이름하여 재가 고가 있어 수장되었다 하며 후에 득재를 한다." 했다.
나도 이 논리가 극히 이치가 있다고 생각한다. 여러 번 시험하여 여러 번 다 맞았으나 단 괘중에 고가 있고 없음을 따질 필요 없이 후에 고되는 월일을 만나면 역시 그 일이 이뤄졌다.

예 140 오월 무오일. 어느 날 비가 올 것인가? 지풍승→뇌풍항

```
官酉 ║
父亥 ║
孫午 財丑 ║ 世伏午孫
官酉 │
父亥 │ 伏寅兄
財丑 ║ 應
```

혹 말하기를 "금일今日 비 점에 부모가 동하지 않고 축토재가 또 오화를 화출하여 회두생이 되었으니 큰 가뭄의 해다."
내가 말하기를 "임술일에 반드시 비가 올 것이다."

혹 말하기를 "부가 월건에 임하여야 음우陰雨가 계속되지 지금은 자손이 월건에 임하였는데도 역시 이와 같은가? 어찌 비가 온다 하는가?"
내가 말하기를 "오화자손이 일월에 임하여 왕이 극에 달했으니 용신이 중첩되면 묘고로 수장시켜야 하므로 술일에 반드시 비가 올 것임을 안 것이다. 과연 술일 신시에 비가 왔다.

예 141 축월 병신일. 부자 집의 자식이 겨우 17세에 종신공명점을 침. 수화기제→지천태

```
        兄子 ‖ 應
    兄亥  官戌 ⼁
        父申 ‖
    兄亥 ｜ 世伏午財
    孫寅  官丑 ‖⼁
        孫卯 ｜
```

내가 이 괘를 얻고 그 요절함을 알았지만 명확히 말하기가 불편하여 공명은 아직 이르다고만 했다.
중중한 관귀가 동하여 극세하니 해년마다 병재病災가 있다가 이십 세를 넘어 이 귀액을 벗어나면 다시 공명을 물어보라!
며칠 지나서 그 업사業師가 말하기를 "이미 종신공명을 물었는데 무슨 연고로 이렇게 많은 귀가 극세합니까?"
내가 말하기를 "신이 요절함을 가르쳐 준 것이니 공명을 가르쳐 줌이 아닌 것이다."
묻기를 "어느 때를 조심해야 합니까?"
내가 말하기를 "금년 태세가 축이니 십구 세 진년을 넘기지 못하리라."

저가 또 묻기를 "진년이 술토의 귀를 충거하는데 왜 불리합니까?"

내가 말하기를 "아니다. 진은 토귀의 묘墓가 된다. 귀가 태왕해 반드시 묘고로 수장시켜야 하기 때문이다."

과연 진년 술월에 죽었다.

◆ 일이 막히는 것은 간효間爻가 발하기 때문이다.[148]

옛 주석에 "세응의 중간에 있는 양효를 간효間爻라고 하면서 동하면 일에 막힘과 장애가 많다. 이 두 효가 세응 중에 거하면서 동하면 양가의 일이 막히게 되고 피차 서로 통할 수 없게 한다"고 했으며 또 말하기를 "세응 중간의 양 간효가 발동하면 구하는 바에 막힘이 많다"고 했다.

| 각자가 말하기를 | 이 양효를 간효로 삼아 시험한 결과 과연 맞았다. 그러나 반드시 무슨 일로 점하는가를 봐야 하는데 오직 피차 양가의 일이라야 비로소 쓸 수 있다.

예를 들어 혼인에 중매나 송사에서 증인, 매매에 있어서는 중개자가 되고 임대에는 중간의 보증인이 되며, 배나 차에서는 실은 물건이 되고, 교유交遊에서는 흥을 돋우는 사람이 되고, 출산에는 아이를 받고 산모를 보호하는 사람이 된다.

---

[148] 이 간효는 세응 중간에 막혀 있어 피차의 길과 같은데 동하면 다른 사람의 장애와 막힘이 있다. 어떤 사람이 가로 막는가를 알려면 오류五類로 추리하는데 예를 들어 부모가 동하면 윗사람이다. 하는 식이다.(복서정종)

| 야학이 말하기를 | 세는 자기가 되고 응은 다른 사람이 된다.

　피차 서로 친하고자 할 때 만약 간효의 발동을 만난다면 개괄해서 막힌다고 판단해서는 안 된다.

　만약 동하여 세응과 생합한다면 도리어 이 무리들의 힘을 얻을 수 있기 때문이다. 세효에 가까우면 나를 돕는 사람이고 응효에 가까우면 저쪽을 돕는 사람이다.

　나를 생하는 자와는 마땅히 친해야하고 나를 극하는 자는 내가 멀리함이 좋다. 오직 세응을 극하는 것을 꺼리는데 일이 반드시 이뤄지기 어렵다. 나를 극하면 나의 일에 나쁘고 내가 어리석게 당하며 응을 극하면 저쪽의 일에 나빠 그 쪽이 유혹 당하게 된다.

　만약 형제가 붙어있으면서 동하면 그 해가 적어 그 막히고 어그러진 일이 단지 돈을 씀에 불과할 뿐이지만 만약 귀에 있으면서 동하면 정히 그 부담을 받으며 화 또한 가볍지 않게 된다. 예를 들어

예 142 사월 경진일. 집을 사는 점. 지택림→뇌천대장

```
     孫酉 ‖
     財亥 ‖ 應
父午  兄丑 ‖
兄辰  兄丑 ‖
     官卯 | 世
     父巳 |
```

세효 묘목, 응효 해수로 세응이 상생하고 있으니 반드시 이뤄질 상이다.

단 꺼리는 것은 해가 월파에 임하여 세를 생할 수 없고 향차 간효에서 삼중 토가 발동하니 소인이 무리를 이루고 있다. 중간에서 일이 어그러질 것이니 그 거래가 이뤄지기 어려울 것이다.

저 사람이 말하기를 "이미 계약금으로 지불한 은화를 저쪽 하인과 중개자에게 여러 번 쓴 비용을 돌려달라고 했으나 뜻대로 하지 못하고 있습니다. 그 쪽에서도 말 꺼낸 것을 후회하고 팔지 않습니다."

내가 말하기를 "응효가 파하고 극을 받으니 지금 돈을 많이 쓸지라도 역시 이뤄지지 않겠다."

후에 과연 이루지 못하고 은화는 돌려받았다. 이 사람이 대노하고 더럽혀진 명예를 회복하고자 힘 있는 친구에게 가서 판결을 부탁해 그 그릇됨을 호되게 질책했는데 저 사람 역시 당할 수밖에 없었다.

내가 괘 중의 간효를 자세히 보니 삼중 토가 동하고 응효에 가까운 것은 파는 주인 쪽 신변의 사람과 같고 응효를 극한 것은 집 파는 것을 깨고 막히게 하여 이뤄지지 못하게 하고 돈을 없애게 하는 것이다.[149] 세효에 가까운 토도 역시 응효를 극하는데 이것은 집 살 사람이 끝에 가서 친구에게 가 대중 앞에서 그

잘못됨을 질책한 것을 나타낸다.

| 각자가 말하기를 | 대개 간효가 동함을 만날 때 만약 일월의 충극을 얻으면 풀어질 수 있다.

◆ 마음에 후회가 있는 것은 세가 공이 되기 때문이다.
　옛날 주註에 "자점에서 세는 주상主象이 되는데 만약 일월동효의 상극함이 없고 세효가 무고無故한 자공이 되면 반드시 주로 자신의 마음이 게으르고 해태해서 앞을 향하지 않으려 한다." 했다.

| 야학이 말하기를 | 이 이론도 극히 옳다. 전에 말하기를 "무고한 자공自空은 심연의 큰 구렁에 들어간 것 같아서 모든 점에 대흉함이 있다함은 틀리다." 했다.

| 각자가 말하기를 | 『易林補遺』에서 말하기를 "세응이 모두 공이 되면 둘 다 목전에서 후회하게 되며 주인과 손님이 모두 동하면 둘 다 시간이 지나서 다시 추진하게 된다. 그래서 세만 공되는 것이 좋지 않을 뿐 아니라 응 역시 공되는 것이 좋지 않다. 그러므로 말하기를 세응이 모두 공이면 일에 실다움이 없다" 한 것이다. 그러나 동한 것이 공이 되면 이렇게 논하지 않는다.

[149] 위에 간효가 형을 만나면 돈을 허비한다고 한 말을 상기하자.

◆ 괘효가 발동하면 반드시 교중交重되는가를 봐야 한다.[150]

　옛 주석에 "교동交動은 미래사를 주하고, 중동重動은 과거사를 주한다" 했는데 나 역시 여러 번 시험해 간혹 맞기도 하였다.

　단 대개 효상이란 일정하게 변하지 않아야 비로소 법을 삼을 수 있는 것이지 간혹 맞은 것이 있다고 하나 그것은 우연히 맞아 떨어진 것에 불과한 것이니 법으로 삼을 수는 없다.

◆ 동변動變해 비화比和하면 진퇴를 분명히 가려야 한다.
　진퇴장을 보라!

◆ 살이 생신生身하면 길로 판단하지 마라. 용신이 세를 극하면 흉으로 추리하지 마라. 대개 생중에도 형해刑害의 꺼림이 있고 합처에도 극상의 우려가 있다.

　살이 생세한다는 것은 일월·동효가 기신이 되면서 생세하는 것이지 흉살을 말함이 아니며 길로 판단하지 않는다고 함은 무슨 말일까?

　그것은 기신이 이미 왕하면 용신이 쇠하기 때문에 세가 비록 생을 만날지라도 결국 무슨 유익이 있겠는가? 예를 들어

---

[150] 이런 부분의 글들을 보면 야학노인은 참으로 스승다운 스승이라고 할 수 있다. 여기서 교중交重이라 함은 교동交動, 중동重動을 말하는 것으로 교동交動은 음효가 동하는 것으로 미래사를 주하고 중동重動은 양효가 동하는 것으로 양효가 동하는 것을 말한다. 야학 노인은 이런 고인의 관점이 혹 맞기도 하였으나 간혹 맞을 뿐이어서 법으로 삼을 수 없다고 하나 현대의 대만이나 홍콩의 육효학자들 중에는 여전히 이런 관점을 채용하는 학자들이 있다.

예 143 술월 병자일. 아버지가 진남眞南에 부임했는데 어느 때나 소식이 오겠는가? 지택림.

```
孫酉 ‖ 青
應 財亥 ‖ 玄
   兄丑 ‖ 虎
   兄丑 ‖ 蛇
世 官卯 | 句
   父巳 | 朱
```

소식점에는 주작 사화부모가 용신이다. 일진 자수가 사화를 극하니 기신이 된다. 술월은 사화의 묘가 되니 역시 기신이 된다.

이 사화는 월에 묘되고 일에 극되니 소식이 없을 징조다. 세효 묘목이 비록 일생월합하기는 하나 어찌 그 일에 유익이 있겠는가? 살이 생신하면 길로 판단하지 마라 한 것은 이것을 두고 한 말이다. 점친 후에 4년이 되어서야 소식을 들었는데 아버지가 해를 당하셨다는 것을 알게 되었다.

특례 진월 계유일. 향시점. 수택절→중수감괘 / 복서정종의 점험예

```
   兄子 ‖
   官戌 |
應 父申 ‖
   官丑 ‖
   孫卯 |
世 孫寅 財巳 ⵋ
```

세효 사화가 인목 기신으로 화하여 생하면서 형을 띠고 또 묘목기신이 암동하여 생세하니 후에 시험장에서 죽었다.

이것은 기신이 생세하고 생하면서 형을 띠었기 때문이었다.

각자가 말하기를 용이 세를 극한다는 것은 용신이 극세한다는

것으로 흉으로 보지 마라 했다. 옛 주석에 주사효가 동하여 극세하면 일이 내게로 오는 것으로[151] 일이 반드시 쉽게 이뤄지니 내가 비록 극을 본다 하나 어찌 상하겠는가? 그러므로 말하기를 극세해도 흉이 되지 않는다고 한 것이다.

그러나 나는 이 이론을 다 그렇다고는 할 수 없다.

내가 경험하기로는 만일 구재점을 친다면 재가 용신이 되는데 재효가 극세하면 반드시 얻고 행인점에서도 용신이 극세하면 돌아오며 의약점도 역시 자손이 용신인데 자손이 극세하면 나으나 이 몇 가지 점 외에는 모두 용신이 극세하는 것을 좋아하지 않는다. 만약 공명점에 관귀가 극세하면 화가 아니면 災가 되는 것이니 어찌 흉으로 보지 말라고 일괄해서 말할 수 있겠는가?

예 144 축월 경자일. 세관관리가 될 수 있겠는가? 지천태→지화명이

```
孫酉 ‖ 應
財亥 ‖
兄丑 ‖
兄辰 | 世
兄丑 官寅 ⚊ 伏巳父
財子 |
```

세관관리가 될 수 있나에 대한 점엔 관귀가 용신이 된다.

이 괘에서 진토가 지세하고 인목 관귀가 극하며 세효가 공되었기 때문에 임인일에 얻을 것이다. 그러나 다음해 삼월 중도에서 죽었다. 이래도 용이 극세했으니 흉으로 보지 말라고 하겠는가?

---

[151] 사래아事來就我. 명리에서 일간과 재가 합하면 재래취아財來取我라고 해서 흉으로 보지 않고 일간이 강하면 길하게 보는 것과 같다.

예 145 오월 병진일. 이사의 길흉. 지산겸→지화명이

```
兄酉 ||
孫亥 || 世
父丑 ||
兄申 |
官午 || 應伏卯財
財卯 父辰 ||
```

집에 관한 점에는 부모효가 용신이 된다.
이 괘에서는 진토 부모가 동하여 극세하고 있으니 이사하는 것은 좋지 않다.
묻기를 "이미 이사를 해버렸으니 어쩌면 좋습니까?"
내가 말하기를 "지금은 무방하나 가을에는 불리하다."
그것은 진토가 동하여 묘목으로 화하고 있는데 가을이 되면 목이 금에 의해 상하므로 진토가 와서 극세하게 된다.
그 사람이 내 말을 듣지 않다가 7월에 지진이 나서 집이 무너지고 식구들이 다쳤으니 이것을 두고 용이 극세하면 흉이 되지 않는다고 말할 수 있겠는가?[152]

◆ 형刑과 해害는 용에 임해서는 안 된다.[153]
　주사효와 일월·동효가 삼형이 되면 어떤 일을 점칠 때 그 일이 이뤄지지 못하고 물건점에는 물건이 좋지 않으며 병점에는 반드시 죽는다.

---

[152] 용신이 극세하면 길한 경우에 또 용신이 극세하고서 또 한편으로 응효와 생합하면 안 된다. 이것은 저 사람에게는 후하게 하고 나에게는 박하게 하는 것이니 비록 용신이 극세한다고 해도 역시 흉으로 본다.(복서정종)

[153] 반드시 쇠왕·생극을 따져 그 경중을 살펴야 한다.(복서정종)

사람을 점칠 때는 우환이 있고 부인을 점할 때는 정절치 못하며 문서점에는 파절이 있고 송사점에는 반드시 죄에 대한 책임을 지게 되며 동하여 刑으로 화해도 역시 그렇다.

그러나 사死에 임하는 것은 맞지 않았으니 주를 달지 않는다.

◆ 사절이 어찌 지세하는 게 가하겠는가?

용효·세효가 일진에 절되거나 절로 화하면 옛 주석에 "범사에 불리하다"고 했는데 나는 휴수·피극되고 또 절돼야 그랬다. 왕상하면 무방한 것이다.

◆ 동하여 충을 만나면 일이 흩어진다.[154]

삼충·육충장을 보라!

◆ 절이 생을 만나면 일이 이뤄진다.[155]

대개 세와 용신이 혹 일에 절되거나 절로 화하거나 할 때 만약

---

[154] 대개 어떤 효가 충을 만났을 때 일례로 판단해서는 안 된다. 예를 들어 순공되고 정靜한 효가 충을 만나면 기起라하고 순공하며 발동한 효가 충을 만나면 실實이라 하고 안정安靜하나 공되지 않은 효가 충을 만나면 암동이 되고 발동하나 불공不空한 효가 충을 만나면 산散이라기도 하며 충탈冲脫이라고도 한다. 대개 동하여 충을 만나 산탈散脫되면 길해도 길이 안 되고 흉해도 흉이 안 된다.

[155] 그러나 사일巳日 점괘에 토효가 용신이라면 토효는 사일巳日에 절絕되지만 만일 월건의 생부生扶·방부幇扶가 있으면 토효는 절이라 하지 않고 일생이라고 하며 또 토효가 사화巳火를 화출할 때 일월의 방부·비比가 있을 때도 절로 화했다 하지 않고 회두생이라고 하나 만약 일월이 토를 극제하면 일에 절되고 화해도 효에 절된다.

대저 절처봉생하면 추운 골짜기가 봄을 만남과 같고 흉을 본 후에 길을 본다.

일월동효의 생을 얻으면 절처봉생이라고 한다.

즉 예를 들어 인일 점괘에서 유가 용신일 때 유는 인에 절되는데 만약 진술축미월이나 혹 효중에 진술축미를 동출하면 토가 유금을 생하므로 이것을 절처봉생이라고 한다. 나머지도 이와 같이 한다.

◆ 만일 합주合住를 만나면 반드시 충파해야 공을 이루며 만약 휴수하면 반드시 왕상해야 성사한다.

응기장을 자세히 보라!

◆ 동하여 극세하면 빠르고 정靜하면서 신(身)을 생하면 늦다.

이것은 오직 행인점에서나 쓰며 다른 점에서는 쓰지 않는다.

| 야학이 말하기를 | 용신이 동하여 극세하면 행인이 빨리 돌아오며 용신이 정靜하며 생세하면 행인이 늦게 돌아온다.

즉 예를 들어 부모가 어느 날에 돌아오겠는가로 점친다면 부모가 용신이 되는데 부모가 동하여 극세하면 즉시 돌아온다.[156] 나머지도 이와 같이 하라!

◆ 부망父亡하면 일에 두서가 없고 복福이 숨겨져 있으면 일이 뜻대로 안 된다.

고법古法에 "괘에 부모가 없으면 일에 두서가 없고 괘에 자손

---

[156] 용신이 동하여 극세하면 아주 빨리하고 동하여 생세하면 늦고, 정靜하여 생세하면 더 늦는다. 다시 쇠왕·동정을 살펴야 하는데 예를 들어 쇠신이 발동해 극세하는 것은 왕신이 발동해 극세하는 것보다 늦다. (복서정종)

이 없으면 희열이 없다"했다.

> 야학이 말하기를   이것도 쓸데없는 말이다.[157]

대개 어떤 일을 점칠 때 용신·원신·구신·기신이 극해·형충·공·파·묘·절되고 일월비신·복신되는 예가 허다한데 아직도 절충할 논리가 없어서 감히 쓰지 말아야 할 효를 찾는단 말인가? 정히 가지와 잎이 많아서 두서가 없을까 두렵다.

◆ 관귀가 비록 재앙과 화를 일으키지만 복伏되면 기운이 없는 것과 같다. 『천원부天元賦』 중 무귀론無鬼論은 비록 이치가 있지만 실은 쓸데없는 말이다. 내가 평생 관점·귀점鬼占·질병점을 쳤는데 쓸 것은 쓰고 쓰지 않을 것은 쓰지 않았다.

◆ 자손이 비록 복덕이라 하지만 많으면 도리어 공功이 없다.

> 각자가 말하기를   기신이라면 정말 많으면 좋지 않으나 용신이라면 많다고 어찌 해가 되겠으며 많으면 덜어야 이뤄지니 묘고를 만나 수장시켜야 한다는 것을 듣지 못했는가?

---

[157] 공사公事에는 문서 즉, 부모효를 보고 개인적인 사사로운 일에는 복덕, 즉 자손을 보는데 대개 공명점·공문公門·공사公事에서 부모효가 두서가 되므로 먼저 문서에 의지해 관귀의 존귀함이 결정되어지므로 문서효가 공망이 되면 일이 확실치 않게 되기 때문에 부망父亡하면 일에 두서가 없다 한 것이고, 모든 사사로운 점에 자손효는 해우解憂·희열의 신(또 희망을 대표)이며 또 재의 본원이기 때문에 복되고 나타나지 않는 것이 어찌 可하겠는가?(복서정종)

◆ 백호가 흥하면서 길신을 만나면 그 길에 해가 되지 않고 청룡이 동한데 흉성을 만나면 그 흉을 덮어 가릴 수 없다.

이치 있는 이야기니 육신장중에 이미 분명하게 설명해뒀다.

◆ 현무는 도적지사나 반드시 관효여야 하며 주작은 본래 구설의 신이니 반드시 형제에 붙어야 한다.

이 이론은 타당치 않다.

현무·주작·구진·등사가 동하나 극세하지 않으면 장애가 없고 동하여 극세하면 무엇에 붙었든 흉을 보는 것이지 어찌 형제·관귀를 나눈다는 말인가?

◆ 길흉신살이 다단하지만 어찌 생극제화의 한 가지 이치만 하겠는가?

이 말은 지극한 말이니 자세하게 음미해야 할 것이다.

◆ 악을 남김없이 없애지 않는 것은 불 꺼진 잿더미에서 다시 불이 붙는 것을 염려해야 함과 같다.

형·충·극·해의 신神에 만약 일월·동효의 극제가 있을 때 반드시 그 뿌리를 다 뽑아야지 만약 남김없이 없애지 않는다면 장래에 생부되는 년월에 다시 화가 있게 된다. 예를 들어

| 예 146 | 묘월 갑신일. 병점. 지산겸→수산건

```
        兄酉 ||
    父戌 孫亥 || 世
        父丑 ||
        兄申 |
        官午 || 應伏卯財
        父辰 ||
```

해수자손이 신일에 장생하고 세가 일건의 생을 만났으니 비록 술토의 극으로 화했어도 春令의 토는 쇠하니 묘월이 극제하므로 구해져 무방하다.

과연 정해일에 나았는데 그것은 묘목이 비록 술토를 극하나 상합하는 뜻이 있고 해수가 장생을 만났지만 술토도 역시 신에 장생이 되었기 때문인데 후에 사월에 이르러 해는 월파가 되고 사화가 무토를 생조하니 언諺에 말하기를 "풀뿌리를 남김없이 제하지 않으면 여전히 그 뿌리에서 싹이 튼다" 했는데 다시 병이 생겨 죽었다.

◆ 좋은 것을 해害함이 중하지 않으면 고목이 다시 봄을 만난 것과 같이 된다.

세와 용신이 유기한데 만약 일월 동효의 충극을 당하면 당장은 비록 극상을 당한다 하나 다른 날 생을 만나면 다시 일어난다. 예를 들어

예 147 자월 정해일. 자기의 앞날을 점침. 뇌택귀매→뇌수해

```
   父戌 ‖ 應
   兄申 ‖
   官午 │ 亥孫
   父丑 ‖ 世
   財卯 │
財寅 官巳 ╱
```

사화관성이 겨울에 휴수가 극에 달했다.
자월 해일이니 충극이 중중하여 공명을 보전하지 못하겠다.
묻기를 "파면되겠습니까? 아니면 강등되겠습니까?"
내가 말하기를 "만약 파면된다면 이 사화의 관이 동하지 않아야 할 것이다. 그러나 동하여 생으로 화하였으나 극이 철저하지 않으니 이것으로 공명이 뿌리가 있는 셈이다. 항차 월건과 합세하니 관은 상하더라도 몸은 움직이지 않을 것이니 강등되어 유임하겠다."
과연 인월에 파면에서 유임되었는데 이것은 일월이 관성을 충극했지만 해가 심하지 않았기 때문이다.
묘년점에 사년에 다시 원래 자리로 복직되었으니 어찌 봄을 만나 재발하는 것과 같은 징험이 아니겠는가?

◆ 수목은 반드시 뿌리가 깊어야 한다.
　대개 신명·가택·공명·분묘·무역 등의 일은 구원久遠함이 필요하니 용신이 비록 중하다 하나 반드시 원신을 겸해서 봐야 하니 대개 용신이란 일의 체體가 되고 원신이란 일의 뿌리가 되는 것으로 용신이 비록 왕하다 하더라도 원신이 만약 상극 당하면 나무에 뿌리가 없고 물이 근원이 없는 것과 같으니 어찌 오래가겠는가? 금·화·토 모두 이와 같이 추론한다. 예를 들어

예 148 오월 경인일. 제비를 뽑아 어느 곳을 얻겠는가? 산천대축→풍택중부

```
官寅 |
父巳 財子 ‖ 應
兄戌 ‖
兄辰 ⼁伏申孫
官寅 | 世伏午父
財子 |
```

세가 인목 관성에 임했으니 반드시 동쪽에 있는 빈자리를 얻겠다.
그러나 꺼리는 것은 자수가 월파당하고 동하여 절로 화하니 부임지에 도착할 수 없을 것이다.[158]

묻기를 "왜 그렇습니까?"
내가 말하기를 "재는 양명의 근원이 되며 또 왕가의 록祿이 되는데 지금 재가 절지에 임했으니 재록이 다 없다.
세효 인목이 수의 자생이 없으니 실은 흉조다."
묻기를 "다른 날 다시 정성껏 재점해 보겠습니다."

[158] 위아래 문맥으로 보아 어떤 관리가 어느 곳으로 가서 무슨 직책을 맡아야 하는데 제비뽑기로 해서 어디로 가야 할 것인가를 결정짓는 모양이다.

예 149 오월 갑오일. 재점. 지택림→수택절

```
孫酉 ‖
兄戌   財亥 ╲ 應
兄丑 ‖
兄丑 ‖
官卯 │ 世
父巳 │
```

내가 말하기를 "이것은 전괘와 괘 이름만 다르지 그 이치는 하나다. 또 해수 재효가 되어 회두극이 되니 어찌 임지에 도착하지 못한 것에만 그칠 뿐이겠는가? 가을에 危災를 조심하라!"

과연 칠월에 이질을 얻어 약을 먹어 약간 나았으나 보약을 많이 먹은 관계로 얼음물을 찾자 집안사람인 의사가 물 한 방울도 줘서는 안 된다 하니 심한 갈증 때문에 가슴을 두드리다가 결국 갈증으로 죽었다.

수가 없는 징험이 이와 같았다.

◆ 동효에 어찌 공·파가 장애가 되겠는가?
이 이론은 특별하다. 내가 얻은 경험이 있으니 아래와 같다.

예 150 술월 기사일. 스스로 남행하려고 점침. 화천대유→뇌천대장

```
父戌   官巳 ╲ 應
父未 ‖
兄酉 │
父辰 │ 世
財寅 │
孫子 │
```

응효 관성이 생세하니 관귀가 상생하게 되어 기쁘나 단 꺼리는 것은 사화가 술월에 입묘하고 또 묘로 화하였으니 나를 생하는 관효는 이미 입묘되었으니 어찌 나를 생할 수 있겠는가?

겸해서 육충괘이니 불길할 것 같아서 재점하였다.

예 151 해월 갑진일. 재점. 화천대유→산천대축

```
官巳 | 應
父未 ||
父戌  兄酉 ㄨ
父辰 | 世
財寅 |
孫子 |
```

내가 또 이 괘를 보니 의심스럽다.
사화가 비록 생세한다 하나 또 월파가 되었으니 파된즉 나를 생할 수 없으니 가봤자 무슨 이익이 있을까? 항차 간효 유금형이 동해 돈을 없애는 신이 가로막고 있으니 의심스러워 가지 않고 갑인일에 이르러 또 재점하였다.

예 152 갑인일. 재점. 화천대유→뇌천대장

```
父戌  官巳 ㄨ 應
父未 ||
兄酉 |
父辰 | 世
財寅 |
孫子 |
```

연달아 세 번을 얻으니 내가 홀연히 깨달아 말하기를 "이 여행은 내년 삼사월엔 반드시 여의하겠구나" 했다.
사화관이 동하여 생세하니 지금은 비록 파로 쇠하고 입묘하나 내년 봄 삼월에는 술묘를 충개하고 사화가 사월에는 당령하고 득시하니 공·파되지 않고 왕상하게 생세한다.

사일에 길을 떠나 도중에 옛날에 알았던 사람을 만났는데 그 모친이 최근에 돌아가시고 또 화재를 만나 돈이 떨어져 같이 갔으면 하기에 내가 비로소 두 번째 괘에서 간효 유금 형이 동한 것이 같이 동행해야 할 사람이라는 것을 깨달아 운수가 이미 정해진 것이니 동행을 허락했다. 며칠 못 가서 또 지기를 만났는데 그 지기가 말하기를 어느 곳에 기문의 초본抄本이 있다며 나에게 같이 가서 사자고 했는데 이틀 길을 돌아서 가야 했다. 내가 점쳐 또 화천대유에 뇌천대장을 얻었는데 내가 친구에게 말하기를 이 괘를 네 차례나 얻었는데 나에게 책을 사게 하지 않으면 나는 내 길을 재촉해서 갈 것이네! 했다. 결국 가서 목적지에 도착할 때가 이미 이월이었으니 그 괘에 대한 배움이 확실해졌다.

예 153 묘월 무술일. 현재 공명이 올라가겠는가? 중화리→중뢰진

孫戌　兄巳ㅏ世 孫未 ∥ 財酉 ∣ 孫辰　官亥ㅏ應 子丑 ∥ 父卯 ∣	중화리가 중뢰진괘로 변하였으니 육충이 육충으로 변했다. 세효가 묘로 화하고 (일에) 입묘하였으며 해수관성이 회두극당하니 대흉의 징조. 승진하지 못하겠으며 또 감옥 갈까 조심하라!

과연 군의 기밀문제로 감옥에 보내졌다. 또 남의 죄에 연루된 것 같으니 다시 헤아려 주기를 바라서 또 점을 쳤다.

예 154 묘월 경자일. 풍산점.

```
官卯 | 應
父巳 | 伏子財
兄未 ||
孫申 | 世
父午 ||
兄辰 ||
```

자손이 지세하고 관이 응효에 임하였으니 록위祿位가 이미 타인에게 속했다. 복직하기가 어렵겠다.
묻기를 "오늘은 정성이 들어가지 않았으니 내일 정성을 들여 다시 재점하겠습니다."

예 155 묘월 신축일. 재점. 화지진 / 진사공망

```
官巳 |
父未 ||
兄酉 | 世
財卯 ||
官巳 ||
父未 || 應伏子孫
```

내가 말하기를 "오늘의 괘와 어제의 괘와 같다.
세효가 파되고 입묘하였으며 관성이 나타났으나 모두 공이 되었으니 다시 복직되기 어렵겠다."
저 사람이 "그렇지 않을 것입니다."
내가 말하기를 "어찌 한 번 더 재점을 마다하겠는가?"
정성을 다하여 기도하고 다시 점쳐

예 156 묘월 신축일. 뇌풍항→택풍대과

```
        財戌 ‖ 應
   官酉  官申 ∦
        孫午 |
        官酉 | 世
        父亥 | 伏寅兄
        財丑 ‖
```

내가 말하기를 "축하한다. 이 자리의 작위는 이미 잃었지만 빨리 가서 전례를 끌어대면 서쪽으로 다시 임명되겠다.
묻기를 "무슨 근거로 그렇게 말하십니까?"
내가 말하기를 "관귀지세하며 파되고 입묘하였으니 그 잃었다가 취하게 됨을 알겠다. 다행한 것은 오효관이 진신으로 화한 것으로 분명히 재임의 관이로다. 이미 다시 살펴달라고 한 것은 허락되지 않았으나 후에 다시 전례를 인용하더니 사년에 섬서陝西의 경양慶陽에 봉해졌다.
성省에서 헌부憲副로 있을 때 어머니의 병점을 쳐

예 157 묘월 갑진일. 어머니의 병점에 택천쾌→뇌천대장

```
        兄未 ‖
   孫申  孫酉 ∦ 世
        財亥 |
        兄辰 |
        官寅 | 應伏巳父
        財子 |
```

사화부모가 인목 아래 복되었으니 비래생복이 되었다.
월건이 또 부모의 원신이 되니 어머니가 이미 좋은 의사를 만났다.
오늘 유시에 반드시 기쁜 소식이 있겠으며 사월에는 완전히 편안하리라! 과연 집안사람이

와서 "유시에 의사가 와서는 병에 따라 약을 먹게 하고 치료하면 사월에는 다 나으리라" 했다고 알려줬다.
유시에 소식을 접한 것은 유금자손이 지세하였으니 유시에 소식을 듣는 기쁨이 있었던 것으로 이후도 점친 것과 같았다.
또 도성 문지방에 있을 때 관재점을 쳐

예 158 묘월 정미일. 관재점. 수화기제→수뢰둔

```
兄子 ‖ 應
官戌 |
父申 ‖
官辰 兄亥 ╱ 世伏午財
官丑 ‖
孫卯 |
```

내가 말하기를 "관재는 완만하나 병재病災가 심히 위험하리라! 삼월에 예기치 못할 일을 조심하라!"
묻기를 "저는 관재를 점하였지 병점을 치지 않았습니다만, 항차 저가 병이 없었으나 때마침 다리 질환으로 인해 행동거지가 불편하여 일어나지 못하는데 당신이 어찌 병 있는 줄 알았습니까?"
내가 무심히 말하기를 "공이 비록 관재점을 쳤으나 신의 뜻이 질병의 위험함이 관재보다 중하다고 알려준 것으로 신이 중대한 것을 먼저 고해준 것이다. 이미 이 괘를 얻었으니 병의 여부를 떠나서 세효만 봐도 휴수가 극에 이르렀고 일이 극하고 또 동하여 귀로 변하였으며 또 묘로 화하였고 또 회두극으로 화하였으니 설사 건왕하고 질환이 없을지라도 흉위를 염려해야 한다."

후에 과연 삼월 초엿새에 다른 사람에게 다리에 침을 놓게 하더니 침을 근육에 잘못 놔 18일을 아파하다 죽었다.

예 159 묘월 경술일. 납광산을 열려고 하는데 되겠는가? 풍뢰익→풍택중부

```
兄卯 | 應
孫巳 |
財未 ||
財辰 || 世伏酉官
兄卯  兄寅 ||
     父子 |
```

형효가 왕상하고 동하여 지세한 재를 극하니 그 재를 대파하기 전에는 그치지 않으리라!
묻기를 "이미 연지 이 개월 남짓 됩니다만 쓴 비용을 헤아릴 수 없으니 만약 납이 없다면 저는 당장 그만둬야 합니다."
내가 말하기를 "형효가 동하여 진신으로 화하니 정히 파모破耗할 때로 그만두려고 하나 그럴 수 없을까 싶다."
후에 들으니 이 사업가가 광산을 열었으나 계속 샘물만 나오므로 그만두었다고 한다.
내가 그 곳에 3·4·5월 석 달 동안 있으면서 한가할 날이 없었는데[159] 비로소 전에 화천대유의 괘가 연달아 네 차례나 나왔을 때 사화관이 생세효하였는데 이것은 사월에 관의 귀인官貴이 상생하는 것으로 응했던 것이다.[160] 이것으로 보건데 신이 가르

---

[159] 여기서 말하는 그곳이란 위에서 야학이 세 차례나 화천대유괘를 얻고 남행해서 도착한 곳을 이르는 말로 야학의 점괘 밑에 계속되는 점험들-관재·병점·납광산 등에 관한 일련의 섬들-은 모두 그곳에서 짐쳐 얻은 경험으로 3·4·5월 동안 아마 위의 여러 가지 점을 쳐주면서 한가하지 않았다는 것을 말하는 것 같다.

쳐 주는 길흉의 월일을 아는 것은 전적으로 활발한 통변에 달려 있는 것이지 부적 같은 것들 의지해서는 안 된다.

그러나 내가 서툴게나마 약간 깨달을 수 있었던 것은 모두 다 점의 힘으로 말미암은 것이니 만약 연속 네 차례나 점괘를 얻지 못했다면 내가 이 일행 속에 꼭 있을 필요가 없었을 것이다. 하여 내가 이렇게 얻은 경험을 아끼지 않고 간곡하게 알려주노라!

◆ 위대한 장인匠人이 다른 사람을 가르칠 때는 반드시 법칙으로 말미암으므로 학자들은 결단할 때 영활한 기틀[161]에 힘써야 한다.

옛날의 성현들이 사람들에게 점복占卜을 가르칠 때 먼저 동정 왕쇠·생부·공합·형충·극해·파묘·절공 등을 가르친 것은 여러 가지 번거로운 면이 있기는 하지만 판단할 때 소홀히 넘겨서는 안 되는 것들이다.

그래서 책은 숙독하는 것이 마땅하며 이치는 세밀하게 참구하기를 오래도록 해야 하는 것이니 그렇게 하면 스스로 여러 가지 것들에 통할 수 있어 임기응변함을 따라 효상을 보기만 하면 길흉을 손금 보듯 하리라!

그 쓸 것은 중히 여기고 쓰지 않을 것은 없애다 보면 맞지 않는 것이 없을 것이다. 만약 경솔하고 조급한 마음으로 융통성 없이 사태의 변화에 어두운 자라면 점을 치지 않는 것이 가하다.

---

[160] 이 말은 아마 사월에 관귀 즉 지체 높은 사람들의 도움을 받았음을 암시하는 것 같다.

[161] 여기서 영활한 기틀이라고 한 것은 상황에 따라 적시 적소에서 요령껏 판단해 줄 수 있는 센스나 감각을 의미한다.

◆ 점을 칠 때 성심으로만 한다면 자일이라고 꺼리겠는가?

　천하사는 마음에서 비롯되지 않음이 없으니 마음을 움직여 신을 구하려면 반드시 한마음으로 정성을 기울여야 할 것이다.

　그래서 말하기를 "성즉형 형즉취 취즉명(誠則形 形則聚 聚則明)"이라고 한 것이니 그렇게 한다면 길흉이 필경 분명히 드러날 것이다.[162]

　고법에 자일에는 점을 치지 않는다는 말이 있기는 하나 『황금책』에 말하기를 단지 성심·불성심不誠心이 관건일 뿐이지 자일 여부에 있지 않다 하였으니 옳은 말이 아닌가?

◆ 점을 칠 때는 두 마음을 가지지 마라. 그렇게만 한다면 어찌 아침이나 저녁이라고 거리끼겠는가?

　일념의 정성이라야 천지를 움직일 수 있으니 정성이라는 그릇이 있어야 귀신이 받을 것이며 만약 마음에 두세 가지 일을 품으면서 점을 친다면 마음이 이미 전일하지 않는 것이니 어찌 하나라도 응함이 있겠는가?

　대저 생각이 많으면 마음이 어지러워지는 것이니 성심이 안 된 것이다.

　그러므로 말하기를 "어떤 일을 점칠 때 새벽과 저녁을 가리지 않지만 오직 두 마음으로 점치지 마라. 두 마음을 가지면 영험하

---

[162] 이 말은 현대 맥스웰 말츠의 사이버네틱스 이론 같다. 원문의 말을 곧이곧대로 해석한다면 정성을 다하면 형形이 있게 되고 형形이 있게 되면 모이게 되며 모이게 되면 분명해진다는 식으로 할 수 있겠으나 이 말은 꼭 마음에 원하는 것을誠 구상화시키면形 이뤄진다明. 즉 마음에 바라는 것이 있다고 할 때 이미 이뤄진 것이라고 믿고 그것을 계속적으로 염하면 결국 이뤄진다는 말과 같은 것이다.

지 못할 것"이라 한 것이다.

　어떤 사람이 두 마음으로 먼저 구재점을 치고 다음에 장인의 병점을 쳐 아래와 같은 괘를 얻었다.

예 160 진월 을축일. 구재점. 택뢰수→천지비

```
財戌   財未 ∥ 應
       官酉 |
       父亥 | 伏午孫
       財辰 ∥ 世
       兄寅 ∥
財未   父子 /
```

예 161 진월 을축일. 장인의 병점 재점. 수산건

```
孫子 ∥
父戌 |
兄申 ∥ 世
兄申 |
官午 ∥ 伏卯財
父辰 ∥ 應
```

만약 그 기도한 순서대로 판단한다면 앞에 점은 구재점으로 온통 재성을 구비하니 그 재를 반드시 얻을 것이며 후에 점은 장인의 병점이니 부모가 일월에 임하여 죽지 않겠다. 그러나 두 가지 일을 숙지하여 점친 것은 모두 이 사람의 생각으로부터 비롯된 것이니 신이 전괘에서는 병점을 응하게 하여 재가 동하여 부를 극

하니 그 사람이 진일에 죽었는데 진일에 응한 것은 재효가 토에 속하므로 진은 토의 묘가 되기 때문이다.

후괘는 도리어 구재하는 것으로 응했으니 형효가 지세하니 얻지 못한다.

만약 신경 쓰지 않고 전후괘를 판단하여 전괘로는 구재를 판단하고 후괘로는 병으로 판단한다면, 다른 사람에게 어찌 웃음거리가 되지 않겠는가?

그러므로 말하기를 "한 생각에 한 가지 일만 점하는데 그친다면 아침에 점치거나 저녁에 점치거나 무방한 것이나 단 마음에 두세 가지 일을 품고서 고요히 밤에 신에게 구한들 반드시 틀리게 될 것이라" 했으니 이러한 도리를 미리 점하는 사람에게 알려줘야 할 것이다.[163]

---

[163] 복서정종 십팔문답 18.

   정명精明과 불험不驗 : 점치는 자가 성심을 다하고 판단하는 사람도 자세하고 분명하게 판단했는데도 맞지 않는 경우는 왜 그렇습니까?

   답 : 이는 그 이유가 점치는 자에게 있는 것이지 판단하는 사람에게 있는 것은 아니다. 점치는 자의 마음이 비록 정성스럽다 하더라도 혹 비밀스런 일을 다른 사람에게 말로 하기 어려워 이것을 물으면서 마음은 별도로 딴 곳에 두고 있든지 하면 점을 쳐도 맞지 않는 것이다.

| 예 1 | 375번 괘 | 예 2 | 321번 괘 | 예 3 | 168번 괘 |

| 예 4 | 169번 괘 | 예 5 | 170번 괘 | 예 6 | 167번 괘. |

◆ 내 일을 다른 사람에게 대신 점치게 해서는 안 된다.

나의 심사에 있는 것을 다른 사람을 시켜 대점하게 해서는 안 된다. 대개 나에게도 일념이 있고 다른 사람에게도 한 생각이 있으니 이는 두 마음이라. 어찌 효과가 있겠는가?

현재 관에 있는 사람이 집안 식구에게 명하여 방해에 관한 일로 대점케 하여 아래와 같이 나왔다.

예 162 묘월 무술일. 주인이 현재 재앙이 있을 것인가? 수지비→택산함

```
財子‖ 應
兄戌 │
財亥 孫申‖
孫申 官卯‖ 世
    父巳‖
    兄未‖
```

이 괘가 만약 본인의 생각으로 방해점妨害占으로 판단한다면 자손이 세를 극하니 가장 기쁜데 신변의 귀를 극거하기 때문에 걱정이 없을 것이다. 만약에 집안사람이 주인을 위해 점쳤다면 부모가 용신이 되는데 또 관효를 같이 용해야 한다.

지금 사화부가 공되고 술일에 묘가 되며 묘관이 비록 월건에 임하기는 하였으나 첩첩한 금을 이기지 못한다. 지금은 그래도 무방하겠으나 가을이 오면 어찌 위험이 없겠는가? 그러나 이 괘가 본관 자기의 점에 응한 것이 아니고 세효가 용신이 되어 자손이

극세하면 그 근심이 풀어지는 것으로 과연 신일에 소식을 들었는데 어떤 사람이 관청에 가서 폭로하려다가 다른 사람의 권유를 받아 그만두었다. 만약 집안사람이 주인을 점친 것으로 판단한다면 어찌 맞을 수 있었겠는가?

비록 맞았다 할지라도 이런 괘를 정법으로 집착해서는 안 된다. 간혹 주인의 생각에 응하지 않고 집안사람의 생각에 응하기 때문에 나의 일은 반드시 직접 점해야지 다른 사람에게 시켜서 대점하게 되면 용신을 취하기 어렵기 때문에 꼭 맞아떨어진다고 볼 수 없다고 한 것이다.

저 사람이 성심을 가지고 특별히 신에게 물으려고 하는데 나에게 먼저 점치라고 하면서 양보하는 경우에는 나는 양보하지만 신은 양보하지 않을까 두렵다. 내가 허심을 발해 일으킨 마음이 이미 있으니 그 사람에게 먼저 점치게 양보했어도 신은 반드시 그 사람 점에 나의 일을 응하게 할 것이다.

예 163 진월 계미일. 어떤 사람이 먼저 공명을 점치려고 하다가 나이 많은 사람이 앉아 있으므로 그에게 먼저 자식의 병점을 치라고 양보함. 천풍구→풍수환

```
       父戌 |
       兄申 |
  父未 官午 ¦ 應
  官午 兄酉 ¦
       孫亥 | 伏寅財
       父丑 ‖ 世
```

예 164 진월 계미일. 본인의 공명점. 천택리괘

```
  兄戌 |
  孫申 | 世伏子財
  父午 |
  兄丑 ‖
  官卯 | 應
  父巳 |
```

만약 전괘로 자식의 병을 판단한다면 그 자식은 반드시 죽는다. 왜 그런가? 해수자손이 일월의 상극을 당하고 세효가 암동하면서 또 자손을 상하며 원신유금은 또 오화에 의해 극을 받아 깨지므로 '기신이 왕하고 원신이 쇠한 것'으로 어찌 사는 이치가 있겠는가?

그러나 어찌 알았으랴? 본인이 일으킨 마음이 먼저 있어 전괘의 공명에 응한 것을!

오화관이 동하여 생세하고 세가 동하여 관이 흥하니 축월에 영

전되었다. 후괘는 아버지가 자식의 병점을 친 것에 응한 것으로 신금자손이 일월의 생을 받았으니 다음날 즉시 나았다.

예 165 사월 신사일. 어떤 사람이 아버지의 병점을 치려고 하는데 우연히 官長을 만나 먼저 치라고 양보함. 수풍정→지풍승

```
        父子 ||
  父亥  財戌 | 世
        官申 || 伏午孫
        官酉 |
  父亥  | 應伏寅兄
        財丑 ||
```

이 괘는 관직이 지금 비었는데 자리 셋에 사람이 넷이니 내가 능히 얻을 수 있겠는가로 친 점이다.

판단하여 말하기를 신유의 관이 모두 공을 만났으며 또 일월의 극을 받았으니 공되고 피극되어 지금은 할 수 없다.

그러나 다행히 술토가 관을 생하니 가을에야 비로소 희망이 있으리라! 그러나 어찌 알았으랴? 이 괘가 앞사람이 아버지 병점 괘를 친 것에 응하였으니 술토재가 동하여 극부하고 있고 해수 부모는 일파·월파되며 원신이 공되고 피극되어 술일에 죽었다.

| 예 166 | 사월 신사일. 官長이 가고 본인이 아버지의 병점. 중천건→풍화가인

```
         父戌 | 世
         兄申 |
    父未 官午 〻
         父辰 | 應
    父丑 財寅 〻
         孫子 |
```

이 괘를 보면 화국이 부모를 생하니 만약 부모의 병점으로 판단한다면 어찌 죽을 수 있겠는가? 그러나 이것은 전에 관장이 공명점을 친 것에 응한 것임을 어찌 알았으랴!

인오 재관이 동하여 모두 양부모로 화하고 삼합 세효로 관국을 이루었으니 세가 육효에 있기 때문에 동쪽의 조경肇慶의 빈자리를 얻었다.

살피건대 이 두 괘는 어찌 영험이 없었는가?

그것은 사람은 양보하나 신은 그렇지 않았음을 보여주는 것이니 그 상대방의 뜻의 순서가 어떠한지를 보아 판단해야 할 것이다.

◆ 타인의 일은 그 타인이 마음을 일으키게 해야지 절대로 다른 사람을 끌어들여서는 안 된다.

다른 사람의 마음속에 있는 일을 일찍이 마음을 일으켜 점한 적이 없는데 내가 이미 타인의 생각을 끌어들여 점쳤다 해도 결국 그것은 나의 생각이 된다. 어떤 아버지가 있어 자식의 장래의 공명점을 쳐

예 167 오월 신유일. 아들의 나이가 이제 11살인데 아버지가 자식이 장래에 공명을 할 수 있겠는가? 택지취→천산돈

```
父戌   父未 ‖
      兄酉 |  應
      孫亥 |
兄申   財卯 ‖
      官巳 ‖  世
      父未 ‖
```

내가 판단하여 말하기를 관성이 지세하였으니 관성이 여름에 당왕하고 미토부효가 문장이 되며 부가 진신으로 화하였으니 공명을 기대할 수 있겠다.

그러나 어찌 알았으랴? 아버지가 대신 점을 치면서 마음을 일으킨 자가 아비였으므로 이 괘의 참뜻은 아버지가 자식점을 친 것이 된 것이다.

그래서 부가 동하여 극자하고 재가동하여 회두극으로 화하니[164] 처가 신월에 죽었으며 자식은 미년에 죽었다.

미년에 자식이 죽은 것은 미토부가 동했는데 미년이 되자 극자한 것 때문이고 칠월에 상처한 것은 묘목재효가 신에 절되었기 때문이다.

| 야학이 말하기를 | 나도 오늘날 역시 다른 사람을 시켜 점치게 한 적이 있으나 다른 한 가지 법이 있으니 먼저 그 사람에게 말하기를 '이러한 모모한 일에 점쳐 한괘를 얻으면 길흉을 알 수 있으나 단 지금은 내 생각이 먼저 일어나므로 당신이 잠시 점치지 않다가 조금 지나 품었던 생각이 사라지고 홀연히 자연스레

---

[164] 원문에는 兄動傷妻라고 해서 형이 동해 처를 상했다고 되어 있는데 괘로 보아 재가 동해 회두극으로 화한 것이므로 원문을 고쳐 번역했다.

생각이 일어날 때 달리 생각을 일으켜 점하면 이것이 당신의 생각이 된다. 이렇게 하면 반드시 기로에 설 염려가 없게 될 것이다.' 이것은 여러 번 시험해도 맞았다.

◆ 내가 점칠 때는 반드시 바르게 고할 것이지 절대로 자기를 속이지 마라.

이런 일이 아주 많으니 수를 헤아릴 수 없다.

혼인을 위해 점친다면서 그 달 신수점이나 치고, 공명을 위해 점친다고 하면서 유년점을 치며 현재 관직에 있으면서 타인의 자리가 비기를 바라는 점이면서 분명히 말하기는 불편하니까 재임 중의 길흉을 점치고 효렴이라는 벼슬이 있으면서 분명하게 회시점을 치겠다고 말하지 않고 애매하게 공명을 물으며 이미 파면되었음에도 어리석게 공명을 묻는 것에 그칠 뿐 복상服喪이 끝나고 기용될까를 묻는 것은 꺼린다든지 이미 자식을 낳았음에도 고의로 자식이 있겠는가를 묻는 등이다.

예를 들어

예 168 미월 계해일. 유년점(流年占). 중산간.

```
官寅 | 世
財子 ‖
兄戌 ‖
孫申 | 應
父午 ‖
兄辰 ‖
```

이 사람은 이미 군에 가서 이전에 돈을 주고 벼슬을 샀는데 일부러 유년점을 치면서 뜻으로는 "명에 공명이 있겠는가?"를 물으면서 겉으로는 유년이라고 분명히 밝혔다. 공명점에는 관효로 관을 삼으니 관성이 지세하는 것을 가장 좋아하나 유년점에서는 관이 귀鬼가 되므로 관귀가 지세하는 것은 좋지 않다.

내가 이 이치를 말하니 저 사람이 비로소 말하기를 "실은 다른 사람에게 전례를 따라 부탁했는데 성사가 되겠는가로 점친 것이라고 하였다.

내가 말하기를 "이 괘는 관성이 지세하고 해일에 장생하니 일이 이미 이뤄졌다. 해수는 재가 되니 분명한 재왕생관이로다."

신일이 되자 문서를 실제로 받았으니 결과대로 되었다.

신일에 응한 것은 인목관성이 지세하고 정靜하니 충을 만나는 날이었기 때문이다. 만약 유년점으로 보고 귀로 단정하였다면 맞지 않은 허물이 누구 탓이겠는가!

예 169 자월 을유일. 재임중의 길흉점. 수천수.

```
財子 ∥
兄戌 │
孫申 ∥ 世
兄辰 │
官寅 │ 巳父
財子 │ 應
```

이 공이 본성本省에 자리가 비어 있어(영전되는 것을 말함) 그것을 얻을 수 있겠는가 하는 말은 피하면서 현재 재임의 길흉을 물었다.
단지 괘가 길한 것으로 말하자면 빈자리를 반드시 얻을 수 있다 해야 할 것이나 정녕 주역의 이치에 밝다면 빈자리를 얻을지의 여부를 물을 때 자손이 지세하면 희망이 없고 현임의 길흉을 묻는다 해도 자손이 지세하면 관직을 쉬어야 한다고 해야 한다.
내가 이러한 이치를 분명히 말하자 공이 말하기를 "승진을 묻고자 합니다." 했다.
비로소 내가 판단하여 말하기를 "이 자리는 얻을 수 없다." 과연 얻지 못하였다.
만약 현임의 길흉을 점쳤다 해도 관을 쉴 징조라 하겠으니 어찌 현격한 차이가 나지 않겠는가?

예 170 오월 신축일. 상인이 어머니의 병을 점하려 하면서 고의로 유년을 물음. 풍뢰익→천뢰무망 / 진사공망

```
兄卯 |  應
孫巳 |
孫午 財未 ‖
    財辰 ‖ 世伏酉官
    兄寅 ‖
    父子 |
```

무역을 하는 사람이 유년점을 친다면 재효가 중하니, 이 괘를 보면 왕한 재가 지세하고 미토의 재가 또 동하니 발재할 수 있다. 그러나 만약 어머니의 병점으로 판단한다면, 재효가 발동하는 것을 가장 꺼리는 것이니 재가 동하면 극모하기 때문이다. 그 어머니가 갑진일에 돌아가셨는데 진토가 출공하는 때에 맞춰 응한 것이다. 후현後賢들은 대개 유년이나 월령점을 칠 때 이러한 이치에 밝으면 양자가 잘못됨이 없을 것이다.

지금 이 괘를 보고 만약 발재한다고 판단했다면 어찌 웃읍지 않겠는가?

◆ 먼 것을 점했는데 가까운 것에 응하는 경우가 있으니 반드시 마음으로 신경을 써야 한다.

　천하의 이치가 동에서 나오는 것이니 기미가 있으면 동하기 때문이다.

　대개 점치러 오는 사람이 일이 목전에 임하여 그 정신을 집중하여 간절하게 점치면 결과를 알려주는 사람의 정신도 모일 것이니, 두 마음이 서로 감응해 즉시 길흉이 나타나지만, 만약 일이 아직 기미가 없는데 혹 후운을 점하거나 상관없는 일로 점하면서, 심히 장난하는 말로 묻는 자에게는 복자가 부득이하게 응하

니 두 마음이 전혀 서로 어우르지 못하므로 괘 역시도 망연해질 것이다.

그러므로 괘를 뽑았어도 원점遠占을 쳤는데 근사를 가르쳐주고, 혹은 원사遠事에 근점近占으로도 나타나게 되는 것이다. 예를 들어

예 171 미월 병진일. 재점. 택산함→택풍대과

```
父未 ‖ 應
兄酉 ∣
孫亥 ∣
兄申 ∣ 世
孫亥 官午 ‖ 伏卯財
父辰 ‖
```

이 사람이 집에서 항상 일 없이 노는 사람으로 의심스런 옛날 움집을 보자 고의로 의심을 하면서 한가롭게 묻기를 어느 때 득재하겠는가?

내가 말하기를 "괘중에 귀가 변하여 자손이 되었으니 목전의 자녀에게 크게 불리함이 있으리라."
묻기를 "소녀가 정히 천연두가 생겼습니다."
내가 말하기를 "반드시 해일을 조심하라!"
그 딸이 과연 해일에 죽었다. 해일에 응한 것은 오화귀가 해수자로 화하였기 때문이다.
저 사람이 어느 해에 득재하겠는가를 물었지만, 지금 딸이 죽는다고 신이 고해주니, 어찌 원점遠占을 쳤는데 가까운 것에 응한 징험이 아니겠는가?

예 172 유월 갑진일. 본월의 월령점. 천산돈→천풍구

```
        父戌 |
        兄申 | 應
        官午 |
        兄申 |
   孫亥  官午 ‖ 世伏寅財
        父辰 ‖ 伏子孫
```

세효 오화가 해수로 화하여 회두극되니 진년에 점쳤는데 오년에 죽었다. 월령점을 쳤지만 수명을 보여준 것이니 이것 역시 근점近卜을 쳤는데 먼 것에 응한 것이다.

예 173 신월 무진일. 무역점. 수지비→수풍정

```
        財子 ‖ 應
        兄戌 |
        孫申 ‖
   孫酉  官卯 ‖ 世
   財亥  父巳 ‖
        兄未 ‖
```

이 사람이 밖으로 다니며 무역을 하는데 우연히 한가하게 묻기를 "내년에 어느 쪽에서 이익이 있겠는가?" 하였다.
괘가 세효에 묘목을 얻고 동하여 유금으로 화하여 충극하니 칠월에 점쳤는데 팔월에 죽었다. 이것으로 신이 이 사람의 수명이 다 된 것을 고해준 것이니 하필 내년을 묻는가?

◆ 이것을 점쳤는데 저것에 응하는 경우도 있으니 반드시 자세히 살펴야 한다.
모든 점에 괘상이 나오면 반드시 상세하게 살펴야 한다.

괘 안에서 종종 묻는 것에는 응하지 않고 도리어 묻지 않는 일에 응함이 있는 것은 대개 신이 소사를 버리고 대사를 가르쳐 주며 소길한 것을 버리고 대흉한 것을 가르쳐주며 이것을 버리고 저것에 응하게 하며 저것을 버리고 이것에 응하게 하고 타인을 버리고 나에게 응하게 하는데 그 이유는 무엇인가?

그것은 아침저녁으로 화복이 임하기 때문에 신의 기미가 한 번 동하면 괘를 따라 드러내기 때문이다. 그래서 '그 신의 기미를 알라' 함은 이것을 말한 것이다. 예를 들어

예 174 사월 기미일. 젊은 하인의 병점. 수지비→수산건

```
        財子 ‖ 應
        兄戌 |
        孫申 ‖
  孫申  官卯 ‖ 世
        父巳 ‖
        兄未 ‖
```

내가 말하기를 "이 괘는 젊은 하인의 병에 응하지 않고 도리어 올가을에 공명에 장애가 있는 것으로 응하겠다."

묻기를 "왜 그렇습니까?"

내가 말하기를 "세가 묘목의 관에 임하여 신금자손의 극으로 화하였으니 그러함을 아노라."

묻기를 "내가 젊은 하인의 병을 물었는데 어찌하여 공명에 응한단 말입니까?"

내가 말하기를 "신의 기미가 종종 이러하여 소사를 버리고 대흉을 가르쳐주는 것이니 신이 공에게 이것을 가르쳐 주어 모든 일에 조심하라고 한 것이다." 점친 후 칠월에 탄핵을 하는 글에 올랐다. 이것은 저 사람의 점을 쳤는데 내게 응한 것이다.

예 175 신월 무인일. 자기의 병점. 중지곤→수지비

```
孫酉 ‖ 世
兄戌  財亥 ⚊
兄丑 ‖
官卯 ‖ 應
父巳 ‖
兄未 ‖
```

세효 유금이 비록 인일에 절하였으나 다행히 가을이라 왕상하다. 자신은 애로가 없겠으나 9~10월에는 반드시 처첩의 위험과 액을 조심하라! 해수 재효가 술토로 회두극되었기 때문이다.

묻기를 "내 병이 이미 심중하니 어쩌겠습니까?"
내가 말하기를 "자손이 지세하니 약을 쓰지 않아도 나으리라."
자점 후에 병은 날마다 좋아졌으나 처가 구월에 죽었다. 이것 또한 나의 점에 타인이 응한 것이다.

예 176 묘월 병오일. 소인小人의 구설점. 중천건→수천수

```
孫子  父戌 ⚊ 靑世
      兄申 ⚋ 玄
兄申  官午 ⚊ 虎
      父辰 ⚋ 蛇應
      財寅 ⚋ 句
      孫子 ⚋ 朱
```

내가 말하기를 "이미 구설을 점하였는데 어찌하여 이러한 길괘를 얻었는가?
공이 묻기를 "왜 그럽니까?"
내가 말하기를 "청룡·천희 문서가 지세하고 오화관성이 일건에 임하고 생세하며 금년태세가 사로 세군이 또 생세효하니 정히 비상한 기쁨이 있겠다. 십 일이 지나지 않아서 응하리라!"
다시 묻기를 "구설이 시비로 되겠습니까?"

내가 말하길 "신의 가르쳐 줌이 의심스러우니 크게 기쁜 날이 소인이 잠복한 때이겠는가!"
과연 무신일에 기용되었다는 소식을 들었으니 적은 두려움 따위는 피할 수 있었다. 신일에 응한 것은 인목재가 공하고 신일이 인목을 충기하여 삼합을 이루었기 때문이다. 만약 세밀하게 살피지 않고 구설로 판단했다면 어찌 잘못되지 않았겠는가? 또 예를 들어서

예 177 미월 정해일. 어머니의 병점에 중지곤→산지박

```
官寅 孫酉 ‖ 世
     財亥 ‖
     兄丑 ‖
     官卯 ‖ 應
     父巳 ‖
     兄未 ‖
```

이 괘에는 어머니의 병이 나타나지 않고 자녀에게 재(災)가 있겠다.
묻기를 "왜 그렇습니까?"
내가 말하기를 "어머니의 근효 중에서 자손이 귀로 변하였기 때문에 자녀에게 재앙이 있겠다."
묻기를 "어린이가 있는데 태어난 지 이 개월 남짓 됩니다."
내가 말하기를 "팔월을 조심하라."
점친 후에 팔월에 가 자식이 경기가 있어 또 와서 자식의 점을 쳤다.

예 178 유월 정묘일. 자식의 병점. 수화기제→택화혁

```
        兄子 ‖ 應
        官戌 |
   兄亥  父申 ⺀
        兄亥 | 世伏午財
        官丑 ‖
        孫卯 |
```

묘목 자손이 월파당하고 또 신금이 동출하여 상극하고 있으니 비록 일진에 임했을지라도 유일·묘일을 넘기기 어려우리라!
묻기를 "구할 수 있겠습니까?"

내가 말하기를 "어머니의 병점에 이미 팔월에 자식이 죽는다고 하였는데 또 이러한 흉상을 얻었으니 어찌 구해지겠는가?" 과연 묘일에 죽었다. 묘일에 응한 것은 실파의 일이 되기 때문이다. 또 예를 들어 좋은 친구가 가난해서 내가 갖고 있는 은 수냥을 보내 주려고 했는데 저가 내가 그럴 줄은 아직 알지 못하고 한가하게 구재점을 치면서 약 20여 냥의 금이 필요한데 지금 얻을 수 있겠는가로 점쳐 아래의 괘를 얻었다.

예 179 축월 갑신일. 구재점. 천화동인→중화리

```
孫戌 | 應
孫未 財申 ⚊ 伏子財
兄午 |
官亥 | 世
孫丑 ||
父卯 |
```

일건이 재가 되고 생세하니 이 재는 반드시 얻으리라!
"어느 날 얻겠는가?"
내가 말하기를 "오늘 얻겠다."
묻기를 "아직 빌릴 사람에게 말도 하지 않았는데 어찌 얻는단 말인가?"
내가 홀연히 깨달아 말하기를 "맞다. 내가 그에게 보내고 싶었는데 그가 아직 알지 못하고 있는 것이다. 이것은 반드시 신이 고해주기를 지금 나타난 재를 취해야지 무슨 일로 다른 사람에게 묻는단 말인가!"라고 알려주신 것이다.

예 180 축월 갑신일. 재점. 중화리

```
兄巳 | 世
孫未 ||
財酉 |
官亥 | 應
子丑 ||
父卯 |
```

형효가 지세하고 육충괘를 얻어 내가 말했다.
먼저 얻은 괘는 내가 준 것에 응한 것이고 이 괘는 전혀 영향이 없다는 것이니 다른 사람에게는 과연 얻지 못했다.
이것은 저것을 점했는데 이것에 응한 것이다.

| 이아평이 말하기를 | 『황금책』 천금부는 성의선생誠意先生이 지으신 것이다.

　옛 사람이 말하기를 "한자라도 바꿀 수 있다면 천금을 주겠다"해서 붙여진 이름인데 이 책이 세간에 성행하자 이익을 쫓는 사람들이 신경 쓰지 않고 빨리 할 생각으로 판본에 잘못 새김이 많아 잘못 전해졌는데 그렇다고 전혀 쓸 데가 없는 것도 아니었던 차에 생각지 않게 야학노인이 전후를 보탤 것은 보태고 뺄 것은 빼서 바른 이치를 탐구하고 별도로 주해를 달아 다시 본래 면목을 드러냈으니 진실로 세상에 보기 드문 기이한 기록이다.

부록1

1 복서첩경 卜筮捷經 **이차지장** 以此知章

1	父母路厄 以此 知外卦父爻 遇空亡	예 화지진火地晋
보충	外卦 父空하니 父母路厄이라.	官巳 ㅣ 父未 ‖ 空 兄酉 ㅣ 才卯 ‖ 官巳 ‖ 父未 ‖
풀이	노상에서 부모액이 있게 되는 것은 외괘 부효에 공망이 임함으로써 아노라.	
추론	외괘 즉 4·5·6효는 庭·道路요 父는 부모요 空은 被傷이라. 그러므로 외괘 父爻 逢空은 父母路上厄이라고 하게 되는 것이다.	

2	族譜五碣 以此 知六爻發動 臨文書	예 중택태重澤兌 육효동
보충	육효 父動하니 족보와 비석을 세운다.	父戌父未 ‖ 兄酉 ㅣ 孫亥 ㅣ 父丑 ‖ 財卯 ㅣ 官巳 ㅣ
풀이	족보문집 또는 비석 석상 세움이 있게 됨은 육효에 문서가 임하여 발동하므로 아노라.	
추론	육효는 무덤이요 조상이요 발동은 發起를 뜻함이요 父은 글이다. 고로 육효 문서발동은 조상 무덤의 글이 動한 형상으로 조상문서 즉 족보 문집 비석 석상을 함이 있게 된다고 하는 것이다.	

3	文書紛失 以此 知卦中文書 遇空亡	예 화지진火地晉 오효공망
보충	문서봉공하니 문서분실이라.	官巳ㅣ　　　官巳ㅣ　靑 父未‖ 空　　父未‖　玄 兄酉ㅣ　　　兄酉ㅣ　白 才卯‖　　　才卯‖　蛇 官巳‖　　　官巳‖　句 父未‖　　　父未‖　朱
풀이	문서를 분실하는 것은 괘중 문서효에 공을 맞음으로써 아노라.	
추론	부효는 문서요 공망은 被傷인즉 문서空은 문서 분실의 상이 되는 까닭이다. 또 현무는 主도적지신이므로 父효에 현무가 붙어도 문서분실로 볼 수 있는 것이고, 또 문서 空은 문서가 충실치 못한 상이므로 문서계약이 해약된다고 보아도 좋은 것이다.	

4	財産賣却 以此 知文書發動 化爲財	예 소축→손 小畜之巽
보충	文化爲財하니 재산매각이라.	兄卯ㅣ 孫巳ㅣ 才未‖ 才辰ㅣ 兄寅ㅣ 才丑 父子ㅣ
풀이	주로 부동산(또는 동산)을 매각 처분함이 있게 됨은 문서가 변하여 財로 변한 것으로 아노라.	
추론	動은 나가는 것이요 變은 들어오는 것으로 문서가 動하여 財로 변함은 문서가 나가고 재물이 들어오는 상으로 文化爲財는 재산매각함이 있게 된다고 하는 것이다.	

5	路頭妻厄 以此 知外卦逢空 又臨財	

보충	外爻財空하니 路頭妻厄이라.	예 중풍손重風巽
풀이	처가 路上에서 身厄이 있게 됨은 외괘(四 爻 五爻 육효)에 才가 임하고 그곳에 空이 臨함을 보고서 아노라.	兄卯丨 孫巳丨 才未‖ 空
추론	財는 妻요 外卦는 도로(主 五六爻)요 空은 被傷인즉 외괘 財空은 처가 路頭에서 被傷되는 까닭이다.	官酉丨 父亥丨 才丑‖

6 內患胎病 以此 知二爻發動 官化孫

보충	竈官化孫하니 內患은 胎病이라.	예 돈→구 遯之姤
풀이	처가 임신 때문에 앓는 것은 二爻官(竈官)이 변하여 孫이 되는 것으로 아노라.	父戌丨 兄申丨 官午丨 兄申丨 孫亥官午‖ 父辰‖
추론	二爻는 부엌효이므로 妻爻다. 官은 病이요 孫은 자손이요 動은 始요 變은 從 즉 결과인즉 二爻 官化爲孫은 처음 妻의 病이요 결과에는 자손이 되는 상이므로, 그 妻病은 잉태하는 病이라고 하게 되는 것이다.	

7 財産取得 以此 知卦中財爻 化爲文

보충	財化爲文하니 재산취득한다.	예 변해서 소축 變之小畜
풀이	재산취득이 있게 됨은 괘중에 財爻가 動하여 變文書하는 것으로서 아노라.	兄卯丨 孫巳丨 財未‖ 官酉丨 父亥丨 父子財丑‖
추론	動은 출이요 변은 들어오는 것인데 財가 動하여 문서로 변함은 財가 나가고 문서가	

	들어오는 형상으로 財화위문은 재산취득 함이 있다고 하는 것이다.	

8	妻妾有爭 以此 知內外兩財 相冲破	예 중뢰진重雷震
보충	財爻 상충하니 처첩유쟁이라.	財戌 ‖ 官申 ‖ 孫午 ∣ 財辰 ‖ 兄寅 ‖ 父子 ∣
풀이	처와 첩이 싸움이 있게 됨은 내괘財와 외괘財 즉 財와 財가 상충함으로서 아노라.	
추론	財는 처로 내괘는 내처인즉 本室이요 외괘는 외처인즉 소실 애인이 되는 것인데, 상충은 싸우는 것이므로 내재 외재 상충은 처첩이 싸우는 형상이다. 이와 같이 財는 처이므로 內外 兩財는 有妻妾이라고 하지 장에서 말한 것이다.	

9	妻妾賢惡 以此 知臨財六獸 賢惡妻	예 풍천소축風天小畜
보충	財臨 獸性에 妻妾賢惡이라.	兄卯 ∣ 朱 孫巳 ∣ 靑 財未 ‖ 玄 財辰 ∣ 白 兄寅 ∣ 蛇 父子 ∣ 句
풀이	처첩의 현악은 內外財에 임해 있는 六獸 성질에서 아노라. 　육수 성질이라 함은 청룡은 존귀 희열신, 주작은 口舌신, 구진은 寒滯神, 등사는 驚虛神, 백호는 혈광 숙살신, 현무는 도적 暗昧神을 말한다.	※ 삼효 내재재는 백호요 외괘재는 현무가 되어 그의 세간을 치고 포악스럽고, 그 소실은 음침하게 슬슬 재산 빼돌리기를 일수로 하는 상이다.
추론	내괘 財에 청룡이 임하였고 외괘 財가 현무에 임하였을 경우 그 처는 賢하고(청룡	

존귀)소실 또는 애인은 음침하여(暗昧) 財物 빼돌려 감추기를 좋아하는(현무도적) 여인이 될 것이고 또 內財에 주작이 임하고 外財에 구진이 임하였으면 그 처는 말썽이 많고 그의 소실 또는 애인은 기틀을 잡고 튼튼히 장기전을 써서 신용도를 높이는 여인이 되는 것이고 또 內財에 등사가 임하고 外財에 백호가 임하는 경우 그 처는 본처의 체통과 이성을 잃고 미치다시피 날뛰는 것이고 그 소실 또는 애인은 조금만 해도 칼부림(백호 혈관 숙살)을 하려고 대들고 또는 살림 때려 부수기를 일수로 하는 여인이다.

이와 같이 육수의 성질을 알아서 각각 그 內財 外財에 임하여 있는 것을 보고 추리하면 되는 것이다.

10	外貨獲得 以此 知外卦靑龍 財加臨	예) 지천태地天泰
보충	외괘 靑財하니 외화획득이라.	孫酉 ‖ 朱 財亥 ‖ 靑 兄丑 ‖ 玄 兄辰 ｜ 白 官寅 ｜ 蛇 財子 ｜ 句
풀이	외화획득이 있게 됨은 외괘에 청룡財가 임하여 있음으로써 아노라.	
추론	청룡은 존귀희열이요 외괘財는 외부財 즉 외화 또는 타방의 재물인 즉 청룡 외재는 외화획득으로 보는 것이다.	

11	路逢盜失 以此 知財臨五爻 又逢空	

	보충	五爻財空하니 路逢盜失이라.
	풀이	길거리에서 盜失 수 있게 되는 것은 財가 五爻에 임하여 空맞은 것으로서 아노라.
	추론	오효는 길거리요(도로효) 財는 재물이요 空은 공망으로서 비었다 상한다는 뜻이므로 오효 재공은 길거리에서 도난 또는 분실 당한다고 하며 이와 같은 추리로 五爻 현무재 도로봉도실 한다고 할 수 있는 것이다.

예 화뢰서합 火雷噬嗑
孫巳 |
財未 ‖ 空 世
官酉 |
財辰 ‖
兄寅 ‖ 應
父子 |

12	遊情逢變 以此 知外卦財空 又加世	
	보충	外財世空하니 遊情봉변이라.
	풀이	유정(데이트, 아베크, 드라이브 등)하다가 봉변당함이 있게 되는 것은 외괘財에 世가 俱臨하여 空맞으므로서 아노라.
	추론	외괘는 교외요 외財는 소실 애인이요 空은 피상이요 世는 내 몸인즉 외財 세공은 나의 애인과 같이 교외에 나갔다가 傷하는 象이되는 까닭에 이곳에서 주의할 점은 내괘財가 없이 외괘재 世空이면 자기妻가 되고, 내괘財가 있으면 외괘財는 소실 애인이 되는 것이다.

예 산뢰이 山雷頤
兄寅 |
父子 ‖
財戌 ‖ 空 世
財辰 ‖
兄寅 ‖
父子 ‖ 應

13	外房子孫 以此 知外爻發動 福德臨	
	보충	외괘孫동하니 외방자손이라.

풀이	외방에 자손이 있게 됨은 外爻 4·5·6효에 자손이 動하므로서 아노라.	예 중풍손巽 천택리履 　　　　兄卯∣　　兄戌∣ 　　　　孫巳∣　兄未孫申ⵉ 孫午 財未ⵉ　　父午∣ 　　　　官酉∣　　兄丑∥ 　　　　父亥∣　　官卯∣ 　　　　財丑∥　　父巳∣
추론	외괘는 소실 즉 외방이요 孫動은 자손動인 것인즉 외괘孫動은 외방자손 있다고 보게 되는 것이다. ※ 첫째 예와 같이 내외 兩財 되어있는 중 외괘財가 化孫하는 것은 더욱 확률이 높은 것이다. 왜냐하면 외괘 즉 애인이 자손과 午未로 합하여 동하고 변하고 있다.	

14 路逢孫厄 以此 知五爻孫空 加白虎

보충	白孫五空히니 路上孫厄이라.	예 풍화가인風火家人 兄卯∣玄 孫巳∣白 財未∥蛇 父亥∣句 財丑∥朱 兄卯∣青 ※ 꼭 오효만이 아니고 육효 백호孫空 도 해당한다.
풀이	로상에서 자손액 있게 됨은 五효에 백호 자손이 空을 맞은 것으로서 아노라.	
추론	五효는 도로효로서 길거리요(路上) 백호는 혈광이요 자손空은 자손 傷인즉 五효 백호 孫空은 로상에 자손액이 되는 까닭이다.	

15 孕胎流産 以此 知孫化爲官 白蛇臨

보충	백호孫官하니 잉태유산이라.	예 천풍구天風姤 이효동 　　　父戌∣句 　　　兄申∣朱 　　　官午∣青 　　　兄酉∣玄 官午 孫亥ⵉ白 　　　父丑∥蛇
풀이	아기 배어 유산 있게 됨은 孫化爲官에 백호나 등사가 임함으로서 아노라.	
추론	孫은 자손이요 官은 관귀로서 귀신이다. 연인데 백은 백호로서 혈광 숙살지신이요,	

	등사는 虛로서 無實인 것인즉 그 애기가 血로 숙살되고 무실하여 귀신 되는 상인즉 孫화위官에 백사임은 잉태유산이라고 하게 되는 것이다. 또 文書는 剋孫하므로 白蛇孫化爲文이라도 유산되는 大厄之事 있다.	

16 **子孫胎生 以此 知子孫爻動 卦中臨**

보충	자손효동하니 자손태생이라.
풀이	자손태기 또는 출생이 있게 됨은 괘중에 자손효가 발동함으로서 아노라.
추론	자손효가 발동함은 자손이 起動 出發하는 형상이 되어 자손入胎 출생하게 된다고 하는 것이다.

예 뇌지예雷地豫 이효동

```
財戌 ‖   靑
官申 |   玄
孫午 |   白
兄卯 ‖   蛇
財辰 孫巳 ‖ 句
財未 ‖   朱
```

※ 옆에 六獸는 아무 것이나 可하나 청룡이 臨하여 있음을 제일 좋아하고 변하여 官 또는 文書에 백호나 등사가 있음을 大忌한다.

17 **産兒制限 以此 知世臨福德 化爲鬼**

보충	世孫化鬼하니 人作流産이라.
풀이	산아제한으로 人作流産 있게 됨은 세에 자손이 臨動하여 化鬼가 되는 것으로서 아노라.
추론	쁘는 나요 孫은 자손이요 鬼는 禍요 귀신인즉 내가 자손복을 조작하고 鬼로(죽는 것) 조작하는 형상인 까닭이다.

예 풍산점風山漸

```
官卯 | 應
父巳 |
兄未 ‖
官卯 孫申 ‖ 世
父午 ‖
兄辰 ‖
```

18	産兒男女 以此 知孫動陰陽 臨所屬	예	지산겸地山謙 오효동
보충	孫臨陰陽에 남녀를 可知라.	(女) 兄酉 ‖ 父戌 孫亥 ⚊ 世 父丑 ‖ 兄申 ⚊ 官午 ‖ 應伏卯財 父辰 ‖	
풀이	자손이 아들이냐 딸이냐를 알게 됨은 그 동한 자손효가 음효냐 양효냐로 아노라.		
추론	자손動은 자손 출생이요 男은 양효요 女는 음효인즉 그 자손에 음효가 임하여 동하면 여식이요 양효에 임하여 동하면 남아가 되기 때문에 동하는 자손이 음효냐 양효냐에 따라서 알게 된다는 것이다.	예	天澤履 五爻動 (男) 兄戌 ⚊ 兄未 孫申 ⚊ 世伏子財 父午 ⚊ 兄丑 ‖ 官卯 ⚊ 應 父巳 ⚊

19	遠子歸合 以此 知外卦子孫 內世合	예	지천태地天泰 삼효동
보충	外孫合世하니 遠子歸合이라.	孫酉 ‖ 應 財亥 ‖ 兄丑 ‖ 兄辰 ⚊ 世 官寅 ⚊ 財子 ⚊	
풀이	타도 타국에 나갔던 자손이 歸合됨은 외괘자손이 내괘持世와 생 또는 합이 있게 됨으로서 아노라.		
추론	외괘 孫은 외지孫이니 타도 또는 타국에 나가있는 孫이요, 내괘 孫은 집에 있는 내 몸인데 서로가 합이 있으면 합이 되는 형상으로 원자귀합이 있게 된다고 하게 되는 것이다.		

20	外卦孫厄 以此 知四爻子孫 空亡位	예 澤水困 四爻空
보충	四爻孫空하니 外家孫厄이라.	父未 ∥ 兄酉 ㅣ 孫亥 ㅣ 空 應 官午 ∥ 父辰 ㅣ 財寅 ∥ 世
풀이	외가 집에서(나에게는 妻家) 나의 자손이 厄이 있거나 외가집에서 나의 집에 돌아오는 길에 자손액이 있게 됨은 사효자손에 공망을 맞은 것으로 아노라.	
추론	사효는 처가 외가라 하였고 자손空은 자손피상이므로 四爻孫공은 자손이 외갓집에서 또는 나의 집 귀로에 傷厄이 있게 된다는 것이다.	※ 이곳에서 외괘라 함은 나의 외가 집만을 의미함이 아니고 나의 집외에 집은 모두 外家로 간고하는 것이므로 사효 孫공은 나의 외손자 傷厄으로도 보는 것이다.

21	年得二子 以此 知內外俱動 子孫臨	예 風水渙 二爻 四爻 動
보충	內外孫動하니 年得二子라.	父卯 ㅣ 兄巳 ㅣ 兄午 孫未 ∦ 兄午 ∥ 兄巳 孫辰 ✕ 父寅 ∥
풀이	일 년에 자손 둘(남녀불문)이 생겨옴은 괘중에 자손이 내괘 외괘로 俱動된 것으로서 아노라.	
추론	내외자손은 本室 및 외방자손을 의미함이요 動은 胎動 發身을 의미하는 것인즉 내외손동은 내외양처에 有 잉태출생의 상이 되는 까닭이다.	※ 이것은 擲錢(척전 – 동전을 던짐)占으로 동효가 둘이고 셋이고 나오는 예이고 행년 신수점과 같이 동효가 하나밖에 없는 경우는 해당되지 않는 것이다. 그러나 단발식 점에는 다음 예와 같은 경우는 역시 年得二子로 본다.

※ 이와 같이 내괘 자손밖에 동하지 않았지만 외괘 사효에 또 다시 持世에 자손이 임하여 있으므로 외방자손이 나에게 안기우고 內室 孫이 동한 까닭에 년득이 자하게 되는 것이다.

예	山水蒙괘
	父寅 |
	官子 ||
	孫戌 || 世
	兄午 ||
	兄巳 孫辰 ㇏
	父寅 || 應

---

22 有子口說 以此 知卦爻孫動 朱雀臨

보충 朱雀孫動에 有子口說이라.

풀이 자손 생겨오는데 구설이 있게됨은 주작효 동에 자손이 임한 것으로 아노라.

추론 자손효동은 자손태생이요 주작은 구설인 그러므로 주작 손동은 생겨오는 자손으로 인하여 구설이 있다는 것이다.

예	풍화가인風火家人 오효
	兄卯 | 句
	父子 孫巳 ㇏ 朱
	財未 || 靑
	父亥 | 玄
	財丑 || 白
	兄卯 | 蛇

※ 자손爻로 인하여 구설이 있다 함은 소실 또는 애인으로 부터 생겨오는 자손이라든가 또는 낙태시킨다든가 안 시킨다든가 하는 등의 말썽 많은 자손을 의미한다.

---

23 紅柱之厄 以此 知句陳爻官 臨持世

보충 句陳官世하니 監禁可畏라.

풀이 官災監禁 있게 됨은 句陳官에 持世가 임하여 있음으로서 아노라.

추론 구진官은 長期 또는 拘留의 재앙이요 지세는 나의 몸인즉 구진官세는 내 몸이 구류되어 있는 형상이 되기 때문이다.

예	천산돈天山遯
	父戌 | 靑
	兄申 | 玄
	官午 | 應 白
	兄申 | 蛇
	官午 || 世 句
	父辰 || 朱

※ 紅柱之厄이란 官災를 말함인데 옛날에는 관가에서만 집기둥

에 붉은 칠을 할 수 있 고 민가에서는 절대로 붉은 칠을 국법에서 금지하였기 때문에 홍주라 하여 관가의 재앙 즉 관재를 의미하는 것이다.

24 訟事官災 以此 知官鬼爻上 臨雀虎

보충 雀虎官鬼면 訟事加畏라.

풀이 송사 또는 官災구설이 있게 됨은 주작이나 백호에 官이 임하여 있는 것으로서 아노라.

추론 주작은 本 구설신이요 백호는 숙살 즉 행동 제재지 신인데 官鬼임은 官재앙이 임한 형상이므로 雀(주작) 虎(백호) 官은 관재구설 또는 官에 송사(민사 형사 소송)가 있게 된다는 것이다.

예1 중수감重水坎 이·오효 雀虎官 俱全
兄子‖ 玄世
官戌│ 白
父申‖ 蛇
財午‖ 句應
官辰│ 朱
孫寅‖ 靑

예2 지수사地水師
이효獨 주작官
父酉‖ 玄應
兄亥‖ 白
官丑‖ 蛇
財午‖ 句世
官辰│ 朱
孫寅‖ 靑

예3 천지비天地否
이효獨 白虎官
父戌│ 句應
兄申│ 朱
官午│ 靑
財卯│ 玄世
官巳│ 白
父未‖ 蛇

25 養鷄不利 以此 知卦中初爻 官鬼臨

보충 초효官鬼하니 養鷄不利라.

예 중택태重澤兌
父未‖
兄酉│

풀이	양계에 실패함은 初爻에 官鬼가 臨하여 있는 것으로서 아노라.	孫亥 | 父丑 || 財卯 | 官巳 |
추론	初爻는 닭爻요 官鬼는 病이요 또 재앙이다. 그러므로 初爻官귀는 양계에 불리하다고 말하는 것이다.	※ 초효 공망도 닭이 피상되는 이치로 역시 같다.

26. 守夜病厄 以此 知卦中二爻 官鬼臨

		예 지천태地天泰 이효관귀
보충	二爻官鬼하니 守夜不利라.	孫酉 || 應 財亥 || 兄丑 || 兄辰 | 世 官寅 | 財子 |
풀이	개가 죽거나 앓거나 나가거나 하는 것을 알게 됨은 이효에 官이 임함으로서 아노라.	
추론	守夜란 밤을 지키는 자 즉 개를 말함인데 이는 二爻에 속함이요 官鬼는 병 재앙인즉 이효 官鬼는 개가 앓아 죽거나 나가거나 하게 되는 것이다.	※ 이효官鬼에 백호가 임하면 축견이 필사하고 이효관귀에 주작이 임하거나 등사가 임하면 개가 헛되이 짖거나 자주 울게 되고 그곳에 현무가 임하면 그 개는 도적 손에 들어가게 되고 구진은 시름시름 오랫동안 앓게 되고 이효공망도 개가 피상되는 이치로 역시 같다.

27. 養豚不利 以此 知卦中三爻 官鬼臨

		예 천화동인天火同人 三爻亥官
보충	삼효官鬼하니 양돈불리라.	孫戌 | 應 財申 | 兄午 | 官亥 | 世 孫丑 ||
풀이	양돈 실패가 있게 되는 것은 삼효에 官鬼가 임하여 있는 것으로서 아노라.	
추론	삼효는 본래 돼지효요 官鬼는 병 재앙인	

	즉 삼효官鬼는 돼지 病災가 되므로 양돈에 불리라고 하는 것이다.	父卯 ∥ ※ 삼효에 공망도 돼지가 피상되는 이치로 역시같다.

28. 蜂羊不利 以此 知四爻官鬼 或空亡

보충	사효鬼空하니 봉양불리라.	예 수풍정水風井 사효관귀 父子 ∥ 財戌 ∣ 官申 ∥ 官酉 ∣ 父亥 ∣ 財丑 ∥
풀이	양봉 牧羊이 불리하게 됨은 사효에 官鬼가 임하거나 아니면 공망이 임함으로서 아노라.	
추론	사효는 본래 蜂이요 羊의 효가 되는 것인데 그곳에 官이 임하면 官은 病 空은 피상이 되기 때문에 사효 官鬼空은 양봉 목양이 불리하다는 것이다.	

29. 農牛被傷 以此 知五爻官鬼 落空愁

보충	오효官空하니 농우피상이라.	예 뇌수해雷水解 오효관귀 1財戌 ∥ 2兄巳 ∣ 官申 ∥ 孫未 ∥ 孫午 ∣ 財酉 ∣ 孫午 ∥ 兄午 ∥ 財辰 ∣ 孫辰 ∣ 兄寅 ∥ 父寅 ∥
풀이	농우가 길거리에서 피상당하게 됨은 오효에 官鬼 또는 공망을 맞은 것으로서 아노라.	
추론	오효는 본래 소 爻요 官은 병이요 空은 제압 또는 피상인즉 오효官 혹 공망은 소가 길거리에서 피상 (또는 병으로) 보게 되는 것이다.	※ 1의 경우 오효申金은 金도로 즉 철도라고 해석할 수 있고 또 亥子水는 빙상으로도 해석할 수 있으므로 오효 水 관귀공은 소가 물 건너 가다가 또는 얼음판에서 상하게 되고 또 오효 申金官은 철길에서 傷한다고 할 수 있다. ※ 2의 경우 소 爻에 공망 즉 소

		자손(송아지)空으로 송아지 피상이라고 하고 父空즉 소父母(양효 즉 큰 황소요, 음효 즉 큰 암소)空으로 큰 소 피상이하고 형제空 卽 中소라고 하게 되는 것이다.

30	玉窓不調 以此 知괘中二爻 官鬼臨	※ 이효官에 백호가 임하면 그 병이 급급하고, 등사가 임하면 엄살이 좀 심하고, 구진이 임하면 병이 오래가고, 주작이 임하면 남편에게 치료에 무성의하다는 등 말썽이 많고, 청룡이 임하면 점잖게 앓게 되고, 현무가 임하면 납납하고 침울하게 앓게 되는 것이다. ※ 그리고 이효에 金官이면 기침이 나며 앓게 되고, 木官이면 헛구역이 나며 앓게 되고, 水官이면 몸이 부으며 앓게 되고, 火官이면 열이 오르며 입술이 타며 마르며 어지러우며 앓게 되고, 土官이면 소화불량 위병 또는 어지러우며 앓게 되며, 백호官은 하혈 수술하는 일이 있게 되고, 등사나 주작 火官 또는 木官은 신경쇠약으로 앓게 되는 것이다.
	보충	이효官鬼하니 옥창부조라.
	풀이	家中에 내환이 있게 되는 것은 이효에 官鬼가 임해 있는 것으로서 아노라.
	추론	이효는 家母 즉 주부爻요 官鬼는 병인즉 이효官은 주부병 즉 내환이 있게 된다고 하는 것이다. 예 地火明夷 二爻官 父酉 ‖ 兄亥 ‖ 官丑 ‖ 兄亥 ｜ 官丑 ‖ 孫卯 ｜

31	浸水騷動 以此 知三爻水官 可白虎	예 천화동인天火同人 삼효 亥水官 孫戌 ｜ 朱 財申 ｜ 靑
	보충	삼효水官하니 침수소동이라.
	풀이	주택에 침수가 있게 됨은 삼효에 주작官

	이나 백호官이 임한 곳에 다시 亥水가 임하여 있는 것으로서 아노라.
추론	삼효는 주택에 물로 하여 구설소요하게 되는 상이고 또 그곳에 백호가 임하면 횡폭한 형상으로 불의의 난폭한 물(홍수 또는 수도파열)이 터져 침수하는 상이 되기 때문이다.

예
兄午｜ 玄
官亥｜ 白
孫丑‖ 蛇
父卯｜ 句

※ 등사官도 역시 물 침수소동이 있을 수 있고 또 이러한 경우 증기 스팀 파이프 폭발 또는 주작官 백호官은 구설 시비로서 수도료 징수요원과 언쟁이요 현무官은 尿水로도 볼 수 있다.

---

32. 廚中浸水 以此 知二爻入水 玄武官

보충	이효玄水하니 廚中침수라.
풀이	주중에 침수됨은 이효에 현무水官(현무에 亥子官)이 되어 있는 것으로서 아노라.
추론	이효는 부엌이요 亥子水官은 물의 재앙이요 현무는 도적이요 숨어든다로 해석할 수 있는 것이기 때문에 이효水官 현무는 부엌에서 물이 난다고 하는 것이다.

예 수풍정水風井
이효 亥水官

兄巳｜ 蛇
孫未‖ 句
財酉｜ 朱
財酉｜ 靑
官亥｜ 玄
孫丑‖ 白

---

33. 깨스侵入 以此 知二爻火鬼 玄白虎

보충	현무火鬼하니 가스침입이라.
풀이	연탄가스 침입이 있게 됨은 이효에 현무火官鬼나 백호火官鬼가 임하여 있는 것으로 아노라.

예 천산돈天山遯 이효관귀

父戌｜ 蛇
兄申｜ 句
官午｜ 朱
兄申｜ 靑
官午‖ 玄
父辰‖ 白

추론	이효는 부엌이요 火官鬼는 불의의 재앙이요 현무는 숨어들고 또 불이 사람을 살상하는 형상이 되어 이효火鬼에 현무 백호官은 연탄가스 침입이 있다고 하게 되는 것이다. (현무官은 누전 백호官은 단전 전기로 인한 화재 퓨즈 파열)	

34	隣家火災 以此 知卦中四爻 火鬼臨	예 천풍구天風姤 사효 火官鬼
보충	사효火鬼하니 인가화재라.	父戌 ㅣ 兄申 ㅣ 官午 ㅣ 兄酉 ㅣ 孫亥 ㅣ 父丑 ㅣㅣ
풀이	나의 근처 집에 화재가 있게 됨은 사효에 火官귀가 됨으로서 아노라.	
추론	四爻는 나의 근처 집이요 火官은 화재이므로 사효官鬼는 나의 근처 집에 화재가 있다고 하게 되는 것이다.	

35	延燒我家 以此 知內外火官 連結家	예 풍지관觀 천산돈遯
보충	내외火官 延燒我家라.	財卯 ㅣ 父戌 ㅣ 官巳 ㅣ 兄申 ㅣ 父未 ㅣㅣ 官午 ㅣ 財卯 ㅣㅣ 兄申 ㅣ 官巳 ㅣㅣ 官午 ㅣㅣ 父未 ㅣㅣ 父辰 ㅣㅣ
풀이	근처 집에 불이나 나의 집에까지 延燒 함이 있게 됨은 四五효의 火官 鬼와 연결됨으로서 아노라.	
추론	사효 오효의 火官鬼는 근처 집 또는 길 건너 집 불이요 이효 삼효 火官 鬼는 나의 집 불인데 그것이 내외火로 연결되어 있으면 연소되는 象이 되는 까닭이다.	

36	家有怪聲 以此 知虎蛇朱鬼 在房廚	예 산풍고山風蠱
		삼효 등사 酉金官鬼
보충	호사주귀하니 가유괴성이라.	兄寅 ㅣ 青
풀이	집에 괴성이 들리는 일 있게 됨은 二효 또는 三효에 주작官이나 백호 등사 官鬼가 임하여 있는 것으로서 아노라.	父子 ㅣ 玄 財戌 ‖ 白 官酉 ㅣ 蛇 父亥 ㅣ 句 財丑 ‖ 朱
추론	이효 사효는 부엌 방 집터요 주작 백호 등 사官 모두 怪神이 되므로 인하여 괴성이 發하여 들리게 됨이 있다는 것이다.	※ 이와 같이 三爻 酉金 蛇官은 金聲(솥이 쟁쟁하는 예)이 울리고 火官鬼는 木聲(뚝뚝) 土官鬼는 흙 돌멩이 떨어지는 소리요 火鬼는 무엇이 타는 냄새요 水官貴는 물소리 같은 괴성이 있게 되는 것이다. 土官鬼는 투석소동도 또한 같다.

37	官者高遷 以此 知青龍帶官 又持世	※ 청룡官이 持世 없이도 될 수 있고 또 주작이나 구진官이 동하여도 해당될 수 있다.
보충	青龍官世하니 官者高遷이라.	※ 亥나 子에 臨하였음을 청룡大海라 하고 청룡이 진술축미에 임하였음을 청룡落地라하고 청룡이 巳午未에 臨하였음을 청룡入火라 하고 청룡이 申酉金에 臨하였음을 청룡失位라 하여 불길로 하고 있으나 기실 그렇게 구분안 해도 무방한 것이다.
풀이	官職이 高遷하게 됨은 青龍官 持世가 되어 있음으로서 아노라.	
추론	世는 내 몸이요 청룡官은 존귀 희열 官事 즉 내 몸의 관직이 高遷(높이 천거)되는 상이 되기 때문이다.	

38	求財難得 以此 知兄弟持世 爻中輪	

	보충	兄弟持世하니 求財難得이라.	예 화수미제火水未濟 삼효 兄弟 兄巳 ㅣ 應 孫未 ‖ 財酉 ㅣ 兄午 ‖ 世 孫辰 ㅣ 父寅 ‖
	풀이	재물을 구하여도 구하여 지지 아니함은 爻중에 형제가 持世하고 있음으로서 아노라.	
	추론	형제는 본래 奪財之神이요 지세는 내 몸 인즉 형제지세는 내 몸이 奪財 지신에 임하여 있는 象이 되어 求財난득은 정연한 이치인 것이다.	

39		兄弟路厄 以此 知外괘兄弟 落空亡	예 수천수水天需 財子 ‖ 玄 兄戌 ㅣ 白空 孫申 ‖ 蛇 兄辰 ㅣ 句 官寅 ㅣ 朱 財子 ㅣ 靑 ※ 이괘는 형제공에 白虎가 臨한 것을 표시하였는데 이런 경우는 형제피상에 백호혈광 지신이 되어 流血之厄 있게 되는 것이다. ※ 五爻뿐 아니라 四爻 또는 육효에 형제공망이라도 五爻와 같이 路上之厄이 있게 되는 것이 사실이다.
	보충	외괘兄空하니 형제路厄이라.	
	풀이	형제간에 路上厄이 있게 됨은 형제가 외괘에 공망이 임함으로서 아노라.	
	추론	형제는 나의 형제자매요 외괘는 路上이요 공망은 피상인즉 외괘형제 공망은 路上에 형제피상이 되는 까닭이다.	

40		友兄由損 以此 知蛇虎兄弟 來世合	
	보충	蛇虎兄合하니 兄友由損이라.	

풀이	兄이야 친구야 하는 사람으로 인하여 損財보는 일이 있게 됨은 등사나 백호에 형제가 임하여 지세와 合이 되어 있는 것으로서 아노라.	예 중지곤重地坤 孫酉 ‖ 青世 財亥 ‖ 玄 兄丑 ‖ 白 官卯 ‖ 蛇應 父巳 ∣ 句 兄未 ‖ 朱
추론	지세는 내 몸이요 등사 형제는 허한 형제로서 거짓 형제 또는 친구가 되는 것이고 백호형제는 난폭한 형제 또는 친구가 되는 것이며 또 그 형제는 奪財지신이 되어 그들과 합하면 이로울 것 조금도 없고 탈재될 것 틀림없는 것이다. 그러므로 사호형제가 지세합이면 형으로 인하여 損財 있다고 하는 것이다.	※ 형제가 動하면 자연적으로 剋財되는데 그 財는 처요 財物이 되는 것이므로 妻厄이 없으면 크게 損財봄이 있게되는 것이다. 연인데 그 동한 형제가 회두극이 되었거나 또는 絆住 하였거나 變爻에 絶하면 괜찮고 회두생이 되었으면 妻厄 또는 損財가 가중된다.

41 修屋移徙 以此 知卦中內卦 宅基動

보충	내괘宅基가 動하니 이사修屋이라.	예 2 풍택중부風澤中孚 이효 退神예 官卯 ∣ 父巳 ∣ 伏子財 兄未 ‖ 世 兄丑 ‖ 伏申孫 官寅 官卯 ⁄ 父巳 ∣ 應
풀이	집을 이사하거나 수리함이 있게 됨은 내괘 즉 초효동이나 이효 또는 삼효동이 됨으로서 아노라.	
추론	예 1 뇌택귀매雷澤歸妹 삼효 進神예 父戌 ‖ 應 兄申 ‖ 官午 ∣ 伏亥孫 父辰 父丑 ∦ 世 財卯 ∣ 官巳 ∣	※ 예 1의 경우는 丑이 動하여 辰으로 진신되었고 예 2의 경우는 卯가 동하여 寅으로 퇴신이 되고 있다. ※ 두 가지 예가 모두 이사괘로 예1 進神은 이사 또는 修屋이 잘 진행되는 것이고 예2는 퇴신으로서 이사한다고 動하였다가 그

		만 뜻을 이루지 못하게 된다.

42. 移徙有益 以此 知凶星發動 化吉星

보충	凶動吉星하니 이사유익이라.	예) 산풍고山風蠱 삼효 官化爲孫 兄寅 ㅣ 父子 ‖ 財戌 ‖ 孫午 官酉 ✕ 父亥 ㅣ 財丑 ‖ ※ 此괘 삼효에 청룡이 임해있고 관직에 있다고 하면 이사에 有安(孫官災殃을 극하므로 안정으로도 봄)은 있으나 회두극官하여 官職이 소멸되는 수도 있음.
풀이	이사하여 유익함이 있게 됨은 흉성이 발동하여 길성으로 化하는 것으로서 아노라.	
추론	動은 始요 變은 終이니 즉 결과라. 또한 흉성이라 함은 官鬼 또는 형제성(奪財神)을 말함이요 길신이라 함은 자손(복덕) 또는 財(재신) 父(문서)를 말한다. 그러므로 宅基爻에(初 一 二) 官이나 兄이 임하여 動하고 變化神이 財나 文이나 孫이 됨은 이사 시작은 흉이나 결과는 길하게 됨을 의미하는 것이므로 위와 같이 되면 이사 후 이익을 보게 되는 것이다.	

43. 移徙無益 以此 知吉神發動 化凶神

보충	길신化凶하니 이사無益이라.	예) 천지비天地否 財化兄 父戌 ㅣ 兄申 ㅣ 官午 ㅣ 兄申 財卯 ✕ 官巳 ‖ 父未 ‖
풀이	이사하여 손해 봄이 있게 됨은 길신이 動하여 흉성으로 化하는 것으로서 아노라.	
추론	宅基에 財나 孫이나 文書가 임하였는데	

	動하여 兄이나 官으로 化함은 이사에 善動惡化하는 象이 되기 때문에 위와 같이 말하게 되는 것이다.	

44	移徙孫厄 以此 知孫化爲官 或文書	예2 풍천소축風天小畜 오효동
보충	孫化官文하니 移後孫厄이라.	兄卯 ｜ 父子 孫巳 ⺌ 財未 ‖ 應 財辰 ｜ 伏官酉 兄寅 ｜ 父子 ｜ 世
풀이	이사한 연후에 자손厄이 있게 됨은 자손이 動하니 官이나 또는 文으로 화한 것으로서 아노라.	
추론	孫은 자손이요 動은 발동 즉 이사나 이전을 말함이요 官은 官鬼로서 재앙 귀신이요 文은 문서로서 剋孫의 성질인 것이다. 그러므로 자손이 動하여 化鬼가 되면 이사하여 자손의 재앙이나 죽는 일이 있게 되는 것이요 또 자손이 동하여 化文이 되면 그 자손이 회두극을 당하여 피상이 되는 까닭이다.	※ 예2의 오효동은 宅基는 아니다. 식구爻 動으로서 택기動과 같이 이사 또는 이동이 빈번하게 있게 되며 오효 巳火 孫이 子水 문 서의 회두극을 만나 孫厄이 있게되는 것이다. 이런 때에는 오효는 도로효로서 여행 중 또는 로상에서 孫厄이 있다고 보는 것이다.
	예1 천풍구天風姤 이효동 　　父戌 ｜ 　　兄申 ｜ 　　官午 ｜ 應 　　兄酉 ｜ 官午 孫亥 ⺌ 伏寅財 　　父丑 ‖ 世	

45	廚壁破損 以此 知二爻土臨又空亡	예 택수곤澤水困

보충	이효土空하니 廚壁破損이라.	이효 白父土공망
풀이	부엌벽이 무너지게 됨은 二爻에 土가 공망이 됨으로서 아노라.	父未 ‖ 兄酉 ∣ 孫亥 ∣ 應 官午 ‖ 父辰 ∣ 白虎 財寅 ‖ 世
추론	이효는 부엌이요 土는 흙인즉 부엌흙은 부엌 바람벽이 되는 것이고 空은 파상 파괴가 되는 것인즉 이효土空은 부엌 바람벽이 무너진다고 해석하게 되는 것이다.	

예 1 지수사地水師 이효辰土공망

父酉 ‖ 應
兄亥 ‖
官丑 ‖
財午 ‖ 世
官辰 ∣ 空亡
孫寅 ‖

※ 예 1과 같이 꼭 이효에 土官이라야 되는 것이 아니고 예 2와 같이 이효 土 문서라도 되는 것이다. 예 2와 같이 백호가 붙어 있으면 숙살(撤去)지신으로 더욱 강력한 의미를 나타낸다. 따라서 何知章云 何知人家 屋宇敗요 父入白虎 休囚壞라고 한 것이다.(父는 주택으로 해석함 하지장 精說을 참조)

---

46 醬瓮破損 以此 知亥子一二 白虎官

보충	基水虎空하니 장독파손이라.	예 2 화천대유火天大有 초효 亥子水공망
풀이	장독이 깨지는 일이 있게 됨은 초효 이효 즉 기타 효에 水가 임하고 그 곳에 다시 백호가 임하여 공망을 맞은 것으로서 아노라.	官巳 ∣ 應 父未 ‖ 兄酉 ∣ 父辰 ∣ 世 財寅 ∣ 孫子 ∣ 空亡
추론	초효 이효는 宅基요 부엌 장독대이다.(장독-단지). 然인데 일이효 亥子는 장독대의 물로서 장독의 간장이 되는 것이고, 空은 파괴요 백호는 횡폭한 것이 되어 초효 이효 백호 水空은 장독이 깨진다고 하는 것	※ 예 1과 같이 子水에 財가 있거나 예 2와 같이 水에 孫이 임하면 財나 孫은 음식물이 됨으로서 더욱 확률이 높은 것이고 (간장은 물에 속하여 음식물인 까닭이다.) 또 예 2와 같이 그 子水

이다. 그리고 이효水공 백호는 부엌에 물이 파괴횡폭을 하는 형상으로 물독이 깨어진다고 하는 것이다.

에 현무가 임하면 현무도 역시 壬癸水에 속하여 수기태왕으로 합하여 그 맛은 醎을 이룸으로서 간물 즉 간장의 맛을 더욱 강하게 나타내는 것이다. 그러므로 바다의 물은 짜다. 그리고 초효는 基地요 장독대요 현무는 숨어든다 또는 스며서 샌다는 것으로 해석하여 장독의 장이 외부로 새어나오는(누출) 일도 있게 된다.

예 1 지뢰복地雷復
　　　초효 白子財공망

孫酉 ‖
財亥 ‖
兄丑 ‖ 應
兄辰 ‖
官寅 ‖ 伏巳父
財子 | 世 白虎

---

47 破墻築臺 以此 知卦中六爻 遇逢空

보충 육효봉공하니 파장축대라.

풀이 집에 담벽이 무너지거나 또는 축대가 무너짐이 있게 됨은 육효에 공망을 맞음으로서 아노라.

추론 육효는 담장효요 空은 파손이다. 따라서 육효공망(上爻) 담장 파손되는 상이 되기 때문이다.

예 수택절水澤節

兄子 ‖ 空
財戌 |
父申 ‖
官丑 ‖
孫卯 |
財巳 |

※ 육효는 또 분묘효가 되기 때문에 육효공은 분묘가 파손되는 형상으로서　遷墓莎草(이장하거나 떼를 입힘) 할수도 있게되는 것이다.

---

48 雇人逃走 以此 知奴僕之爻 遇逢空

보충 空臨上爻하니 雇人도주라.

풀이 고인도주 즉 식모 직공 기타의 고용인의 도주를 말함인데 육효는 고용인爻요 空은

예 택수곤澤水困

父未 ‖ 空
兄酉 |
孫亥 |
官午 ‖

		없는 것으로도 해석하므로 육효空은 고인 도주라 하게 되는 것이다.	父辰 ǀ 財寅 ǁ
	추론		※ 현무는 비밀이 되므로 육효 현무공은 더욱 확률이 높은 것이고 또 공은 빈 것으로도 해석하여 없는 것은 꼭 도도한 것뿐만 아니라 공공연하게 나가는 것도 포함되고 또 공은 피상으로도 해석하여 육효공은 고용인이 피상도 되는 것이다.
49	遷墓莎草 以此 知卦中六爻 動變化		예 중택태重澤兌 육효동
	보충	육효발동하니 천묘사초라.	父戌 父未 ǁ 兄酉 ǀ 孫亥 ǀ 父丑 ǁ 財卯 ǀ 官巳 ǀ
	풀이	무덤을 옮기거나 또 사초함이 있게 됨은 육효가 동함으로써 아노라.	
	추론	육효는 분묘 즉 무덤효인데 동하면 그 무덤이 동하는 상이 되고 또 동하면 변하는 법인데 변하면 그 위치가 변하여 천묘(무덤 옮기는 것)하게 되거나 또는 그 무덤의 위치는 그대로 있어도 그 모양이 변한 형상은 그 무덤에 盛土를 하든가 또는 사초를 하는 것이므로 육효 발동은 천묘 사초 하게 된다고 하는 것이다.	
50	路上身厄 以此 知世臨六爻 遇空亡		※ 이런 경우 孫이 世와 같이 공이 되므로 자손과 같이 길거리에 나갔다가 피상봉변 당한다고 할 수 있는 것이다. 이 법에 준하여 財世空이면 처나 애인과 같이 길
	보충	오효세공하니 로상신액이라.	
	풀이	로상에서 신액 있게 됨은 오효나 육효에	

	거리에 나갔다가 상하고 형제世 空이면 형제나 친구와 같이 길거리에 나갔다가 상한다.
世가 붙고 또 다시 공망을 맞은 것으로서 아노라.	
추론 오효·육효는 로상 또는 여행이요, 世는 내 몸이요, 空은 피상이니, 오효·육효·세공은 로두에 신액이 있다고 하는 것이다.	※ 문서世空이면 내 몸에 官한 문서(신분증)분실 또는 부모를 모시고 길거리에 나갔다가 상한다. 여자의 경우 官世空은 남편과 길거리에 나갔다가 상한다는 등으로 해석하게 되는 것이다.

예 택천쾌澤天夬 오효 世공망

```
兄未 ‖
孫酉 | 世 空
財亥 |
兄辰 |
官寅 | 應
財子 |
```

---

51 尺布到門 以此 知喪吊併立 或喪動

보충 상조병립 척포도문이라.

풀이 服巾이 문에 이르러 오게 됨은 상문조객이 병립(둘 다 있는 것)하거나 아니면 상문動이 되어 있는 것으로서 아노라.

추론 喪門은 喪故요 조객은 조상손님인즉 상조가 병립하면 상고로 인한 조객이 출입하게 되는 형상인즉 상을 당하여 복건을 쓰게 됨이 있는 것이고 또 상문이 동하여도 역시 동일한 논법이다.

※ 역자주 : 상문은 년지포함 순행 세 번째 조객은 년지포함 역행 세 번째다. 해년이면 해자축해서 축이 상문, 해술유해서 유가조객이 된다.

예 1 亥年 지화명이明夷

```
父酉 ‖ 弔
兄亥 ‖
官丑 ‖ 喪
兄亥 ‖
官丑 ‖
孫卯 |
```

예 2 亥年 수택절水澤節

```
兄子 ‖
官戌 |
父申 ‖
官辰 官丑 ‖ 喪
孫卯 |
財巳 |
```

52	客屍到門 以此 知喪弔內卦 應加臨	※ 이 객시도문 한다는 것은 아무런 책에도 없다. 나는 추리예와 같은 학리를 발견하여 처음으로 실험해 보았을 때의 일이다. 모 부인 년운에 이와 같이 나왔으므로(상괘 예는 아님) 객시도문이라 하였던 바 지정한 그달 그날에 경상도에서 친정동생이 올라 그날밤 잠자다가 연탄가스 마시고 죽었고, 또한 부인에 그런 괘상이므로 객시도문한다. 하였던 바 이 부인은 여관업을 하였는데 그 특정한 월일에 난데 없이 청춘남녀가 투숙하였다가 음독情死한 일이 있었다. 그후 과연 적중률이 상당히 높은데 就中 백호나 등사 주작이 있으면 더욱 확률이 높은 것이다.
보충	객지에서 죽은 시체가 내 집에 드는 일이 있음은 내괘에 喪弔가 모두 있고, 또다시 應효가 내괘에 임하여 있는 것으로서 아노라.	
풀이	내괘는 나의 집이요 應은 타인이요 상조는 상문 조객을 말함인데 상문 조객은 喪變 조객을 의미한다. 然즉 내괘 상조 應은 내 집에 타인의 상변을 당하여 조객하는 나그네가 드나드는 象이 되어 客屍가 到門이라고 하게 되는 것이다.	
추론	예 亥年 수풍정水風井 父子 ‖ 財戌 │ 官申 ‖ 官酉 │ 弔 父亥 │ 財丑 ‖ 喪	

53	一家二分 以此 知卦中艮山 六沖괘	예 중산간중산艮 효동에 관계없음 官寅 │ 世 財子 ‖ 兄戌 ‖ 孫申 │ 應 父午 ‖ 兄辰 ‖
보충	艮山六沖하니 一家二分이라.	
풀이	일가 양분함이 있게 됨은 艮위산 육충괘가 된 것으로서 아노라.	
추론	중산간괘는 역에서 말하기를 止也라고 하였는데 艮은 上連으로서 陽氣가 상승하여 二陰之土에 坐하여서 이상 더 올라갈 수	

없으므로 止하게 되는 형상이다. 그러므로 머물러 있는 자 더 이상 머물러 있을 수 없어 정하게 되는 형상으로서 合家者 一家兩分하고 일가 양분되어 있던 자 合家함이 있게 된다고 하는 것이다.

54	見血事故 以此 知山上有雷 小過卦	예 뇌산소과雷山小過
보충	見血사고 있게 됨은 뇌산소과괘가 나온 것으로서 아노라.	父戌 ‖ 兄申 ‖ 官午 ｜ 兄申 ｜ 官午 ‖ 父辰 ‖
풀이	이 뇌산소과 주역대상전에 말하기를 山上有雷 소과라고 하였는데 艮은 山이요 山은 止하고 雷는 動하여 不止하는 것이므로 一은 止하고 一은 動하여 去한다. 또 飛鳥遺音이라 하였는데 그 이유는 重雷震도音을 發하고 動去함이요 飛鳥도 音을 발하고 動去하는 象이고 또 山은 止하고 遺도 남아있는 상이 된다. 따라서 山之不動하고 雷動不止하여 其道不和하는 그러므로 大事不可라 하였고 또 行過乎恭 行過乎哀라 하여서인지 누누이 경험한 결과 군인, 경찰관은 총기오발(上官은 그 部下) 운전사는 교통사고로 피 흘리는 사고를 범하는 것을 많이 보고 있다. 그리고 또 一止一動이 지나치는 小過형상이 되어 有聲無形으로서(飛鳥遺音 즉 有聲無形) 크게 소리가 나고 또 하나는 움직이지 못하는 것이 지나친 것은(소과) 死한 형	

	상이므로 死하여 크게 떠들어 소리 나는 것은 殺人의 형상이 되기도 하는 것이다. 어쨌든 이괘만 나오면 불의의 見血사고를 보게 됨이 있으니 겸손하여야 할 것이다.	
추론	근 이십 년 전 청주경찰서장으로 부임한 바 있었던 정갑주署長 동생이 모 주석에서 권총 피살사건이 있었는데 그 가해자 경찰 運數에 이 괘가 나와서 나는 총기사고를 예고하였으나 그만 지적한 일시까지 지적하여 사고를 범하였고 그 외에도 일일이 열거할 수 없으리만큼 많은 경험을 얻은 바 있는 괘상이다.	

55. 交通違反 以此 知身臨五爻 官加臨

보충	身臨五爻하니 교통위반이라.	예 중뢰진重雷震 財戌‖世 官申‖身 孫午ㅣ 財辰‖應 兄寅‖命 父子ㅣ
풀이	교통법 위반으로 官災가 있게 됨은 오효 身에 官이 임하여 있는 것으로 아노라.	
추론	오효는 도로(교통)효요 官은 官災요 身은 내몸인즉 오효身官은 교통에 關하여 내 몸에 官災가 있는 상이 되어 교통 또 도로에서 官이 내 몸에 임하면 가두검문 당하는 예도 있다.	

56. 田畓稀種 以此 知句陳之爻 遇逢空

예 천수송天水訟

보충	구진逢空하니 전답희종이라.	이효 구진공망
풀이	농토전답에 종자가 잘 안 나오는 것은 구진효에 空이 임한 것으로서 아노라.	孫戌 ∣ 靑 財申 ∣ 玄 兄午 ∣ 白
추론	구진은 戊土요 田土로도 해석되는 것이고 피상제압으로도 해석한다. 그러므로 농토에 씨를 뿌린 것이 해충 또는 일기에 제압을 받아 씨가 나오지 아니함이 있게 되는 것이다.	兄午 ∥ 蛇 孫辰 ∣ 句空 父寅 ∣ 朱 ※ 구진 辰土에 空이 되어 있는데 辰은 동남문이요 이효는 집터인 그러므로 집에서 아주 가까운 밭에 종자가 잘 안 된다고 하는 것이고 또 구진이 내괘면 그 집에서 가까운 농지요 구진이 外卦에 있으면 그 집터에서 먼 곳의 농지라고 하게 되는 것이다.

57	農牛上槽 以此 知五爻丑土 騰蛇官	예 지수사地水師
		축효 등사관귀
보충	丑土蛇官하니 농우상조라.	父酉 ∥ 應 兄亥 ∥ 官丑 ∥ 騰蛇 財午 ∥ 世 官辰 ∣ 孫寅 ∥
풀이	농우가 궁이(구유 먹이통)에 올라감이 있게 됨은 오효 등사官이나 丑 토에 등사官이 있게 됨으로서 아노라.	
추론	오효 또는 丑토는 소爻요 등사는 안정되지 못한 자요 官은 재앙이 되는 것인즉 오효 등사官이나 혹은 丑토에 등사官이면 농우가 안정되어 있지 못하고, 궁이에 올라서며 소리를 지르게 되는 것이다.	예 뇌수해雷水解 오효 등사관귀 財戌 ∥ 官申 ∥ 應 騰蛇 孫午 ∣ 孫午 ∥

	財辰ㅣ世 兄寅‖伏子父

58	田穀豊登 以此 知句陳入土 財福臨	예 중화리重火離
보충	구진臨財孫하니 一莖五穗라.	兄巳ㅣ靑 孫未‖玄 財酉ㅣ白 官亥ㅣ蛇 孫丑‖句 父未‖朱
풀이	전곡의 풍년作을 알게 되는 것은 구진에 辰戌丑未가 있고 그곳에 財나 孫이 임하여 있는 것으로서 아노라.	
추론	구진은 농지요 辰戌丑未는 전곡이요 財나 복덕은 財數나 결실이 되므로 (자손은 복덕이요 또 열매는 결실이 됨) 因하여 구진入土 財孫 臨은 전곡풍년이라고 하게 되는 것이다.	※ 구진입토 財孫임은 전곡풍작이므로 구진입토 財孫임은 벼농사 풍작이라고 하게 되는 것이니. ※ 一莖五穗(일경오수) - 한줄기에 다섯이삭이 달림.

59	漁獵身厄 以此 知水隔發動 剋世爻	예 수지비水地比
보충	수격剋世하니 어렵身厄이라.	팔월점 수격申 財子‖應 兄戌ㅣ 財亥 孫申⚊ 官卯‖世 父巳‖ 兄未‖
풀이	바다에 고기잡이 나가서 신액 있게 됨은 수격이 발동하여 世爻를 극함으로서 아노라. 　수격살-정월/戌, 이월/申, 삼월/午, 사월/辰, 오월/寅, 육월/子, 칠월/戌, 팔월/申, 구월/午, 십월/辰, 십일월/寅, 십이월/子.	
추론	수격은 큰물에 흉살이요 持世는 내 몸이요 수격動 持世는 물 흉살이 내 몸을 극하	예 수화기제水火旣濟 戌 수격 칠월생(後天行年 예) 兄子‖應 兄亥 官戌⚊ 父申‖

	는 까닭에 어렵 또는 승선에 주의 하여야 한다는 것이다.	兄亥∣世伏午財 官丑∥ 孫卯∣

60 漁獵大獲 以此 知青龍入水 財福臨

예2 중택태重澤兌
사효 亥水 복덕

父未∥世
兄酉∣
孫亥∣靑龍
父丑∥應
財卯∣
官巳∣

보충

풀이 물고기 잡이에 풍어로 大獲함이 있게 됨은 청룡이 亥나 子에 임하고 또다시 財나 자손이 임하여 있음으로서 아노라.

추론 청룡은 용이요 또 희열이다. 그리고 亥子는 水요 財는 재물 福은 복덕이다. 그러므로 청룡水財福은 용이 바다를 얻은 형상이며 또 물고기재물(水産財)복을 크게 거두는 상이 되기 때문이다.

※ 청룡水財나 복덕이 외괘에 있으면 원양어럽에 대획이 있고 그것이 내괘에 있으면 근해에서 대획이 있게 되는 것이다. 그리고 구진은 집터로서 어장으로도 보기 때문에 구진입수 財복이면 어장 또는 양어장으로 대획財福하게 된다고 볼 수 있는 것이다.

예1 수천수水天需　육효龍水財

財子∥靑龍
兄戌∣
孫申∥世
兄辰∣
官寅∣巳父
財子∣應

61 坐得萬金 以此 知卦中財爻 來世剋

예 풍천소축風天小畜

兄卯∣
孫巳∣
孫午 財未∥應
財辰∣

보충 財來剋世하니 좌득만금이라.

풀이 쉽게 財物을 얻게됨은 괘중 財爻가 持世를 극함이 있는 것으로서 아노라.

추론	世는 자신이요 財는 재물이요 극함은 나를 괴롭히는 것인즉 財來剋 世는 재물이 와서 자신을 괴롭히는 상으로 돈 셈하기에 바쁜 것이므로 財數를 크게 얻음이 있는 것이다.	兄寅 ǀ 父子 ǀ 世

62	食客三千 以此 知六爻之中 五爻動	예 수지비水地比 오효동
보충	오효動變하니 식객삼천이라.	財子 ǁ 財亥 兄戌 ⚊ 孫申 ǁ 官卯 ǁ 父巳 ǁ 兄未 ǁ
풀이	식객이 많이 출입함이 있게 됨은 오효가 動變한 것으로서 아노라.	
추론	오효는 식구爻요 動은 出이요 變은 入인즉 오효가 動變 즉(動則必變 之理也) 식구가 출입지상으로서 객식구가 많이 드나들게 된다는 것 이다. 식객삼천이란 孟嘗君이 식객삼천(많은 사람이 드나드는 것)이라는 말에서 나온 것임.	

63	不美宴席 以此 知世臨財福 遇空亡	예 2 중뢰진重雷震 六靑財
보충	世財福空하니 불미연석이라.	財戌 ǁ 世 靑龍 官申 ǁ 孫午 ǀ 財辰 ǁ 應 兄寅 ǁ 父子 ǀ
풀이	연석에 불미스러운 일이 있게 됨은 持世 財福에 空이 맞은 것으로서 아노라.	
추론	財福은 財爻와 자손爻로서 음식이요 空은 피상이요 持世는 내 몸인즉 자신이 음식장소 즉 연석에 임하여 피상당하는 형상이 되어 그 연회가 불미스러운 연석이 되는	※ 같은 괘이지만 존귀하고 기쁜 연석에 임한 형상이 되어 매우 유쾌하고 아름다운 연석이 되는 것이다. 그리고 會席인원은 戌

것이다.

예 1 중뢰진重雷震 육효공망

財戌 ‖ 世　空亡
官申 ‖
孫午 |
財辰 ‖ 應
兄寅 ‖
父子 |

※ 1의 경우 육효 持世財 백호공 그러므로 그 연석에서 싸움이 나서 몸을 다치던가 아니면 돈에 損財 있거나 또는 집에 돌아오는 길에 몸을 다치거나 하여 불미스러운 일이 생기게 되는 것이다.

五, 十 수로서 五명이나 十명이 아니면 오십 명 또는 백 명이라고 보게 되는 것이고 일시간은 辰戌충이 있으므로 戌卯합으로 이월이나 구월중 卯戌일 戌시라고 하는 것이고 그 방위는 戌인 그러므로 서북간(乾方)이라고 하게 되는 것이다. 그러므로 1의 경우면 卯戌월일 宴席招請 必有不美 勿入其席 이라 하고 2의 경우는 卯戌월일 請我宴席 珍饌歡待 희희락락이라고 하게 되는 것이다.

64. 食口數字 以此 知五爻五行 臨所屬

보충 오효소속에 식구수자라.

풀이 식구수자를 알게 됨은 오효오행 소속으로서 아노라.

추론 오효는 식구효가 되므로 식구수를 보게 되는 것이고 오행이 임한 소속으로 본다함은 가령 五爻에 申金이 임했다면 申은 七이요(丙辛 寅 申七)또는 九가 되므로(庚申九) 인하여 七명이나 九명의 식구라고 하는 것이다.

예 중화리重火離
오효未土

兄巳 |
孫未 ‖
財酉 |
官亥 |
孫丑 ‖
父卯 |

※ 이 괘로 보면 오효에(식구효) 未가 되므로 未는 八(乙庚丑未八)이요 또 十이 되는 그러므로 (丑未 十) 八명이나 十명의 식구라고 하는 것이다.

2 하지장

1	원문	何知人家父母疾　白虎臨爻兼刑剋
	해석	남의 집 부모에 병이 있는 줄 어떻게 아는가? 부에 백호가 임하고 겸하여 형극되기 때문이다.
	이치	부모효에 흉악한 육수 백호가 임하고 형극되기 때문이다.

2	원문	何知人家父母殃　財爻發動煞神傷
	해석	남의 집 부모에게 재앙 있는 줄 어떻게 아는가? 재효 살신이 발동해 상하기 때문이다.
	이치	재는 부모효를 극하므로 살신이라고 표현했다.

3	원문	何知人家有子孫　青龍福德爻中輪
	해석	남의 집에 자손이 생길 줄을 어떻게 아는가? 청룡자손이 효중에 있기 때문이다.
	이치	청룡은 존귀, 희열한 신이고 자손은 복덕의 신이기 때문이다.

4	원문	何知人家無子孫　六爻不見福神臨
	해석	남의 집에 자손이 없는지 어떻게 아는가? 육효중에서 자손효를 보지 않기 때문이다.
	이치	복신은 자손을 말한다.

5	원문	何知人家子孫疾 父母爻動來傷剋
	해석	남의 집에 자손이 병이 있는 줄 어떻게 아는가? 부모효가 동하여 극상하기 때문이다.
	이치	부모효는 자손효를 극하는 신이기 때문이다.

6	원문	何知人家子孫災 白虎當臨福德來
	해석	남의 집 자손에게 재앙이 있는지 어떻게 아는가? 자손에 백호가 임했기 때문이다.
	이치	백호는 피를 보는 의미가 있기 때문이다. 아래 7번의 예처럼 자손이 공망까지 된다면 죽을 수도 있다.

7	원문	何知人家兄弟亡 用落空亡白虎傷
	해석	남의 집에 형제가 죽는 줄 어떻게 아는가? 형제효가 공망에 떨어지고 백호가 임해 상했기 때문이다.
	이치	형제가 공망되면 형제무력하고 백호는 피를 보는 신이기 때문이다.

8	원문	何知人家妻有災 虎臨兄弟動傷財
	해석	남의 집 처에 재앙이 있는 줄 어떻게 아는가? 백호가 형제에 임해 동하여 재를 상하게 하기 때문이다.
	이치	재를 극하는 신은 형제효로 형제가 동하면 재가 상하고 더불어 백호와 같은 피를 보는 신이 붙기 때문이다.

9	원문	何知人家妻有孕 青龍臨財天喜神

	해석	남의 집에 처가 잉태하는 줄 어떻게 아는가? 청룡이 재에 임하고 천희신이 임한 까닭이다. ※ 천희신은 정월未 이월午 삼월巳 사월辰 오월卯 유월寅 칠월丑 팔월子 구월亥 시월戌 십일월酉 십이월申을 말하며 이것을 충하는 지지는 홍란성이 된다.
	이치	희경의 신인 청룡이 재에 임하고 길사를 의미하는 희신이 임했기 때문이다.

10	원문	何知人家有妻妾 內外兩財旺相決
	해석	남의 집에 처첩이 있는 줄 어떻게 아는가? 내괘·외괘에 재가 있어 왕상하기 때문이다.
	이치	내괘는 안, 외괘는 바깥이 되는데 안팎으로 재가 있으니 처첩이 동시에 있는 것이다.

11	원문	何知人家損妻房 財爻帶鬼落空亡
	해석	남의 집에 처가 損(가출·질액·사망 등) 하는 것 어떻게 아는가? 재효가 귀를 띠고 공망에 떨어지기 때문이다.
	이치	재효가 동하여 귀로 변하면서 공망에 떨어지기 때문이다. 혹자는 "鬼"를 백호로 해석해서 재가 백호를 띠고 공망에 떨어지면 그렇다고 해석하기도 한다.

12	원문	何知人家訟事休 空亡官鬼又休囚
	해석	남의 집에 송사(관재구설)이 멈추게 됨을 어떻게 아는가? 관귀가 공망되고 휴수되기 때문이다.
	이치	관귀는 우환이자 관재의 신인데 이 관귀가 공망되면 무력하게 되고 휴수돼도 역시 힘이 없게 됨으로 이렇다.

13	원문	何知人家訟事多 雀虎持世鬼來扶
	해석	남의 집에 송사 많은 줄 어떻게 아는가? 관귀가 지세하면서 주작이나 백호가 붙기 때문이다.
	이치	관귀는 송사의 신, 주작은 구설신, 백호는 흉폭한 신이기 때문에 그렇다.

14	원문	何知人家旺六丁 六親有氣吉神臨
	해석	남의 집에 식구가 왕한 것을 어떻게 아는가? 육친성이 유기하고 길신이 임했기 때문이다.
	이치	이론적으로 한 괘에 처, 부, 자, 형이 모두 왕할 수 없다. 이 경우는 각 육친별로 나눠서 점했을 때 해당 육친이 일월동효의 생부를 받으며 청룡 등의 길한 육수가 붙었을 때 이렇게 판단할 수 있다.

15	원문	何知人家進人口 靑龍得位臨財水
	해석	남의 집에 식구가 늘게 되는 줄 어떻게 아는가? 청룡이 득위(청룡이 해자인묘에 있는 것을 말함)하면서 재에 임했기 때문이다.
	이치	이 말은 재 즉 처가 임신해서 자식을 낳는 등의 일을 말한 것으로 청룡은 희경의 신이기 때문에 특별히 청룡을 지칭한 것이다. 그러나 청룡이 재에 붙더라도 재가 깨졌다면 그렇지 않다.

16	원문	何知人家大富豪 財爻旺相又居庫
	해석	남의 집이 대부호되는 줄 어떻게 아는가? 재효가 왕상하고 庫에 임한 까닭이다.

이치	재효가 왕상하면 재가 왕하고 그 재효가 입고되면 재가 저장된 것과 같아 대부호가 된다고 한 것이다. 가령 재가 巳, 午 火재라면 술토가 재의 庫가 되는데 재가 되는 사, 오화가 왕상하면서 동하여 술로 변하거나 일월에 술토가 있는 경우를 말한다.

17	원문	何知人家田地增 句陳入土子孫臨
	해석	남의 집에 논밭이 늘어나는 것을 어떻게 아는가? 토가 자손이 되면서 구진이 임했기 때문이다.
	이치	구진은 땅을 의미하는 육수고 이 구진이 토에 붙으면 논밭 등을 의미하며 여기에 복덕의 신인 자손이 붙으니 논밭으로 인한 희경사가 있게 되는 것이다.

18	원문	何知人家進産業 靑龍臨財旺相說
	해석	남의 집에 산업이 발전될 줄 어떻게 아는가? 청룡이 왕상한 財에 임했기 때문이다.
	이치	재가 왕상한 것만으로도 재물이 늘어나는데 여기에 희열의 신인 청룡까지 붙었기 때문이다.

19	원문	何知人家進外財 外卦靑臨財福來
	해석	남의 집에 밖의 재물을 얻는 줄 어떻게 아는가? 외괘의 재·자손효에 청룡이 임했기 때문이다.
	이치	내괘는 안, 외괘는 밖을 의미하는데 거기에 재와 재를 생하는 자손이 동하면서 청룡이 임한 것을 말한다.

20	원문	何知人家喜事臨 靑龍福德財門庭
	해석	남의 집에 기쁜 일이 임하는 줄 어떻게 아는가? 청룡 복덕, 재가 문정(二爻나 三爻를 말함)에 임했기 때문이다.
	이치	여기서 문정(門庭)이란 2효 3효 즉 가정을 말하며 자손은 복덕의 신, 청룡은 희경의 신으로 이런 신들이 문정에 있으니 희경사, 즉 자손에게 경사가 있거나 한다.

21	원문	何知人家富貴昌 財臨旺福靑龍上
	해석	남의 집이 부귀하고 번창할 줄 어떻게 아는가? 왕한 재성이나 자손효에 청룡이 임한 것을 말한다.
	이치	자손과 재가 왕하면 재물이 왕하게 되는데 여기에 희경의 신 청룡이 임했기 때문이다.

22	원문	何知人家多貧賤 財爻帶耗休囚見
	해석	남의 집이 빈천함이 많은 것을 어떻게 아는가? 재효가 대모를 띠거나 휴수되기 때문이다. ※ 역주 : 대모살은 생년과 충되는 신이다.
	이치	재효가 휴수되고 충공, 월파 등이 되면 재가 무력하여 빈천하게 되는 것이지 대모살이 빈천함의 원인은 아니다.

23	원문	何知人家無依倚 卦中福德落空死
	해석	남의 집이 의지할 곳이 없는 것을 어떻게 아는가? 괘중에 자손효가 공망에 떨어졌기 때문이다.

	이치	이 말은 남의 집에 자손이 무력하여 부모 된 이가 의지할 바가 없는 것을 말한 것이다. 당연히 자손효가 공망되고 무력하기 때문이다.
24	원문	何知人家灶破損 玄武帶鬼二爻悃
	해석	남의 집의 부엌이 파손되는 것을 어떻게 아는가? 이효 부엌효에 관귀가 있으면서 현무를 띠기 때문이다.
	이치	오늘날에는 의미가 없는 구절이다. 관살은 재앙, 현무는 도둑·비밀, 음침한 신으로 이효 부엌효에 붙어 있으니 그렇다고 한 것이다.
25	원문	何知人家鍋破漏 玄武入水鬼來就
	해석	남의 집에 냄비나 솥에 물이 새는 것을 어떻게 아는가? 관귀가 亥子에 해당하고 현무가 붙는 것을 말한다.
	이치	해자는 수, 현무는 비밀·침입·도적, 관귀는 재앙·근심이니 이렇게 판단한 것이다. 역시 오늘날엔 크게 의미가 없는 구절이다.
26	원문	何知人家屋宇新 父入青龍旺相眞
	해석	남의 집에 새집 짓는 줄 어떻게 아는가? 왕상한 부효에 청룡이 임했기 때문이다.
	이치	부효는 명리에서처럼 인수의 의미가 있어 집의 의미가 있고 청룡은 희경신이니 새집을 짓는다고 한 것이다.
27	원문	何知人家屋宇敗 父入白虎休囚壞
	해석	남의 집이 파괴되는 줄 어떻게 아는가? 부효가 휴수되면서 백호가 임했기 때문이다.

| 이치 | 부효는 인수로 집의 신인데 휴수되고 형충을 맞는데다가 흉폭한 신인 백호가 붙었기 때문이다. |

28	원문	何知人家墓有風 白虎空亡巽巳攻
	해석	남의 집 무덤에 바람이 많은 줄 어떻게 아는가? 辰巳가 공망되면서 백호가 임했기 때문이다.
	이치	여기서 묘유풍이라 함은 바람을 많이 타는 묘를 말한다. 진사는 손으로 바람을 의미하고 공망은 허공, 백호는 강폭한 신이니 무덤에 강폭한 바람이 부는 것을 의미하기 때문이다. 이석영선생은 분묘를 의미하는 육효에서 이렇게 되었을 때 그렇게 된다고 해석하고 있다.

29	원문	何知人家墓有水 白虎空亡臨亥子
	해석	남의 집 무덤에 물이 고여 있는 줄 어떻게 아는가? 亥子효가 공망되면서 백호가 있기 때문이다.
	이치	해자는 물, 공망은 정지된 상태, 백호는 강폭·사망신으로 시신에 물이 고여 있는 것을 의미하기 때문이다. ※ 413쪽에 있는 내용을 참조하라.

30	원문	何知人家無香火 卦中六爻不見火
	해석	남의 집에 제사가 그칠 것을 어떻게 아는가? 육효중에 화 즉 사오화효가 없기 때문이다.
	이치	이 논리는 조금 무리인 듯싶다. 화를 향불로 보고 화가 없으니 제사가 끊어진다는 것으로 제사지낼 자손이 없거나 있어도 지내지 못한 것을 의미한다.

31	원문	何知人家 無風水 卦中六爻不見水
	해석	남의 집에 바람이 없이 온화하고 물이 없는 줄 어떻게 아는가? 육효 중에 수가 없는 까닭이다.
	이치	괘중에 해자 수효가 없으면 이렇게 판단하는데 오늘날에 적용하기에는 무리한 해석이다.

32	원문	何知人家兩焚戶 卦中必主兩重火
	해석	남의 집 부엌 아궁이가 둘 있는 줄 어떻게 아는가? 괘중에 반드시 화가 둘이 있는 까닭이다.
	이치	역시 무리한 해석인 듯 싶다. 화를 아궁이로 본 것이다.

33	원문	何知人家不供佛 金鬼爻落空亡決
	해석	남의 집에 불공을 하다가 안하는 줄 어떻게 아는가? 금관귀효에 공망이 임한 까닭이다.
	이치	금귀를 금불상으로 보고 공망은 정지로 보아 이렇게 판단했다.

34	원문	何知二姓共屋居 兩鬼旺相卦中推
	해석	남의 집에 성이 다른 사람이 같이 살고 있는 줄 어떻게 아는가? 두 개의 왕상한 관귀가 괘중에 있기 때문이다.
	이치	역시 무리한 추론이라 할 수 있다.

35	원문	何知人家有兩姓 兩中父母卦中臨
	해석	남의 집에 두 세대가 살고 있는 줄 어떻게 아는가?

		괘중에 부모효가 두 개 있기 때문이다.
	이치	부모효를 주택으로 보고 부모효가 두 개 있으니 이렇게 판단했다.

36	원문	何知人家鷄啼亂 螣蛇入酉不須疑
	해석	남의 집의 닭이 소란스레 우는 것을 어떻게 아는가? 酉에 등사가 임했기 때문이다.
	이치	유를 닭으로 보아 허한 것을 의미한 등사가 붙어서 이렇게 판단한 것이나 오늘날에는 응용가치가 없다.

37	원문	何知人家犬亂吠 螣蛇入戌又逢鬼
	해석	남의 집에 개가 어지럽게 짖는 것을 어떻게 아는가? 술관귀에 등사가 붙었기 때문이다.
	이치	술을 개로 보고 관귀는 귀신을 의미하며 등사는 허한 것이니 개가 귀신이 붙은 것처럼 괜히 짖거나 시끄럽게 한다는 것이다. 　이석영선생이 농촌에 살 때의 경험에 등사에 축이 임하거나 오효에 등사가 임하면 소가 안정되어 있지 못하는 형상으로 자주 먹이통에 올라 서게 되고 또 삼효에 등사나 관귀 해는 돼지가 소리를 지르며 살이 찌지 않고 있는 것을 많이 보았다고 한다.

38	원문	何知人家見口舌 朱雀持世鬼來攙
	해석	남의 집에 구설이 있는 것을 어떻게 아는가? 귀에 주작이 붙으면서 지세했기 때문이다.
	이치	이 예는 이치가 있다. 공무원이 아닌 일반인이 관귀지세하면 우환이 있고 주작은 구설신이니 관재구설·송사 등이 있는 것이다.

39	원문	何知人家口舌到 卦中朱雀帶木笑
	해석	남의 집에 구설이 임하는 것을 어떻게 아는가? 괘중에 주작이 목의 효에 있기 때문이다.
	이치	주작은 붉을 주에 참새 작이다. 참새처럼 재잘거리는 의미 즉 구설의 의미를 띠고 있는데 이 주작이 나무를 의미하는 목에 있으니 나무위에서 참새가 재잘거리는 것 같아서 구설이 있다고 한 것이다. 위의 38번도 같은 의미나 38번은 좀 더 큰 구설이다.

40	원문	何知人家多競爭 朱雀兄弟持世應
	해석	남의 집에 경쟁과 다툼이 많은 줄 어떻게 아는가? 형제가 주작을 대동하고 세응에 있기 때문이다.
	이치	주작은 구설, 형제는 경쟁을 의미하며 세는 나, 응은 타인이므로 여기에 주작형제가 붙으면 구설경쟁이 많다는 것이다.

41	원문	何知人家小人生 玄武官鬼動臨身
	해석	남의 집에 소인이 생할 줄 어떻게 아는가? ※ 소인은 손버릇 나쁜 것, 좀도둑 맞는 것. 현무관귀가 동하여 세에 임하기 때문이다.
	이치	현무는 도적의 신, 관귀는 근심의 신이며 이것이 동해 세에 임했기 때문에 도적이나 소인이 온다고 판단한 것이다.

42	원문	何知人家遭賊徒 玄武臨財鬼旺扶
	해석	남의 집에 도적무리를 만날 줄 어떻게 아는가? 재나 관귀에 현무가 임해서 왕하기 때문이다.

이치	현무는 도적, 재는 재물, 관귀는 도적, 재난이 되니 도적을 만난다고 한 것이다.
	※ 참고 : 41번의 도둑은 그냥 훔쳐가는 것, 42번은 도적떼나 깡패·사기꾼 등에게 재물을 손해 보는 것을 말한다. 이석영 선생의 경험에 의하면 현무 형제도 도적 맞는 것을 왕왕 보았다고 한다.

43	원문	何知人家災禍至 鬼臨應爻來剋世
	해석	남의 집에 재앙이 일어날 줄 어떻게 아는가? 응효에 관귀가 있으면서 세를 극하기 때문이다.
	이치	응은 타인인데 여기에 재난을 의미하는 관귀가 있으면서 나를 의미하는 세를 극하기 때문에 이렇게 말한 것이다.

44	원문	何知人家痘疹病 螣蛇爻被火燒定
	해석	남의 집에 천연두 등의 전염병이 들어오는 것을 어떻게 아는가? 등사효에 사 또는 오화관이 임해 있는 까닭이다.
	이치	관귀는 질병, 오행화와 등사는 모두 화이므로 열꽃이 피는 천연두 등의 질병에 걸린다고 판단한 것이다.

45	원문	何知人家病妖死 用神無求 又入墓
	해석	남의 집이 병으로 요절하고 죽을 줄 어떻게 아는가? 용신이 입묘하고 구원함이 없기 때문이다.
	이치	점을 의뢰한 당사자가 용신이면서 그 용신이 휴수되고 형·충·공·파·묘·절되기 때문에 요절하고 죽는다고 한 것이다.

46	원문	何知人家多夢寢 螣蛇帶鬼來持世

	해석	남의 집에 꿈자리 사나운 줄 어떻게 아는가? 관귀에 등사가 있으면서 지세하기 때문이다.
	이치	관귀는 근심, 등사는 놀람, 세는 내 몸으로 이것이 같이 있으니 내 몸이 근심과 놀람으로 들떠 있어 꿈자리가 사납기 때문이다.

47	원문	何知人家出鬼怪　螣蛇白虎入門在
	해석	남의 집에 괴귀가 출몰하는 줄 어떻게 아는가? 등사나 백호가 문(즉 二爻나 三爻)에 있는 까닭이다.
	이치	등사는 허한 것, 백호는 흉폭한 것, 문정은 집안으로 이런 신이 집에 있으면 괴귀가 출몰한다는 것이다.

48	원문	何知人家入投水　玄武入水殺臨鬼
	해석	남의 집에 투신자살하는 것을 어떻게 아는가? 해자 수에 현무가 있으면서 관살이 되는 것을 말한다.
	이치	현무는 도적, 비밀인데 관살은 사망신으로 물에 비밀히 투신해 죽는 것을 말한다.

49	원문	何知人家有木鬼　螣蛇木鬼世爻臨
	해석	남의 집에 목귀가 있는 줄 어떻게 아는가? 등사목관 지세하기 때문이다. ※ 목귀(木鬼) : 집안 나무에 목매어 죽었다든가 또는 매맞아 죽었다든가 나무에 치어 죽었다든가 또는 그러한 나무가 집 재목으로 사용되었다든가 관목이 집에 들어오는 경우
	이치	등사는 허한 신이요 관귀는 귀신이니 목과 함께 지세한다 함은 내 집에 목귀가 임해 있는 상으로 나타나기 때문이다.

50	원문	何知人家孝服來 交重白虎鬼臨排
	해석	남의 집에 초상이 날지 어떻게 아는가? 백호관귀가 동하여 진신이 된 까닭이다.
	이치	원문에 교중이라는 말은 가령 관귀가 신금인데 동하여 유금으로 화하여 관귀가 둘이 되는 것을 말한다. 백호도 관귀도 사망신이니 이렇게 중첩되면 초상이 난다는 것이다.

51	원문	何知人家見失脫 玄武帶鬼應爻發
	해석	남의 집에 실탈을 보게 되는 것 어떻게 아는가? 현무관귀가 응에 임해 발동했기 때문이다.
	이치	현무는 도적의 신, 관은 근심과 우환의 신인데 이것이 타인을 의미하는 응에 임해 발동했기 때문이다.

52	원문	何知人家失衣裳 句陳玄武入財鄕
	해석	남의 집에 옷을 잃어버리는 것을 어떻게 아는가? 재효에 구진이나 현무가 붙어 있기 때문이다.
	이치	현무는 도적, 구진은 땅·곡물·포백, 재는 재물이니 구진과 현무 두 곳에 재가 있으면 옷을 잃어버린다는 것이다. 이석영 선생의 경험에 의하면 이렇게 되면 의상을 잃어버림은 물론이고 외에 목걸이 팔지 반지 패물 등 장신구나 또는 신발 우산 등에도 해당함을 많이 보았다고 한다.

53	원문	何知人家損六畜 白虎帶鬼臨所屬
	해석	남의 집에 육축이 손상되는지를 어떻게 아는가?

		백호가 관귀와 대동하면서 해당 육축의 소속에 임하면 그렇다. ※ 역주 : 즉 소면 축, 돼지면 해, 개면 술 등에 관귀백호가 임한 것을 말한다.
	이치	백호는 혈광신이고 귀는 흉신이므로 이런 신이 소속 오행에 붙으면 해당 가축이 죽는다는 것이다.

54	원문	何知人家失了牛 五爻丑鬼落空愁
	해석	남의 집에 소 잃어버릴 줄 어떻게 아는가? 오효 축 관귀에 공망을 맞기 때문이다.
	이치	오효에 축관귀가 있는 효는 없으므로 이 예는 어느 효에서든지 축관귀가 공망되면 이렇다고 봐야 한다. 축은 소, 관귀는 재앙·공망은 없는 것을 의미하기 때문이다.

55	원문	何知人家失了鷄 初爻帶鬼玄武欺
	해석	남의 집에 닭을 잃어버리는 줄을 어떻게 아는가?(초효는 닭효) 初爻(닭효)에 현무관귀가 있기 때문이다.
	이치	초효는 닭, 현무는 도적·관귀는 재앙의 신이니 닭을 잃어버린다고 한 것이다.

56	원문	何知人家無牛猪 丑亥空亡兩位虛
	해석	남의 집에 소·돼지 없는 줄 어떻게 아는가? 축해 효가 모두 공망이 되기 때문이다.
	이치	축은 소, 해는 돼지가 되므로 공망되면 소·돼지가 없다고 본 것이다. 주의할 것은 축해가 동시에 공망이 되는 법이 없다는 것이다.

57	원문	何知人家無鷄犬 酉戌二爻空亡捲
	해석	남의 집에 닭 개가 없는 줄 어떻게 아는가? 유·술 효가 공망되기 때문이다.
	이치	56번과 같은 논리로 유는 닭, 술은 개가 되기 때문에 공망을 맞으면 해당 짐승이 없다는 추론을 한 것이다.

58	원문	何知人家人不來 世應俱落空亡排
	해석	남의 집에 손님이 안 오는 줄 어떻게 아는가? 세와 응이 모두 공망에 떨어지기 때문이다.
	이치	세는 자기 집, 응은 다른 사람의 집, 타인인데 세가 공망이니 내가 갈 마음이 없고 응이 공망이면 다른 사람이 올 마음이 없으니 왕래가 없어 손님이 끊어지게 되는 것이다.

59	원문	何知人家宅不寧 六爻俱動亂紛紛
	해석	남의 집이 편안치 못할 것을 어떻게 아는가? 여섯 효가 다 어지럽게 동하기 때문이다.
	이치	개인이라면 개인이 산란하고, 집안이라면 집안이 산란해진다.

※ 하지장 29번에 대한 설명이다.
이석영 선생은 여기서도 육효에서 그렇게 돼야 한다고 하면서 두 가지 점험을 예로 들었다. 아래 그 점례를 전재한다.

1) 기축년 유월 임술년점 신수 수화기제水火旣濟

```
兄子‖ 應白空
官戌｜ 蛇
父申‖ 句
兄亥｜ 世朱伏午財
官丑‖ 青
孫卯｜ 玄
```

보는 바와 같이 육효 백호에 해자가 임하였고 공망을 맞았다. 그래서 나는 이렇게 말했다.
"육효 분묘에 공이 맞았으니 무덤이 파괴되는 형상으로 묘를 옮기려고 하지요?"
"예 그렇습니다. 잘 맞혀 냅니다."
"그런데 개분하면 물이 출렁 출렁 고여 있을 겁니다."
"그럴까요? 물이 고일 형상이 아닌데요." 하고 떠났다.

그 후 10월에 다시 와서 참말로 그 점은 신기하였습니다. 9월에 이장을 하였는데 개분을 하여보니, 물이 우물에 고여 있듯 근 두 자가량 고여 있지 않겠어요! 그래서 모여 있던 사람들이 감탄했습니다.
이 괘를 응용하여 적중한 실례를 하나 들기로 한다.

2) 사주 행년으로 乙巳년 신수 본 예

```
丙 戊 辛 辛
辰 辰 卯 酉
```
운 丁亥
년 乙巳 一六四三 (오)
大正 一五三午

차괘를 우선 일육사삼의 6을 선천수 중수감로 알지 말고 일육사삼의 4를 진위뇌로 알지 말 것. 이 행년은 선천수로 하여 六은 중풍손 四는 중화리로 작괘함에 따라서 일육사삼은 수뢰둔괘가 아니고 풍화가인 오효동변하여 산화비괘가 됨

풍화가인 風火家人

```
兄卯 | 朱
父子孫巳 丨 青應
財未 ‖ 玄
父亥 | 白
財丑 ‖ 蛇世
兄卯 | 句
```

이 괘는 삼효에 백호문서 되었고 또한 句空되어 하지장대로 하면 "하지인가묘유수는 백호공망림해자"로 정히 해당된다.
그러나 나는 이렇게 해석했다.

삼효는 방이요 백호는 흉폭이요 해는 십월이요 해일은 이십오일이요 해시는 밤중이요 해자는 수요 공망은 정지인즉 십일월 이십오일 밤중 해시에 당신의 집에 물이 침수하여 고이는 형상으로 아닌 밤중에 물난리를 겪어야 할 팔자라고 하였다.
그 사람은 "우리 집 지형이 높아 그럴 리 없다."고 하였으나, 나는 "침수가 없으면 반드시 수도관이 터져서(白虎 水) 물난리를

겪어도 겪어야 할 것이요." 하였다.

그 후 과연 그 날 그 시에 수도관이 터져서 부엌 방 지하실 등에 물이 들어와 물난리를 겪었다는 것이다. 육효에 해수가 임하는 괘는 육십사괘 중 한 괘도 없고, 자수가 임하는 괘는 수천수 수지비 수화기제 중수감 수뢰둔 수풍정 수산건 수택절과, 삼효에 해수가 임하는 괘는 천화동인 지화명이 중화리 수화기제 뇌화풍 풍화가인 산화비 택화혁의 여덟 괘다.(일 이효 水空이면 장독 깨진다)

저자
이두履斗 김선호金善浩

약력
- 전남 여수 출생
- 서라벌대학 교수역임
- 동국대학교 사회교육원
  스포츠조선 등에서 자미두수 강의
- 에스크퓨처닷컴 학술위원
- 고려기문학회 학술위원(현)
- 미래학회 고문(현)
- 이두자미두수학회 회장(현)

소통공간
- 이메일 jmds2012@gmail.com
        reedoojami@hanmail.net
- 홈페이지 www.reedoo.co.kr
- 다음카페 http://cafe.daum.net/reedoo

기타문의
- 061 - 643 - 6693 (저자사무실)
- 010 - 3629 - 6693 (저자핸드폰)

저서 및 역서
- 『왕초보 자미두수❶❷』 동학사 2000
- 『자미두수전서(상 하)』 대유학당 2003
- 『실전자미두수❶❷』 대유학당 2004
- 『심곡비결』, 대유학당 2004
- 『자미두수입문』, 대유학당 2004
- 『육효증산복역(상 하)』, 대유학당 2008
- 『중급자미두수❶❷❸』, 대유학당 2009
- 『진소암의 명리약언』 (인터넷공개)

육효증산복역 하

- ❋ 야학노인 서 _5
- ❋ 자서 _7
- ❋ 역자 서 _9
- ❋ 일러두기 _13

5장. 증산단험

1. 날씨 _419
2. 신명 _463
3. 종신재복 _465
4. 종신공명의 유무 _489
5. 수원 _498
6. 추길피흉 _507
7. 부모수명 _520
8. 형제 _525
9. 부부 _529
10. 자식 _534
11. 학업 _547
12. 치경 _549
13. 스승의 초빙 _552

6장. 증산책부

1. 구명 _559
2. 동시 _560
3. 세고 과고 _563
4. 승진 _567
5. 빠진 인재를 뽑는 시험 _568
6. 합격발표 _569
7. 조정의 시험 _570
8. 향시 회시 _571
9. 후보의 승진과 당선 _581
10. 어느 방향으로 승진할까? _587
11. 재임시의 길흉 _590
12. 돈주고 벼슬하는 일 _596
13. 무과의 시험 _599
14. 무인으로 종군 _600
15. 관공서의 빈자리로 들어가는 일 _602
16. 임금에게 글을 올림 _603
17. 탄핵후의 후유증 _610

7장. 증산단험

1. 부모봉양, 병가, 관의 사직 _617
2. 일체 영조공무의 우환대비 _618
3. 승 도 의관 잡직 음양등관 _620
4. 공명이 몇 품급이나 될까? _622
5. 아버지의 공명점 _624
6. 구재 _627
7. 귀인에게 구재 _637
8. 귀인을 위하여 구재 _641
9. 각종 점포를 여는데 _642
10. 투자의 손익 _646
11. 상품을 사재기했다 나중에 파는 것 _648
12. 화물을 팔 때의 수와 동 _654
13. 어느 방향으로 가서 매매할까? _656